SUITE ITALIANA

JAVIER REVERTE
Suite italiana

Un viaje a Venecia, Trieste y Sicilia

PLAZA JANÉS

Papel certificado por el Forest Stewardship Council®

Primera edición: febrero de 2020

© 2020, Javier Reverte
© 2020, Penguin Random House Grupo Editorial, S. A. U.
Travessera de Gràcia, 47-49. 08021 Barcelona

Printed in Spain — Impreso en España

ISBN: 978-84-01-02246-3
Depósito legal: B-358-2020

Compuesto en Pleca Digital, S. L. U.

Impreso en Rodesa
Villatuerta (Navarra)

L022463

Penguin
Random House
Grupo Editorial

A Javier y Ariadna Hergueta

Índice

...sumergirnos en el fondo del abismo, Infierno o Cielo, ¿qué importa? ¡Hasta el fondo de lo desconocido para encontrar lo nuevo!

Charles Baudelaire

La verdadera realidad es la literatura.

Francisco de Ayala

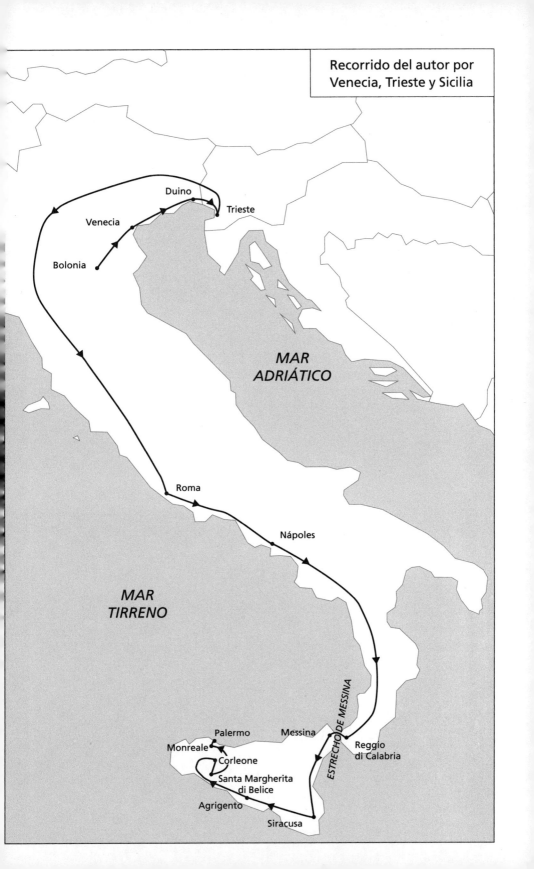

Recorrido del autor por Venecia, Trieste y Sicilia

Duino
Trieste
Venecia
Bolonia

MAR
ADRIÁTICO

Roma

Nápoles

MAR
TIRRENO

ESTRECHO DE MESSINA

Palermo   Messina
Monreale
Corleone   Reggio
Santa Margherita   di Calabria
di Belice
Agrigento
Siracusa

Prólogo

¡Qué tiempos luminosos aquellos, en los comienzos del siglo xx, cuando los escritores pugnaban por pergeñar ambiciosos trabajos que se esforzaran por despejar las brumas de la existencia y dieran sentido a la propia, libros que afrontasen con coraje los problemas eternos de los hombres —la soledad, el dolor, la tristeza, el amor, la muerte...— y trataran de interpretar y embridar el galope trágico de la Historia! Siempre, en la aventura de la cultura y de la imaginación, fueron pocos los que concebían su trabajo como una forma de comprender la vida.

Sospecho que los novelistas y los poetas, en contadas ocasiones, han amado tanto la literatura, y la han necesitado de tal manera, como en esos días no muy lejanos en que la fe en la humanidad se vio sumida en el desconcierto, empujada por el cañoneo demoledor de las dos terribles guerras mundiales. Ellos intentaron salvar el anhelo de belleza mientras la Historia se mecía en brazos de la muerte y anegaba de sangre las trincheras de Europa.

Este libro trata de escritores, pero también de viajes, pues me apasiona seguir las huellas de las grandes obras y de sus autores. Trata de artistas que lucharon por descorrer las cortinas de la existencia humana, adentrándose en lo desconocido; y de caminos bajo los pies que me llevaron a los lugares en donde crecieron sus biografías y nacieron sus logros.

Mientras hablo sobre ello y recuerdo esas creaciones y esos vagabundeos, suenan tambores de nostalgia en mi corazón. Por lo leído y lo andado.

J. R.

1

La belleza y la muerte

Era una mañana fresca y húmeda, en plena agonía del verano, y había volado a hora muy temprana desde el aeropuerto de Madrid rumbo a Italia. Mi itinerario resultaba extraño, sobre todo a causa de que había decidido echarme al camino casi de un día para otro y era difícil elegir la ruta apropiada. Pero mis destinos estaban planeados desde años atrás: Venecia, Trieste, Duino y, como remate, Sicilia.

Y ahora me encontraba, algo más tarde de las doce del mediodía, en la desgalichada estación de Bolonia, bajo un cielo oscuro que enviaba gotas afiladas de lluvia, adonde había llegado en autobús desde el aeropuerto por una carretera infame. Mi propósito era tomar un tren que me llevara a Venecia, «un único lugar en la Tierra», como escribió Nietzsche.

Italia, después del último cuarto del siglo xx, en el que vivió un período de pujanza, ha envejecido y se ha deteriorado. Puede decirse que su presente se parece un poco a lo que nos resta de su pasado, ya que en muchas de sus ciudades se siente la amenaza de la ruina. Y en ese momento, mientras esperaba en la cola para sacar mi billete, yo sentía que formaba parte del paisaje del vetusto hangar boloñés, cumplidos ya más de setenta años de edad y envuelto en una sensación de fatiga existencial, tanto en el cuerpo como en el alma. La idea de que éste sería uno de mis últimos viajes libres, de esos en los que tomaba mi mochila, echaba dentro unas pocas cosas y me iba de España sin preocuparme en exceso por lo que dejaba atrás, despertaba en mi ánimo una corriente de melancolía. Los números no engañan y era consciente de que la vida se me iba escapando. Pero también de que el hecho de deambular por el mundo, cuando emprendes la marcha en solitario y guiado por alguna suerte de pasión, te hace recuperar un aroma de la juventud perdida. Es un vano ensueño, desde luego, como le sucedía a Gustav von Aschenbach, el protagonista de la novela de Thomas Mann *La muerte en Venecia*. Sin embargo, ¿no es cierto que la ilusión vence con frecuencia al desánimo?

Iba además a una urbe, la primera escala de mi periplo, en donde la belleza lo es todo y cuyo luminoso pasado se refleja en el presente como una espléndida pintura algo ajada o igual que el oro viejo. Inmerso en mi particular saudade, me dirigía también a una que no admite comparaciones, un pedazo de tierra que le fue robado al mar hace siglos y que quizá sea tan sólo aire, esto es: un sueño de la razón.

Mi tren partía de Bolonia alrededor de las tres y media de la tarde y su llegada a la estación veneciana de Santa Lucía estaba prevista, con varias paradas intermedias, para algo más de dos horas después. De modo que tenía tiempo sobrado para almorzar. Crucé la plaza de la terminal ferroviaria, bajo un incómodo sirimiri que pinchaba más que mojar, busqué el refugio de un desangelado centro comercial y elegí un discreto restaurante del extremo contrario a la entrada. Siento no haber tomado nota del nombre del local, pues comí por un precio bastante razonable una sabrosa pasta con pimienta, aceite de oliva virgen y trufa negra.

Ya en marcha, asomaron ante mis ojos los campos cegados por la neblina y la llovizna, en los que los altos árboles crecían en vertical, enhiestos como alabardas ennegrecidas, con puntas rematadas por cabelleras de escaso ramaje y poblados de hojas afligidas. Partidas de labriegos pertrechados con impermeables de vivos colores podaban las vides en los surcos pardos. El cielo parecía una colcha gordinflona y grisácea tendida sobre un mísero catre.

A mi lado se acomodaba una mujer de unos sesenta años, teñida de rubio platino, pequeña, ojerosa y vivaz. Como buena norteamericana, enseguida pegó la hebra y me explicó que iba a Venecia para visitar a un hijo que vivía allí desde poco tiempo atrás, pero pensaba detenerse en el camino durante dos días para conocer Ferrara. Hablaba un español magnífico.

—Puede imaginarlo... —dijo—, el chico quiere ser pintor. Y los jóvenes de ahora, si tienen padres con recursos económicos, no se andan por las ramas: que le gusta emborronar lienzos, pues que *daddy* y *mam* paguen mis estudios en Venecia; que le apetece ser escritor, pues a instalarse en París... En mi juventud teníamos que abrirnos camino en la vida como en la selva: solos y a machete.

—O sea, que le financia usted todo.

—Claro. Pero yo creo que no llegará a nada: lo que dibuja a mí me parece... ¿cómo dicen ustedes...?, ¡ah, sí!: monigotes.

—Lléveselo de vuelta a su país y búsquele un trabajo como camarero en un pub. Verá como espabila.

—Deje usted: mejor el arte. En Estados Unidos, lo mismo le da por el rock and roll. Y en ese mundo casi todos acaban cayendo en la droga.

Era judía y vivía en Chicago. Y hablaba, además de castellano e inglés, ruso y yiddish.

—Yo pienso, de todas formas —siguió—, que a los hijos hay que darles de todo y, cuanto antes, mejor. Mi marido ya falleció: me llevaba diecisiete años. Tengo otro varón, además del artista. Ése trabaja en Londres, es economista y tiene un buen empleo; con él no hay problema. Pero como moriré sola, pues los cuido todo lo que puedo para que luego me atiendan ellos a mí.

—No se fíe.

—No me queda otro remedio... Y, por cierto, me encanta España.

—Me alegro, lo tomo como un cumplido.

—A mí me gustaría, dentro de poco, irme a un lugar con sol y terminar mis días allí. España no es mala opción. ¿Qué tal Andalucía?

—El mejor sitio de España, en mi opinión: alegre, divertido, buena comida, sol..., quitando Sevilla, por el calor del verano, que es asfixiante. Pero si busca un lugar para morir, sirve cualquiera, no hay que irse tan lejos de casa.

—¿Conoce Estados Unidos?

—He viajado por bastantes sitios de su patria. Y residí en Nueva York un tiempo.

—¿Y Chicago?

—Sólo unos días. Estuve en el B.L.U.E.S. una noche, un

sitio estupendo para escuchar música. Dicen que el mejor de la ciudad.

—No, no —dijo la mujer—, es muy turístico. Prefiero el Andy's Jazz Club.

—Le diré, sin embargo —repuse—, que lo mejor de Chicago, en mi opinión, ha sido Barack Obama.

Se llevó la mano al pecho.

—¡Ah, me ha dado de lleno en el corazón! Obama es uno de los mejores americanos de la historia. No era un político como todos los otros; él tenía causas que defender. Pero ya no existe esa raza de hombres públicos, se ha roto el molde, y a él no le dejaron hacer todo lo que quería, luchaba contra un muro... En cambio, Trump...

—No hace falta que siga.

—Algún día tendremos que suplicar que se nos perdone por haber dado la presidencia a ese..., no sé cómo llamarlo..., salvaje, majadero, loco..., animal. No, animal no: mi perro es mejor que él.

—Espero que no deje mucha huella.

—Lo que va dejando es mierda, disculpe la expresión. Y todos los norteamericanos habremos de implorar al mundo que nos absuelva, ya le digo. Y tendremos que hacerlo de rodillas.

Se bajó en Ferrara una hora después. Cuando me quedé solo, abrí el estupendo libro de Jan Morris sobre sus años en Venecia. Fuera seguía chispeando.

Me llamó la atención el juicio sobre el carácter de la ciudad de un autor —o autora, pues Morris es transexual— tan poco dado al misticismo y a la hipérbole: «Venecia nació para la grandeza, es una ciudad construida por Dios». Después dejé descansar a Morris sobre mis rodillas y me quedé dormido. Al despertarme, al otro lado de la ventanilla se tendían ya las aguas mansas y de sucio gris de la laguna veneciana, bajo el cielo enmohecido. Paramos unos minutos en la estación de Mestre y luego seguimos viaje hasta la de Santa Lucía. Un sol rotundo se abrió paso de pronto entre las nubes, la llovizna cesó y el espacio se mostró turgente, limpio y azul, sobre los campanarios y las cúpulas de la urbe, en esa hora en que las sombras se alargan y la arrebolada incendia el aire.

¡Qué recibimiento!, pensé, ¿existe una belleza semejante? Los palacios resplandecían sobre el Gran Canal, hirviente de ondas ahora rojizas, encendidas, y multitud de góndolas y pequeñas lanchas nadaban en su superficie, como flotantes pájaros marinos. «Cuando Venecia surge en arrecifes de palacios...», versificaba Herman Melville.

Algunos *vaporettos* cargados de turistas se detenían y partían de la parada de Santa Lucía. Y en la altura planeaban rollizas gaviotas de alas albas y cormoranes de plumaje negro. Olía a barro y, levemente, a cañerías de desagüe. Pero la explosión de súbita hermosura me turbaba. Recordé a Lord Byron: ¿cómo no quedarse durante una larga temporada en la ciudad viniendo de la hosca y gélida Inglaterra, en donde la gente come para alimentarse, no para disfrutar, y en cuyas calles las mujeres caminan con andares de pato, en lugar de menear con garbo sus estilizadas nalgas? Se dijo en su día que Byron, mientras vivía en la urbe de los canales, tuvo al menos doscientos cincuenta encuentros sexuales con mujeres. Un poco exagerado parece; pero ¿quién sabe?, conociendo el ludismo que impregna toda la historia veneciana. «Una sodoma marina», la llamó el vate.

Y, además, al parecer era cosa fácil el exceso en aquellos tiempos de lujuria desatada. Zorzi Baffo, un poeta veneciano autor de versos eróticos, que vivió entre 1694 y 1768, contaba, entre otras, esta historia en su libro *Placeres de Venecia*: «Un día que me paseaba, con ideas negras en la cabeza, por una placita, vi en una ventana una carita nada desdeñable. La saludé, me sonrió y, tras subir enseguida a su casa, le dije: ¿desea que la folle? No, me respondió, soy virgen; pero, si quiere, le meneo el pene. Yo estaba encantado de ese trato sin cumplidos. Recogiéndose las faldas, tomó mi verga y yo metí la nariz entre sus senos. Quiso que me corriera sobre su coño y os juro que se masturbó con la misma presteza que una puta cualquiera».

Byron nos resulta ingenuo si se le compara con esta pareja de lúbricos ciudadanos. ¿Dicen que el lord sedujo a doscientas cincuenta mujeres? De haber sido algo más astuto, podrían haber sido mil.

El cielo se teñía de pudor rosado aquel atardecer de finales de verano.

A Thomas Mann o a su personaje y *alter ego* Gustav von Aschenbach, protagonista de *La muerte en Venecia*, no les hubiera gustado arribar a la villa como yo lo hice. Se lee en su novela: «... pensó que alcanzar Venecia por tierra, desde la estación, era como entrar a un palacio por la escalera de servicio, y que sólo como él lo estaba haciendo, por barco y desde alta mar, debía penetrarse en la más inverosímil de las ciudades».*

Lo remedié a medias tomando un *vaporetto* que iba atestado de pasajeros. Venecia bullía de forasteros en esa hora de la tarde. Y después de desembarcar junto al puente de Rialto, caminé por las angostas callejuelas, dando codazos y recibiéndolos, preso en la maraña de transeúntes, hacia el centro de la villa.

Se asegura que es el turismo masivo y de bajo costo, antes que la subida de sus aguas, lo que acabará matando a Venecia, sobre todo a causa de los cruceros, que desembarcan a diario miles de visitantes y convierten el centro urbano en algo parecido a un andén de metro o de ferrocarril en hora punta. Pero es problema difícil de resolver, pues todo el mundo tiene derecho a conocer Venecia, no sólo los millonarios, los artistas y los diletantes.

Muchos años atrás, estuve en Venecia durante un mes de noviembre. Pasé varios días rodeado por una niebla densa y heladora que casi podía palparse. Era un clima difícil de soportar y, naturalmente, apenas había extranjeros en sus calles. De manera que, si los ricos, los refinados creadores y los dandis quieren una Venecia para ellos solos, que le echen coraje y vayan en noviembre: incluso escucharán sus pasos rebotar en las fachadas de los viejos palacios. Por lo que a mí se refiere, me gusta el aire algo fétido de la primavera y el otoño venecianos y el vocerío de asombro de miles de foráneos.

---

* Todas las frases reseñadas de esta obra de Mann están recogidas de la traducción de Nicanor Ancochea de la novela, en la edición de Edhasa, la mejor desde mi punto de vista.

En su libro *La otra Venecia*, el bosnio-croata Predrag Matveje-vić aconseja: «No describas lugares por los que ha pasado mucha gente; ya lo ha hecho alguien antes que tú, y quizá mejor». Y Henry James afirma: «Es todo un placer escribir esta palabra [Venecia], aunque no estoy seguro de que no haya cierta insolencia al pretender añadirle algo. De todas las ciudades del orbe es la más fácil de visitar sin ir allí».

Por mi parte, hace años, en algún libro, afirmé que nunca osaría escribir sobre ella. ¿Quién podría añadir algo nuevo?, me preguntaba. «Venecia está más allá de toda palabra», ano-taba con humildad Rilke, uno de los grandes monarcas del verso. Y hay un viejo proverbio referido al asunto que es re-petido a menudo por los venecianos: «Nada puede decirse de aquí que no se haya dicho antes».

Pero, en el arte, a menudo resulta excitante incumplir una promesa. Ya lo señalaba Monet: «Demasiado bella para ser pin-tada». Y luego realizó treinta y siete espléndidos lienzos que la retrataban.

Italia casi siempre nos enamora. Venecia nos seduce y vence.

Escribe Byron en *Childe Harold*:

> *Tú fuiste y aún eres el jardín del mundo, la patria*
> *de todo lo que produce el Arte y la Naturaleza decreta [...]*
> *Hasta tus yerbas dañinas son preciosas...*

Me alojé en un hotel de la Via de la Specchiera, muy próximo a la plaza de San Marcos, el Albergo Antico Panada. No había encontrado por internet otro mejor ni más céntrico dado el precio que podía pagar. Y lo cierto es que no fue una buena elección. La palabra sagrada, «belleza», se esfuma a menudo en Venecia ante la racanería de sus avaros mercaderes, ávidos de desplumar al visitante. Era un hostal pequeño, de vetustas y descuidadas habitaciones, la mía con la moqueta rajada, su única ventana cegada y los sanitarios del baño descascarillados. Y todo por el módico precio de ciento veinte euros, incluido el desayuno de un cruasán con aguachirri. Un consejo al lector: tome nota del nombre y no se le ocurra instalarse allí. El empleado de recepción era, además, una suerte de chulo con aire de navajero que parecía considerar que te hacía un favor al acogerte en tan elegante residencia. Pero Venecia, en una estación que las agencias de viajes llaman «media-alta», no me ofrecía otras opciones.

Y salí a la calle tras distribuir mi equipaje en el cuarto. Era la quinta o sexta vez que visitaba la ciudad y quería cumplir el rito de otras ocasiones anteriores: asomarme a San Marcos la noche de mi llegada. Así que caminé los treinta o cuarenta metros del callejón que me separaba de la plaza principal de la ciudad. Y allí, bajo la luz «pulverizada» de la tarde —como diría Marcel Proust—, recuperé otra vez mis antiguas sensaciones de asombro.

«De pronto me encuentro en la plaza de San Marcos —escribía Philippe Sollers, en 1963, en su primer viaje a la urbe—, de pie, bajo los soportales, contemplando la basílica apenas iluminada, tan petrificado y sobrecogido estoy que dejo caer mi bolsa de viaje o, mejor dicho, se me cae de la mano derecha. Enseguida comprendo que voy a pasarme la vida intentando coincidir con este espacio que se abre ante mí.»

Yo guardé un respetuoso silencio, una vez más, mientras, a mi alrededor, decenas de visitantes dirigían las cámaras de sus teléfonos móviles hacia la fachada. Todo era ruido, ir y venir de gente... Y, sin embargo, ¡qué serenidad la de la iglesia! La belleza sigue derrotando al fragor del presente tumultuoso.

Pero todo esto sucede en pleno apogeo del turismo de masas, un fenómeno muy reciente en la historia humana. A John Ruskin, tan admirado por Marcel Proust, Henry James y Mahatma Gandhi —¡extraño trío!—, le llamaba la atención la indiferencia que mostraban los venecianos hacia su basílica. «Pasead delante de San Marcos de la mañana a la noche —escribía mediado el siglo XIX—, y no hallaréis unos ojos que la contemplen ni una fisonomía que revele entusiasmo: sacerdotes y laicos, soldados y civiles, ricos y pobres pasan ante la catedral sin concederle una mirada. Los comerciantes de la ciudad llevan sus mercancías hasta los rincones del atrio, los basamentos de los pilares sirven de asiento a los vendedores de juguetes y baratijas... Alrededor de la plaza, situada frente a San Marcos, impera la línea de cafés, donde se aburren leyendo los periódicos diariamente los perezosos venecianos de la clase media; en el centro de la plaza, una banda de música austríaca toca durante las vísperas, mezclando sus notas a las del órgano. La rodea una multitud silenciosa, que si fuera libre de obrar según su deseo, apuñalaría a cada uno de los músicos.»

Ahora, entrado el siglo XXI, el templo era el protagonista de toda actividad y el objeto de todas las miradas curiosas.

Traté de aislarme, sin embargo. Nietzsche me susurraba al oído uno de sus particulares «Ditirambos dionisíacos»:

¡Vuelvo a ver las palomas de San Marcos!
Silenciosa está la plaza, la mañana allí descansa.
En un dulce frescor despreocupado, lanzo mis cantos

como palomas que vuelan hacia el cielo azulado;
y luego las atraigo
para colgar una rima más en su plumaje.
¡Oh, mi felicidad, mi felicidad!
[...]
Rígida torre, ¡con qué leonino impulso
te elevas aquí, vencedora sin esfuerzo,
y llenas la plaza con el profundo son de tus campanas!
¡Oh, mi felicidad, mi felicidad!

Una mujer de edad, la única que andaba por allí sin teléfono móvil en la mano, se me acercó. Resultó ser española:

—Ya veo que somos los únicos que no hacemos fotos a San Marcos.

—Soy muy mal retratista.

—A mí todo eso me parece una tontería: si se venden postales por un euro con imágenes perfectas, ¿para qué hacer las tuyas?

—Jactancia.

—¿Usted cree?

—O para enseñarlas a los amigos en una cena a la vuelta del viaje.

—Ésa es una buena manera de hacer que te detesten.

—O de matarlos por aburrimiento... Ya le digo, vanidad.

—Mejor narcisismo. ¡Fíjese, fíjese! Casi todos se hacen «selfis», esa horrenda palabra.

—En todo caso habría que llamarlos «mismis», resulta más exacto en español.

La multitud iba y venía como un oleaje desde las calles adyacentes a la plaza. A las siete sonaron las campanas de la

Torre del Reloj y, a mi alrededor, decenas de flashes centellea-
ban como luciérnagas nerviosas, siguiendo el trote de las figuras encaramadas a lo alto de la torre. Nunca se está más
aislado que cuando te rodea una turba de desconocidos. Y la
sensación me agradaba. Además, no conocía a una sola persona en la urbe, lo cual me la hacía aún más atrayente, pues
podía disfrutarla sin intermediarios y a mi gusto.

Me acerqué al Harry's Bar, junto a la estación de *vaporettos*
del Gran Canal, con la intención de tomar un trago en uno
de los templos hemingwayanos del mundo. Allí se hartaba de
copas el volcánico escritor americano, por entonces de cincuenta y un años de edad y enamorado de una joven condesa italiana, Renata-Adriana Ivancich, de diecinueve. De su fascinación por la muchacha nació su novela veneciana *Al otro lado
del río y entre los árboles*, que no me parece de las mejores
obras del escritor.

Pero había olvidado que, en el afamado establecimiento,
no sirven más que cócteles y champán. De modo que crucé
de acera y me senté en el Mónaco ante un *prosecco* burbujean-
te del Véneto. Riadas de turistas bajaban y subían por los callejones oscuros.

Luego regresé al Rialto, cambié de orilla y, como me com-
place repetir los ritos de antaño, cené en la Trattoria Alla
Madonna, una antigua conocida de mis viajes pretéritos. Me pareció que la comida había empeorado y el precio ascendido,
como ocurre en muchos lugares que adquieren popularidad,
en los que la primera medida consiste en comprar productos
de menor calidad a costo más reducido; la segunda, en reducir el personal, y la tercera, en cobrar el doble a los clientes.
Por lo general, es una política que conduce a la ruina. Como

sucede con la literatura, ganar prestigio, en hostelería, cuesta años; y perderlo es sólo cuestión de semanas.

Paseé entre los tenderetes ya cerrados del mercado de abastos. Había algunos bares abiertos, y en los mostradores que daban a la calle, bajo la noche tibia, hermosos chicos y chicas venecianos tomaban vino dorado en delicadas copas de cristal.

No tenía deseos de irme a dormir y trepé la empinada escalinata del Rialto. Arriba volví a recordar versos de Nietzsche:

> *Apoyado en el puente, en la tarde oscura.*
> *Desde la lejanía, un canto vino a mí;*
> *gotas de oro discurrían*
> *por la superficie trémula del agua.*
> *Góndolas, luces, canciones,*
> *todo bogaba embriagado hacia el crepúsculo.*

Ya lo advirtió Shakespeare en *El mercader de Venecia* «No se puede confiar en un hombre que no tiene música dentro ni se conmueve con el acorde de un suave son. Atended a la música».

Mientras regresaba a paso lento hacia mi albergue pensaba en ello. Venecia ha atraído siempre a los literatos, a los arquitectos y a los pintores. Pero ¿por qué a los músicos?, ¿acaso es una urbe construida desde el sonido del agua, ese vaivén eterno de un oleaje sometido por la barrera de cien islas e islotes? La hermosura de Venecia no se hace presente sólo ante nuestra mirada de asombro, sino también por sus olores, sus sonidos y quién sabe si por su carnosidad.

No obstante..., no obstante, toda belleza tiene su reverso. Y en Venecia, esa otra cara se refleja en una historia plagada de egoísmo y de horror.

Me fui a dormir. En mi desvencijado hotel, al menos la cama resultaba cómoda y las sábanas parecían limpias. ¡Qué otra cosa podía pedir por la módica cantidad de ciento veinte euros!

El nacimiento de Venecia como república independiente es oscuro, pero casi todas las fuentes remiten a una fecha: el 25 de marzo del año 421, un viernes. Sus primeros habitantes huían de las feroces invasiones de Alarico y Atila y, en el año 466, crearon unas primeras instituciones representativas que acabaron produciendo un sistema peculiar de gobierno, parecido a la monarquía absoluta, pero con una diferencia: el supremo mandatario, con el título de dogo (o dux, o duque), era elegido entre una serie de delegados votados a su vez por los ciudadanos de los diferentes distritos. No obstante, una vez en su sitial, ejercía el cargo hasta su muerte y actuaba como un verdadero dictador, aunque estaba sometido a las normas generales igual que cualquier otro poblador. La legislación era muy estricta y se aplicaba con rigor. Pero en lo que quedaba fuera de ella, todos eran absolutamente libres para hacer cuanto quisieran.

En el 523, el calabrés Casiodoro trazaba este poético retrato de los venecianos que recojo del libro de Roger Crowley *Venecia, ciudad de fortuna*: «Poseéis muchos barcos, vivís como las aves marinas, con vuestros hogares dispersos sobre la superficie de las aguas. Vuestro pueblo posee una gran riqueza: el pescado, que basta para todos. Para vosotros no hay diferencias entre ricos y pobres; vuestra comida es la misma; vuestras casas, parecidas. No conocéis la envidia, que gobierna el resto del mundo. Todas vuestras energías las dedicáis a vuestras salinas; en ellas, desde luego, radica vuestra prosperidad y vuestra capacidad para comprar aquellas cosas de las que carecéis, Pues, aunque hay hombres que pueden vivir sin oro, no hay humano vivo que no desee la sal».

En cierto modo y lejanamente, era un sistema algo parecido al de Estados Unidos, lo que conciliaba, en tiempos anteriores a la democracia, el peso de una estricta autoridad con un margen de enorme independencia e individualismo para sus habitantes y, a menudo, incluso de libertinaje desenfrenado, como en época de carnavales. Y ello dio enorme fama a la república. Un diplomático francés, Charles de Brosses, señalaba en una carta en el año 1779: «No hay lugar en el mundo donde la libertad y la licencia reinen más soberanamente que aquí. Si uno no se mezcla con el gobierno, puede hacer lo que quiera. Es un buen régimen que debiera adoptarse por doquier». Y antes de eso, en 1570, el inglés Roger Ascham anotaba: «Es el lugar del amor, de la lascivia, la sensualidad, la prostitución, pero también el lugar de los legisladores sabios, de las normas justas. Sus ciudadanos son notablemente libres y, quizá por ello, también notablemente licenciosos». Existía un burdel en el Londres isabelino que, simplemente, se llamaba Venice y eso ya bastaba para indicar a la clientela qué les esperaba dentro. Dice otro escritor británico, Tony Tanner, y no sin razón, que el lúbrico y seductor Casanova «no describió tanto a Venecia cuanto que la encarnó».

El primer dogo de Venecia, conocida desde entonces como

la «Serenissima Repubblica» y también como el «Stato da Mar» (en el dialecto de sus habitantes), fue Orso Ipato, elegido en el año 726, después de que la ciudad lograse su independencia del Imperio bizantino y extendiese su dominio sobre un archipiélago de ciento dieciocho islas e islotes. Y así permaneció más de un milenio.

La Serenissima creció y se expandió al mismo tiempo que decaía el Imperio greco-bizantino. La capital de este último, Constantinopla (la actual Estambul, entonces capital del Imperio bizantino), era la puerta de Oriente y, por lo tanto, el lugar por donde fluían los productos de Asia que los mercaderes venecianos ambicionaban más que ninguna otra cosa. La mercantil Venecia amaba, odiaba, admiraba y envidiaba a la ciudad de Bizancio, hasta el punto de que fueron arquitectos griegos los encargados de levantar el templo de San Marcos, seña de identidad del Stato da Mar, que fue consagrado en 1094, después de ser reconstruido sobre las ruinas de un incendio que arrasó el primitivo santuario en el año 975.

En el año 1198, un Papa romano, Inocencio III, llamó a la cristiandad a una nueva Cruzada, la cuarta, para reconquistar Jerusalén, caída en manos de Saladino nueve años antes. Los reinos cristianos necesitaban una numerosa y bien armada flota que trasladase a Tierra Santa a sus ejércitos, y sólo Venecia tenía la tecnología y los recursos para proporcionarla. El pontífice, pues, pidió ayuda a la Serenissima; y el líder veneciano, un nonagenario ciego, sumamente inteligente y dotado de una gran habilidad política, Enrico Dandolo, que había sido elegido dogo en 1192, vio la oportunidad para expandir sus dominios y, con ello, la capacidad comercial de la república. Venecia poseía fortalezas militares, que eran al tiempo estaciones mercantiles y colonias, en la costa oriental del Mediterráneo, entre ellas Corfú, Lepanto, Negroponte (en la isla de Eubea), Istria, parte de Dalmacia, la llamada Albania veneciana, Chipre y Creta. Y se le abría ahora la posibilidad de crear nuevos asentamientos mercantiles y plantarse en Constantinopla, su admirada rival, en la boca del mar Negro, la puerta de Oriente.

Los enviados de Inocencio III y de los tronos católicos que iban a participar en la Cruzada llegaron a Venecia en 1201 para establecer los acuerdos y, tras largas negociaciones, se establecieron los términos del llamado Tratado de Venecia de 1201: la ciudad construiría, armaría y botaría barcos suficientes para embarcar 4.500 caballos, 9.000 escuderos, 4.500 caballeros y 20.000 soldados, que, sumados a las tripulaciones, llegarían a los 30.000 hombres. El plazo para realizarlo sería de un año largo y en el acuerdo se incluirían provisiones aportadas por la Serenissima para tropas, marineros y animales durante nueve meses. El precio del mayor contrato de la historia medieval sería de 94.000 marcos, una desmesurada cantidad que equivalía a los ingresos anuales de Francia. La fecha para la partida de la Cruzada se fijó en el 24 de junio de 1202.

El dogo Dandolo incluyó además una cláusula por la que se establecía que Venecia recibiría la mitad de todos los beneficios de la expedición, o dicho más vulgarmente: el cincuenta por ciento de las riquezas obtenidas por el pillaje a que serían sometidos los establecimientos conquistados al enemigo, una costumbre muy de la época. El dux logró también que se levantara a Venecia el veto papal de comerciar con el mundo islámico, algo que le abría las puertas del mercadeo de las especias, los frutos, los paños, la seda, la cerámica, el marfil, las perlas y las piedras preciosas de Oriente.

Venecia cumplió y, en la primavera de 1202, tenía lista una flota capaz de transportar a 33.000 hombres en una travesía de 2.400 kilómetros rumbo a Oriente. Pero no así el Papa y los caudillos cristianos, que, con enormes problemas financieros, no lograron reunir el dinero establecido para el pago. Y todo el ejército cruzado quedó retenido en la isla del Lido. Tras pagar una parte, la deuda con Venecia ascendía a 34.000 marcos.

Al fin, en el verano de 1202, los aliados alcanzaron un nuevo acuerdo, según el cual las tropas europeas ayudarían a los venecianos a rendir nuevas estaciones mediterráneas hasta satisfacer lo debido. Se impuso un retraso en la partida; los soldados reunidos no alcanzaban la cifra prevista de 33.000 y la Cruzada varió sus planes: en lugar de dirigirse directamente a Egipto, pondría rumbo a Levante, a conquistar el rico establecimiento bizantino de Zara.

En ese momento, sabedor de que el imperio de Oriente se encontraba sumido en profundas divisiones internas, el dogo Dandolo vio la ocasión de atacar Constantinopla y hacerse con sus riquezas. Trazó su estrategia y, a pesar a la negativa y la deserción de algunas de las tropas amigas, y de la amenaza de excomunión lanzada por el Papa, la flota dirigió sus proas a Oriente. Dandolo, como dije, ciego y nonagenario, se puso a la cabeza de los venecianos y se unió a ellos en la nave capitana. No sólo era perspicaz y maquiavélico, sino también un hombre de coraje. En su última arenga, dirigida a sus conciudadanos, clamó desde el púlpito de San Marcos: «Yo sólo soy un anciano débil que necesita descanso y cuyo cuerpo está impedido, pero veo que nadie sabe cómo gobernaros y dirigiros mejor que yo, vuestro señor. Si me permitís tomar el signo de la cruz para protegeros y dirigiros, y dejáis que mi hijo tome mi lugar y ocupe mi puesto, yo deseo ir a vivir y a morir con vosotros y con los peregrinos».

El 11 de noviembre de 1202, un mes después de la partida, el ejército cruzado entró en Zara, el establecimiento se rindió y los cruzados la saquearon. El Papa excomulgó a los expedicionarios, aunque luego retiraría el castigo.

La flota pasó el invierno en la plácida costa dálmata. Y allí recibieron una singular oferta enviada por un aspirante al sitial del Imperio bizantino, un joven llamado Ángelo. El muchacho, a quien había usurpado el trono su tío el emperador Alejo III, pedía la ayuda de los expedicionarios para recuperarlo, a cambio de 200.000 marcos, la aportación de 10.000 soldados a la Cruzada contra Jerusalén y la sumisión de la Iglesia cristiana-bizantina a la católica-romana.

Los líderes de la Cruzada aceptaron el trato y, en abril de 1203, la flota zarpó hacia Corfú, una posesión veneciana. Desde allí, en mayo, continuó viaje hasta Constantinopla y el 23 de junio echaba anclas ante los muros de la ciudad... Los expedicionarios contemplaron, la mayoría por primera vez, aquella urbe que, con medio millón de habitantes —Venecia tenía entonces sesenta mil, los mismos que París—, era la reina del Mediterráneo oriental, con sus casi inexpugnables murallas, sus suntuosos palacios y sus altivos templos, sobre los que señoreaba la imponente cúpula de Santa Sofía.

El 4 de julio, los cruzados atacaron por el Cuerno de Oro, tratando de romper la gran cadena que cerraba el puerto y forzar las vallas protectoras de la urbe en su punto más débil.

Unos días después quebraron las defensas y alcanzaron las cercanías del centro de Constantinopla. Pero su número era menor que el de los defensores y, como escribe Roger Crowley, «la fuerza que había partido valientemente para recuperar Tierra Santa nueve meses atrás se veía ahora en la inconcebible posición de tener que vencer o morir al pie de las murallas de una ciudad cristiana... Nunca en una ciudad tantos habían sido asediados por tan pocos». Los asaltantes hubieron de retirarse.

Sin embargo, el 17 de julio lanzaron la gran ofensiva con todas sus tropas. Y los bizantinos resistieron de nuevo. Cuando la batalla se daba ya casi por perdida del lado católico, el dogo Dandolo tomó una decisión descabellada. Enfundado en su armadura, con una mano sujetando la espada y en otra la bandera veneciana del león de San Marcos, ordenó a su barco que se dirigiera a la playa, y entre una lluvia de flechas y lanzas, plantó el gallardete en tierra firme. Sus hombres, avergonzados ante el coraje de aquel viejo invidente, le siguieron hasta tomar los muros bizantinos. Dice Crowley: «Es la imagen más icónica de toda la historia de Venecia: el dogo ciego, en pie en la proa de su barco, con la bandera roja con el león dorado de San Marcos ondeando al viento mientras su nave embarranca al pie de las amenazadoras murallas de la ciudad [...]. La iniciativa de Dandolo hizo posible, a través de una serie de acontecimientos que nadie en aquellos momentos estaba en condiciones de prever, el ascenso de la república a un imperio mediterráneo».

Días después, las defensas bizantinas se desmoronaron y parte de Constantinopla fue incendiada. Y el 1 de agosto de 1203, el joven Ángelo, bajo la tutela de cruzados y vene-

cianos, era coronado emperador con el nombre de Alejo IV.
Pero al enfrentarse al problema de los pagos prometidos, el
nuevo soberano se encontró con que apenas tenía dinero en
sus arcas. Fundió abundante oro y plata de iglesias y palacios
para contentar a sus acreedores. Y aun así sólo pudo pagar al
dogo otros 100.000 marcos más de la cantidad acordada, que
ascendía al doble. Alejo IV estaba en manos del victorioso
ejército invasor.

Los meses que siguieron, sin embargo, abrieron un período
de caos. Constantinopla sufrió un incendio devastador del
que nunca se supo la causa, en el que decenas de palacios y
monumentos se derruyeron alcanzados por las llamas. La
ciudad era «un río de fuego», cuenta el cronista bizantino
Nicetas Choniates (llamado por los latinos Aniceto de Konia).

El emperador sacaba dinero de donde casi no había para
saldar su deuda, hasta que se agotó la reserva del tesoro,
mientras los ocupantes exigían sin cesar los pagos. Ángelo fue
finalmente depuesto y estrangulado por sus adversarios bizantinos después de rechazar dos copas con veneno, tras haber reinado ocho meses y seis días. Entretanto, los cruzados
de a pie nadaban en la miseria y alentaban constantes moti-
nes; los habitantes de la ciudad padecían toda suerte de males; griegos e invasores se odiaban. Y mientras los primeros
pensaban que la solución de su problema pasaba por hundir
la flota adversaria, sus enemigos, faltos de comida y suminis-
tros, llegaron a la conclusión de que había que tomar Constantinopla si querían salvar su empresa.

El 8 de abril de 1204, los latinos lanzaron un primer ataque que se estrelló contra las murallas bizantinas. Pero el día 12, en una nueva ofensiva, casi a la desesperada, lograron tomar numerosos torreones, tras provocar una tremenda carnicería entre sus adversarios. Esa noche, «cansados de matar», como señala Choniates, detuvieron su avance y esperaron al amanecer.

El 13 entraron en la plaza, sin saber muy bien si deberían hacer frente a una desesperada defensa de sus habitantes. No hubo tal. En la capital bizantina reinaba la anarquía, la gente huía a los campos, el nuevo emperador había escapado y sus soldados desertaban empavorecidos. «¡Oh, Ciudad —dice Choniates—, ojo de todas las ciudades..., ¿has bebido de la mano del Señor la copa de su ira?»

La locura, la barbarie y la avaricia se desataron en la fuerza asaltante. Recojo los testimonios de Choniates reunidos en los libros de Crowley y Norris:

> Las calles, las plazas y las viviendas, los lugares sagrados, conventos, casas de monjes y monjas, iglesias consagradas y el palacio imperial se llenaron de enemigos, todos ellos soldados que blandían espadas, cegados por la demencia de la guerra, henchidos del hálito de los asesinos, con corazas y lanzas, espadachines y lanceros, arqueros y caballeros [...]. Destrozaban las imágenes santas, arrojaban las reliquias de los mártires a lugares que me avergüenzo de mencionar, se apropiaban de los cálices, a los que arrancaban las piedras preciosas para luego utilizarlas a modo de copa [...]. En cuanto a las profanaciones del gran templo de Santa Sofía, no es posible recordarlas sin espanto. Destruyeron el altar mayor, una obra de arte admirada por el mundo entero, y se repar-

tieron los trozos entre ellos [...]. Y metieron caballos y mulas
en el templo para mejor transportar los sagrados cálices y la
plata y el oro labrado que habían arrancado del trono; y cada
vez que alguna de las bestias resbalaba y caía, ellos la atravesaban con sus espadas, mancillando así la iglesia con su sangre y sus detritus [...]. Auparon a una vulgar ramera en el
trono del Patriarca para lanzar insultos contra Jesucristo
mientras ella cantaba canciones obscenas y llevaba a cabo
danzas licenciosas en el santo lugar [...]. Masacraban a los
recién nacidos, asesinaban a prudentes matronas, desnuda-
ban a mujeres maduras y ultrajaban a las ancianas; tortu-
raban a los monjes, los golpeaban con los puños y les daban
patadas en el estómago, castigando y azotando sus reveren-
tes cuerpos con látigos [...]. Nadie se salvó del dolor, ni en las
anchas avenidas ni en las estrechas callejuelas; se escuchaban
lamentos en los templos, lágrimas, aullidos, súplicas de piedad,
el terrible gemido de los hombres, los gritos de las mujeres, el sonido de los desgarros, los actos obscenos, esclaviza-
ción, familias separadas, nobles tratados de forma vergonzosa
y ancianos venerables, gente llorando, los ricos robados de
sus bienes...

Fue una matanza. En la ciudad y en la mayor parte de sus
territorios se instaló el dominio latino, con emperadores títe-
res de Occidente, durante los siguientes sesenta años. Los vencedores lograron un inmenso botín, y, más que nadie, los venecianos, que no sólo vieron saldadas las deudas pendientes, sino
que se llevaron de vuelta a su república numerosas y valiosí-
simas obras artísticas de la antigüedad clásica. Dandolo escogió personalmente los cuatro caballos de bronce y cobre que
adornaban el hipódromo, una obra maravillosa del arte hele-

nístico, que fueron colocados en la fachada de la catedral de San Marcos. En 1797, Napoleón se los llevó a París, tras conquistar la Serenissima. Pero en 1815, después de la derrota napoleónica, fueron devueltos a Venecia. Hoy se exhiben en el museo del interior de San Marcos, mientras que en la fachada se han instalado réplicas de los originales, para evitar su deterioro.

La cuarta Cruzada terminó allí, en lugar de navegar hacia la otra orilla del mar, olvidando la intención primitiva de recuperar Jerusalén. Y Dandolo murió en la misma Constantinopla en mayo de 1205: su tumba ocupa un discreto rincón en la primera planta del templo de Santa Sofía.

Venecia demostró que poner por delante de sus principios el interés en los beneficios suele ser siempre más rentable, en la guerra, que lo contrario. A menudo, la fe en las ideas sólo lleva en la Historia al desastre.

Maquiavelo lo expresó así: «La política no tiene relación con la moral». Ni la guerra con la belleza, como demostraron los venecianos de entonces.

En un mapa de la ciudad dibujado por el veneciano Jacopo de'Barbari en el año 1500, cuando la Serenissima Repubblica había iniciado su decadencia, pero aún, pretenciosamente, se creía el estado mediterráneo más grandioso, aparece en el centro la figura del dios clásico de los océanos, un fornido Neptuno cabalgando un delfín y sosteniendo un estandarte en el que se lee: «Yo, Neptuno, resido aquí, vigilando los mares y este puerto».

Era la expresión plástica del poder que había ganado, tras

la caída de Constantinopla, el Stato da Mar, sin duda la potencia marítima más importante de la época, que extendía sus posesiones a numerosos puertos del Adriático, el Jónico y el Egeo, y que poseía una flota militar y otra mercante incomparables en su tiempo.

En la carta de de'Barbari aparecían también, con detalle, las instalaciones del Arsenal, que era la base de la hegemonía veneciana en el Mediterráneo. Durante trescientos años, esta obra magnífica había ido creciendo hasta cubrir una extensión de cuarenta y siete hectáreas y era, en palabras de Roger Crowley, «el mayor complejo industrial del mundo», con más de 16.000 obreros trabajando en su interior. Allí se construían los barcos y también estaban las dársenas, los diques secos, los hangares, los almacenes, los talleres de diversas especialidades, las fábricas de cabos, de herrajes y de velas, y los barracones donde se acumulaba la madera necesaria para el armazón de los barcos.

Se trabajaba de forma muy semejante a las cadenas de ensamblaje de hoy en día, y la calidad y cantidad de barcos que eran capaces de construir los venecianos superaban con creces a cualquier astillero del mundo de entonces.

El viajero castellano Pedro Tafur, en su libro *Andanzas y viajes*,* nos ha dejado este retrato del Arsenal:

> De la una parte e de la otra es una gran calle y por medio va la mar, e de la una parte está todo ventanas, que salen a las casas del ataraçana [astillero], e de las otras asimismo. E salió

* El sevillano Pedro Tafur recorrió una buena parte del Mediterráneo y del imperio alemán entre los años 1436 y 1439, y dejó escrito su libro *Andanzas y viajes* en el año 1454.

una galea [galera] que le traíe remolcando un barco, e de aquellas ventanas, de la una sacavan la xarcia [jarcia], de la otra la panática [el pan], de la otra las armas e de la otra las vallestas e truenos [los morteros] e así de todas todo lo que era menester. E cuando fue en cabo [al final] de la calle, ya la gente que havía menester iva dentro, e su palamenton [sus remos] e armada de punta a barra [hasta el final]. E de la guisa salieron diez galeas armadas, desde la hora de tercia [nueve de la mañana] fasta hora de nona [tres de la tarde].

Pero las finanzas venecianas habían comenzado a desfallecer desde mucho antes, mediado el siglo xv, y su fuerza militar se resentía. Los turcos avanzaban por tierra y por mar y los adversarios italianos de la Serenissima, Génova y Pisa, le hacían cosquillas en la retaguardia. Y en ese momento ascendió al trono de Turquía el sultán Mehmet II, un joven ambicioso, excelente estratega, hombre cultivado y excepcional militar. Su anhelo secreto no era otro que arrebatar el Mare Nostrum a los cristianos, desde Constantinopla hasta al-Ándalus, y someter a Roma, implantando la fe del islam en toda Europa.

Dos años después de su proclamación, en 1453, Mehmet —«el hijo de Satán, de la perdición y la muerte», como le llamaron los cristianos— rindió Constantinopla y puso fin al milenario reino de Bizancio, el Imperio romano de Oriente, y comenzó su imparable expansión por el Mediterráneo. Conquistó Serbia, se hizo con el dominio del Peloponeso griego y, en 1458, capturó Atenas sin derramamiento de sangre, por lo que perdonó la vida a sus habitantes, cuando la costumbre de su tiempo, tanto de musulmanes como de cristianos, era matarlos a todos si resistían o esclavizarlos en el mejor de los casos.

Siguió con Bosnia y con Rumanía e instaló sus tropas en la costa de Albania, a sólo cien kilómetros de las riberas italianas. En 1459, las avanzadillas de su ejército habían llegado a la península de Istria, ya muy cerca de Venecia. En las décadas siguientes, las estaciones-fortaleza de la Serenissima fueron cayendo una por una en manos turcas: Zonchio, Negroponte, Lepanto, Modona... Por fortuna, su aliada Rodas resistió a los ataques musulmanes. Esa isla, junto con Chipre, Corfú y Creta, permaneció en manos cristianas.

En 1481, Mehmet II murió, pero sus herederos continuaron ampliando las conquistas turcas en el Mediterráneo. Y no sólo esto, sino que también ampliaron su cultura y asentaron sus finanzas. Cuando Fernando el Católico expulsó a los musulmanes de España en 1492, Bayezid II, hijo de Mehmet, les abrió a ellos, y a los judíos, las puertas de Constantinopla, acogiendo a cientos de sus científicos, banqueros, filósofos y escritores. El sultán pronunció entonces una frase que ha pasado a la historia: «¿Cómo se puede llamar sabio a un rey, Fernando, que ha empobrecido a su pueblo y enriquecido al mío, su adversario?».

En el verano de 1570, un imponente ejército turco rindió la isla de Chipre y el imperio de la Serenissima se esfumó casi por completo. Venecia y el Papa sintieron de pronto que el turco llamaba a su puerta y que era cuestión de tiempo que la República y Roma cayeran en manos del infiel. De modo que, el 21 de mayo de 1571, el pontífice Pío V firmó un tratado con España, Venecia, Génova y los Caballeros de Malta para formar la llamada Liga Cristiana. España temía perder sus posesiones en el norte de África, acosadas por los piratas al servicio de Turquía; Venecia temblaba ante la posibilidad de que el ejército del sultán asaltase la ciudad, y el Papa veía en peligro el dominio de la fe cristiana en el mar de Occidente. Los aliados nombraron a sus líderes: Sebastiano Vernier sería el representante de Venecia en la Liga; Marco Antonio Colonna, del papado; Andrea Doria, de Génova, y Juan de Austria, hermanastro de Felipe II, rey de España, detentando además el cargo de capitán general de la flota.

Los almirantes católicos decidieron que atacarían al turco cuanto antes, al final del verano de 1571; sin embargo, la flota mahometana se retiró estratégicamente al norte del Peloponeso, y esperó allí hasta octubre, para presentar batalla en el golfo de Lepanto.

Lepanto..., «la más memorable y alta ocasión que vieron los pasados siglos y esperan ver los venideros», dijo Cervantes de aquella gran batalla, en la que fue combatiente a bordo de la galera *Marquesa* y en donde, herido por disparos de arcabuz, perdió la movilidad del brazo izquierdo.

La armada cristiana se concentró en Mesina, en la isla de Sicilia. Venecia aportaba alrededor de cien barcos, pero el contingente mayor de soldados procedía de España, un buen número de ellos mercenarios de los Tercios. Entre las fuerzas otomanas figuraban varios destacamentos de jenízaros, las tropas de elite musulmanas tan temidas en todo el orbe occidental.

Juan de Austria preparó el plan de ataque con sus comandantes. Con sesenta y cuatro galeras, ocuparía el centro de la ofensiva junto a Colonna y Vernier. El ala derecha, bajo el mando del genovés Doria, contaría con cincuenta y cuatro naves. La izquierda, a las órdenes del veneciano Agostino

Barbarigo, estaría compuesta por cincuenta y tres. En vanguardia navegarían ocho navíos dirigidos por el noble español Juan de Cardona, y la retaguardia la formarían otras seis, bajo la batuta del marqués de Santa Cruz.

Los cristianos, deseosos de venganza tras los horrores perpetrados por los turcos en Chipre, se dirigieron sin demora hacia Lepanto. El Papa y sus aliados habían prometido nuevos e importantes refuerzos a Juan de Austria, sobre todo un número apreciable de poderosas embarcaciones de guerra; pero el noble español prefirió no esperar y presentar batalla de inmediato. Y el enemigo salió sin dudarlo a su encuentro.

Las dos flotas contaban con un parecido número de naves y soldados y se enfrentaron resueltamente. La batalla se inició al amanecer del 7 de octubre, cuando el flanco izquierdo cristiano atacó al derecho de sus adversarios. Pese a la muerte de su comandante Barbarigo nada más iniciarse el combate, los barcos de la alianza lograron poner en fuga a los otomanos, que huyeron a tierra buscando la protección en los cerros cercanos. Fueron perseguidos con saña y pasados a cuchillo.

A las once comenzó el momento decisivo de la lucha, cuando los dos comandantes, Juan de Austria y Ali Paşa, dirigieron sus galeras, la una contra la otra, en el centro del escenario del encuentro armado. Algunos jenízaros de la *Sultana* lograron en dos ocasiones poner pie en *La Real*, el navío de don Juan, pero fueron rechazados en ambas. En el segundo abordaje, Ali Paşa recibió en la frente un disparo de arcabuz y, a poco de caer sobre la cubierta de la embarcación, se dice que un soldado malagueño saltó a su lado, le cortó la cabeza, la clavó en una pica y la blandió ante el enemigo. Sin jefe y perdida su nave capitana, los asaltantes huyeron aterrados.

La suerte de la batalla se jugó finalmente en el flanco derecho aliado, en donde Andrea Doria cometió varios errores que a punto estuvieron de costar la derrota a la Liga. Pero el valor de las tripulaciones de los Caballeros de Malta, del catalán Juan de Cardona y, poco después, del propio Juan de Austria, puso en fuga a los últimos combatientes de la flota otomana, cuyos barcos supervivientes se refugiaron en el puerto de Lepanto, después de cinco horas de feroz combate. Los cristianos perdieron sólo 12 galeras, más una que les fue capturada. Los musulmanes vieron hundirse 113 y 117 les fueron arrebatadas. En número de hombres, después de los terribles combates cuerpo a cuerpo, los muertos aliados superaron la cifra de 15.000 y sus adversarios, el doble. Quedaron como prisioneros 8.000 soldados y marineros turcos; además, los vencedores liberaron a 12.000 cautivos cristianos que servían como galeotes en la armada del sultán. El botín recogido por la armada latina fue muy cuantioso.

La victoria cristiana no cambió profundamente el estado de las cosas en el Mediterráneo oriental y levantino, aunque los turcos cerraron su política expansionista por Occidente, concentrándose en sus conquistas en Asia. Norris señala: «De pronto, parecieron despejarse los densos y negros nubarrones que llevaban dos siglos ensombreciéndoles y que, desde 1453 (año de la caída de Constantinopla en manos de Mehmet II), habían ido tornándose más y más amenazadores. Súbitamente, renacía la esperanza». Un historiador veneciano, Paolo Paruta, escribió: «A diferencia de lo que hasta ahora pensábamos, los turcos no son invencibles».

Tras más de dos siglos de decadencia, la brillante Serenissima entró en una lenta laxitud en la que, sin embargo, continuó desarrollando una intensa labor artística. En 1797, Napoleón Bonaparte disolvió la República y derrocó a Ludovico Manin, el último dogo. «Seré un Atila para Venecia», dijo el corso de una república a la que odiaba. Poco después, el Stato da Mar pasó a formar parte del Imperio austríaco. En 1866, seis años después del *Risorgimento*, se integró al reino de la recién constituida Italia.

Paul Morand, el lúcido fascista francés, embajador del gobierno de Vichy, una especie de Malaparte que no tuvo ojo para reciclarse a tiempo, escribió un lírico epitafio de la urbe adriática: «Venecia no resistió a Atila, a Bonaparte, a los Habsburgo, a Eisenhower; tenía algo mejor que hacer: sobrevivir; ellos creyeron construir sobre la roca; pero ella tomó el partido de los poetas: se levantó sobre el agua».

Le faltó decir que, también, se alzó sobre la pólvora y la sangre; sobre la muerte, en suma.

He pronunciado ya varias veces la palabra «belleza». Y no hay otro vocablo más adecuado con el que remitir a la sustancia de esta joya deslumbrante. El veneciano sabe bien qué significa ese término y lo ha exportado al resto de Italia. Porque la belleza no es una cualidad, sino algo más: una virtud.

Pero también, como toda virtud, esconde su contrario: el pecado. Y en la pugna entre los opuestos reside también uno de los grandes misterios de Venecia. «La fascinación bruja de Venecia», indicó Josep Pla.

Así lo han visto numerosos creadores a lo largo de los siglos. Y no era otra la razón por la que yo venía a la antigua república: en busca de ese íntimo sentido de lo excelente y de lo maléfico y de su transmisión a nosotros a través de la literatura y de su peripecia en la Historia.

El pensador alemán Georg Simmel dejó escrito: «Venecia es la antigua belleza de una aventura, que, sin raíces, flota sobre la vida, como una flor abandonada sobre el mar».

Incluso filósofos como Nietzsche se rindieron al lirismo a la vista de la hermosa urbe.

En todo caso, a la virtud de su deslumbradora estética habría que poner en consideración, quizá como contrapeso, su desmesurada avaricia milenaria. Ahí queda su biografía para quien sienta curiosidad y quiera bucear un poco en la dualidad del alma humana.

De todos los escritores que han hablado de la belleza de Venecia, creo que Thomas Mann ha sido y sigue siendo quien ha tratado de encontrar el sentido más íntimo, el de esta ciudad y su reverso, una urbe crecida al arrimo de Dios y del Diablo. Y, también, uno de los que han sabido captar con más tino el inicio de la decadencia del continente europeo, ocurrida a finales del siglo XIX, y el de una aristocracia cultivada y amante de la exquisitez. En las trincheras de la Gran Guerra murió la vieja Europa, lo que Stefan Zweig llamó «la edad de oro de la seguridad..., en donde todo tenía su norma, su peso y su medida determinados... y todo lo radical y violento parecía imposible en aquella era de la razón». Sobre ello, el buen burgués Paul Morand añadía cínicamente en su *Venecias*:

Éramos artistas felices del crédito concedido por un gran público cada vez más enterado. Vivíamos una verdadera primavera de trabajo, de investigaciones, de invenciones, de amistad entre las artes. Todo avanzaba a la par, ante un camino libre, en una atmósfera de reciprocidad, de generosidad, de verdadera camaradería. Las Musas confraternizaban. El romanticismo había tenido tan larga vida que los vestigios seguían existiendo medio siglo después [...]. Fue una época feliz, en la que nadie tenía mala conciencia y los que sufrían no gritaban.

Con la Segunda Guerra Mundial, agonizó la esperanza en una ética universal, lo que hizo al filósofo Theodor Adorno proclamar que «hacer poesía después de Auschwitz es un acto de barbarie». El sentido de culpa había despertado mientras millones de personas eran exterminadas en los campos nazis y por el programa del gulag.

Mann, ya he dicho, fue uno de los testigos de esa era crepuscular, como lo fueron Rainer Maria Rilke, James Joyce y, más recientemente, Giuseppe Tomasi di Lampedusa, cuyas huellas yo perseguía en mi viaje italiano. Todos ellos escribieron de lo mismo, aunque con obras radicalmente distintas: del fin de un mundo, del desfallecimiento de una forma de pensar, del ocaso de una manera de concebir la presencia del hombre en la Tierra y de su desesperanza personal ante del desastre. Habían nacido en fechas muy próximas: Rilke y Mann en el mismo año 1875, Joyce en 1882 y Lampedusa en 1896. Y todos conocieron los dos grandes conflictos bélicos mundiales a excepción de Rilke, que moriría en 1926. En el equipaje intelectual de todos ellos ocupaba un lugar de honor Sigmund Freud (Joyce no apreciaba sus ideas, pero le debe el uso del monólogo interior), quien afirmaba ver en la cultura y la civilización europeas «tan sólo una capa muy fina que en cualquier momento puede ser perforada por las fuerzas destructoras del infierno», esto es: la guerra.

Thomas Mann se desplazó de vacaciones a Venecia, por tercera o cuarta vez en su vida, en mayo de 1911, junto con su esposa Katia y su hermano Heinrich, durante un corto período de apenas una semana. Se hospedó en el Hotel des Bains, en la isla del Lido, y quedó prendado de un atractivo muchacho polaco, de once años de edad, el barón Wladyslaw Moes, que pasaba unos días con su familia en el mismo lujoso establecimiento. La hermosura del joven y de la ciudad, unida a un mundo en decadencia que se arrojaba sobre su espíritu, inspiraron a Mann una inquietante, intensa y críptica narración que concluyó de regreso a Alemania y que publicó en 1913: *La muerte en Venecia*.

Mann era ya un escritor famoso y un superdotado de la literatura. Imantaba además a la gente. Su hija Erika, en un texto que llamó «El último año de mi padre», le describió así cuando el artista tenía ya ochenta años: «Lo que en él conmovía a las gentes y le hacía ganarse el corazón de ellas, casi sin excepción alguna, era su personalidad, con su enigma, al más profundo y alto de los cuales, en el caso de este octogenario, no se le puede dar otro nombre que el de "gracia"».

Es curioso notar que *La muerte en Venecia*, una novela tan honda en mi opinión, fuera ideada por su autor como una narración ligera. En el *Relato de mi vida*, Mann señala: «La concebí de modo tan poco ambicioso como ninguna otra de mis obras; la había pensado como una improvisación a la que podía dar fin con rapidez, como una simple interrupción de mi trabajo. Pero las cosas tienen su voluntad propia». La novela apenas tardó un año en ser concluida, entre los veranos de 1911 y 1912.

La trama tiene como protagonista a un imaginario Gustav von Aschenbach, un escritor de éxito pero de escasa emotividad, que se ve empujado súbitamente a viajar como una liberación y olvido de su propio yo existencial y literario. Ese impulso de fuga le dirige al sur y escoge al fin Venecia como destino. Y allí, en el mismo Hotel des Bains donde Mann se alojó en la realidad, encuentra a un jovencísimo aristócrata polaco, un adolescente a quien llama Tadzio, que posee la belleza de una escultura clásica y de quien se enamorará perdidamente, con una pasión que no es meramente sensual, sino que le provocará el replanteamiento de su propia naturaleza como ser humano y de su arte como creador, y que le llevará irremediablemente a la disolución de su propio ser.

La figura de Aschenbach está inspirada en parte en la del poeta August von Platen, un lírico y exótico alemán que nació en Ansbach, vivió en Venecia varios años y falleció en Sicilia joven aún. En un verso, publicado con el título de «Tristán», había escrito:

> *Quien con sus propios ojos ha visto la Belleza,*
> *se ha entregado en los brazos de la muerte;*
> *para ningún servicio es apto ya en el mundo;*
> *y temblará no obstante ante la muerte*
> *aquel que con sus propios ojos haya visto la Belleza.* *

Von Platen era abiertamente homosexual y de Mann se dijo en ocasiones que era un gay que no había salido del ar-

---

* Traducción de David Pujante.

mario, aunque lo desmientan los seis hijos que tuvo con su esposa Katia. En ese sentido, junto con los datos de la vida y del carácter del personaje Aschenbach que nos ofrece el autor, puede decirse que, como en muchas de sus obras, hay bastante de autobiográfico. Según escribió en su *Relato de mi vida* el propio Mann, «en *La muerte en Venecia* no hay inventado absolutamente nada: el paseante del cementerio Norte de Múnich, el siniestro navío de Pula, el viejo presumido, el sospechoso gondolero, Tadzio y su familia, la marcha impedida en el error con el equipaje, el cólera, el maligno saltimbanqui, o cualquier otro detalle que pudiera citarse: todo, todo estaba allí, y lo único que faltaba era colocarlo en su lugar para que mostrase, de un modo asombroso, su capacidad interpretativa dentro de la composición».

En cuanto a Tadzio, el Wladyslaw Moes de la realidad, despertó en Mann, según dejó dicho en sus memorias su esposa Katia, una honda obsesión. «Vestía —escribió— un traje de cuello abierto y con lazos. Era muy guapo. Llamó de inmediato la atención de mi marido y siempre le miraba cuando estábamos en la playa. No le siguió por las calles de Venecia [como hace Aschenbach con Tadzio]. Pero le fascinaba y pensaba en él todo el tiempo.»

¿Era pura pasión estética? En un momento de la novela, Mann señala: «La naturaleza se estremecía de gozo cuando el espíritu se inclinaba en homenaje y reverencia ante la belleza». En el caso de Aschenbach sucede lo contrario: el celebrado, educado y contenido artista que protagoniza el relato camina hacia el desastre cuando se abandona a la pasión que le despierta el muchacho. Mann siempre opuso en su obra el valor del arte y la virtud frente al caos. Pero en *La muerte en*

Venecia, este último es el vencedor indiscutible. Quizá, como insinuó en el libro, porque lo caótico es más fácil y cómodo de soportar, y porque ya se anunciaba el gran desorden en el que caería Europa, inmersa al poco tiempo en un espantoso conflicto, la Gran Guerra.

El barón Moes reconoció años después que él era el Tadzio de Mann. «Fui un niño guapo y atractivo —dijo— y las mujeres siempre me besaban. Llevaba en el Lido aquel día esa ropa que con tanta exactitud describió el Maestro. Pero a mí eso no me importaba nada, era sólo un crío que quería jugar.» Moes, que creció como un rico latifundista y un encendido patriota polaco, luchó en la guerra contra los nazis, fue hecho prisionero y pasó seis años en un campo de concentración. Cuando Polonia se convirtió en un régimen comunista, sus propiedades le fueron expropiadas y tuvo que ganarse la vida como traductor en la embajada de Irán en Varsovia. Al final de sus días se fue a vivir a Francia con su hija y allí falleció. En su novela, Mann veía a Moes-Tadzio como un muchacho enfermizo que probablemente «no llegaría a viejo». La realidad le desmintió: el Tadzio verdadero, que nació con el siglo, en 1900, murió a los ochenta y seis años.

Charles Baudelaire ya había escrito años atrás: «El estudio de lo bello es un duelo en el que el artista da gritos de terror antes de caer vencido». Ése es uno de los íntimos sentidos del libro de Mann.

La mañana se abrió hosca, gris y fea. Despaché un cutre desayuno en mi cochambroso hotel y me eché de inmediato a la calle en busca de un lugar donde tomar un café como Dios manda. Y a un precio demoníaco, me bebí sin prisas un divino *espresso* en la terraza del Florian, bajo las arcadas de la plaza principal de la ciudad y rodeado de palomas. A eso de las once, en la parada de San Marco-Zaccaria, me embarqué en un *vaporetto* de la Línea 1 rumbo a la isla del Lido. En la laguna bullían, alborotadas, picudas, con crestas espumosas, ondas teñidas de un azul plomizo. Me acordé de Joseph Brodsky cuando dice: «Viajar por agua, incluso en breves distancias, siempre tiene algo de primitivo».

El Lido es una barra natural de doce kilómetros de largo, habitada por 20.000 personas, en donde se desloman las olas bravas llegadas del Adriático, una larga lengua isleña que se enorgullece de acoger el famoso Festival Internacional de Cine de Venecia. Y allí, en el Hotel des Bains, como he apuntado ya, transcurre una buena parte de la novela de Mann, así como diversas escenas de la película homónima de Luchino Visconti basada en el relato del escritor.

Gustav von Aschenbach alcanzó el lugar por caminos acuáticos, aunque en su caso lo hizo en góndola —«esa extraña embarcación..., particularmente negra como sólo pueden serlo los ataúdes... [que] evoca la muerte misma, el féretro y la lobreguez del funeral, así como el silencioso viaje final»— y llevado por un remero cuando menos inquietante —«un hombre de fisonomía desagradable, casi brutal...»—, rumbo a un destino incierto. Es fácil convenir que el escritor quería crear en el lector la sensación de que navegaba hacia la laguna Estigia (el Infierno de los griegos) a bordo de la barca de Caronte. Como muchos grandes narradores alimentados por un alma de poeta, Thomas Mann amaba los símbolos.

Si hay un símbolo genuinamente veneciano, no es otro que la góndola, esa elegante y refinada embarcación. Más que el león alado. Ya no se diseñan con camarote a bordo, para ocultar amoríos, como antaño; pero su silueta es la misma que hace siglos, alfombrada de paño tupido, adornos de caballitos de mar tallados en bronce, asientos confortables tapizados de rojo brioso y con una capa gruesa de barniz, muy negro y muy brillante, en el casco. Son veloces y muy resistentes a los embates del oleaje, miden siempre once metros de eslora por uno y medio de manga, carecen de quilla y se gobiernan con un solo remo. Dice Jan Morris en su libro sobre Venecia que, en el siglo XVI, había diez mil de ellas en los canales, mientras que ahora no llegan a cuatrocientas. No todas se destinan a los turistas, pues existen aún algunas utilizadas como transbordadores. «Al principio —escribe Morris—, puede parecer un moscardón o ligeramente siniestra, pero enseguida lo convierte a uno a su estilo y se descubre que es el instrumento más bello de la Tierra, a excepción, quizá, del avión a reacción.»

A Mark Twain le sucedió así, cuando visitó la ciudad allá por 1867. Al embarcarse en la primera, la comparó con un féretro. «Una negra y basta barca», dijo de ella en su libro *Inocentes en el extranjero*. Pero enseguida le sedujo: «Es tan libre y graciosa, en su deslizante movimiento, como una serpiente. [...] Es el medio de locomoción más suave y agradable conocido».

Y es una nave musical. «Cuando realizan una maniobra —añade Jan Morris—, [los barqueros] lanzan una serie de gritos de aviso roncos y consternados, como la llamada de un ave marina vieja y cansada.» Dichas voces afectaron tanto a Wagner durante su estancia en Venecia que tal vez le inspiraron (así lo creía él mismo) el gemido del caramillo del pastor en la abertura del tercer acto de *Tristán e Isolda*. Más tarde hablaré de esto.

Goethe se prendó de lo que llamó «el canto de los gondoleros», un son hoy desaparecido. Escribió cuando visitó la ciudad:

> Con una voz penetrante —el pueblo estima, ante todo, la fuerza—, sentado en la orilla de una isla o en una barca en el canal, alguien trata de que su canto llegue lo más lejos posible por el tranquilo espejo del agua. Y en la lejanía, lo oye otra persona, que conoce la melodía, entiende las palabras y contesta el verso siguiente: entonces, el primer cantor reacciona a su vez, de modo que uno es siempre eco del otro. El canto puede durar una noche entera, puesto que les entretiene sin cansarles. Cuanto mayor es la distancia entre ellos, más agradable resulta la canción [...]. Es el canto que alguien que está solo dirige a la lejanía con el objeto de que otra persona, con el mismo estado de ánimo, le oiga y conteste.

Así eran los whatsapps venecianos del siglo XVIII.

Eché a andar desde el embarcadero por la calle principal del Lido, la Gran Viale Santa Maria Elisabetta (como llaman en Italia a la desdichada emperatriz Sissi, que fue soberana de Venecia cuando ésta pasó a ser una posesión austríaca, cedida por Napoleón). La vía cruza el Lido de oeste a este, con casi un kilómetro de longitud, y Mann la describe como una «avenida blanquísima que, entre tabernas, bazares y pensiones, atraviesa la isla en diagonal hasta la playa». La idealizó, sin duda. Viniendo de Venecia, casi me pareció que entraba en un poblacho, pese a la suntuosidad de los pocos palacetes que la flanquean. Claro está que, cuando hablamos de la urbe del agua y la comparamos con otras poblaciones y otros paisajes, casi que damos razón al renacentista Aretino: «Todas las demás tierras me parecen hornos, cabañas y grutas al lado de la noble, ilustre y adorable Venecia».

Llegando al mar, en el lado oriental, me topé con el paseo marítimo Marconi, recto y señorial, sombreado por magnolios y pinos, donde se alzaba el Hotel des Bains. El establecimiento llevaba unos cinco años cerrado por reformas y no estaba previsto volver a abrirlo hasta el 2019. De modo que no pude seguir los pasos que, con detalle, ofrece el novelista sobre la llegada de su personaje al fastuoso hospedaje. Aschenbach se alojaría en el segundo piso, en una habitación con muebles de madera de cerezo, olorosas flores frescas dejadas por la dirección para recibirle y altas ventanas que daban al Adriático. Y después de tomar el té en el jardín y vestirse de etiqueta para la cena, vio por vez primera a Tadzio.

Aschenbach se sentó en el recibidor del comedor, esperando que abrieran, junto a grupos de huéspedes, y Mann describe así su encuentro con el adolescente: «Con asombro observó Aschenbach que el chico era bellísimo. Poseía un encanto tan único y personal que su observador no creía haber visto nunca algo tan logrado en la naturaleza ni en las artes plásticas...».

Y de la turbación y la sorpresa, Aschenbach pasó al flechazo. Al salir del comedor la comitiva polaca, Tadzio lo hizo el último y miró directamente al escritor, que quedó al instante hechizado. En el desayuno de la siguiente jornada, Aschenbach volvió a ver a Tadzio. Y así lo describe Mann: «Sobre el cuello... reposaba la incomparable flor de su cabeza encantadora: la cabeza de Eros, recubierta por el esmalte amarillento del mármol de Paros, con sus finas y graves cejas, sienes y orejas ocultas bajo la sedosa cascada de los rizos...».

El tiempo empeoró y Aschenbach pensó en irse del Lido. Pero poco después, en la playa privada del hotel, confirmaba su encantamiento al ver a Tadzio bañándose entre las olas. Su familia lo llamó. Y Mann lo compara en ese instante con una divinidad griega: «Era como un mensaje poético llegado desde tiempos arcaicos, desde el origen de la forma y el nacimiento de los dioses. Y cerrando los ojos, Aschenbach escuchó aquel cántico que resonaba en su interior y, una vez más, pensó que allí estaba bien y que deseaba quedarse».

Eros le había atrapado.

Así que hablemos de Eros.

He citado antes a Zorzi Baffo, un vate licencioso veneciano, nacido en 1694 y muerto en 1768, que pertenecía a la aristocracia de la ciudad. Según su paisano Giacomo Casanova, fue «un genio sublime, poeta del más lúbrico de los géneros, pero grande y único». Y el francés Apollinaire lo juzgó como el «mayor poeta priápico que ha existido». Publicó versos eróticos desprovistos por completo de pudor y textos diversos a los que llamó *Placeres de Venecia*, que rozan la pornografía si es que no caen de pleno en ella. Fue, como puede suponerse, un narrador maldito, y apenas se tradujo a otras lenguas durante siglos. La primera versión francesa de sus trabajos es de 1994, y en español, sus escritos nunca han visto la luz más allá de algún poema suelto.

A comienzos del siglo XVIII, Venecia conocía, según Philippe Sollers, «un desorden de las costumbres más allá de lo que cabe imaginar». Y, sobre todo, en tiempo de carnavales. Aquí incluyo algunos textos de los *Placeres* de Baffo, entre el puñado de los que anota Sollers:

Las mujeres casadas ya no viven retiradas, se las ve caminar día y noche por la ciudad. Van solas con su amigo, y no las sigue, como antaño, el imbécil de su marido. Podéis encontraros libremente con ellas en su cama, y el marido no sabe nada, o si lo sabe, no le preocupa.

Aquí hay nobles en abundancia, todos vestidos a la francesa, y comiéndose cuanto poseen. Forman una tropa de al menos cien mil individuos, que llevan una vida de auténticos sibaritas. Se pasan las noches enteras en fiestas, juegos y cantos; y entretanto, sus mujeres fornican con sus amantes.

El dinero circula por todas partes; la ciudad se embellece; pero el vicio esquilma todos los monederos. Es lamentable que no haya más putas en la ciudad, pero las mujeres casadas se encargan de sustituirlas.

Es muy agradable poseer a una mujer, sin tenerla a cargo, y dejar al marido al cuidado de los hijos que puedan sobrevenir. Pero lo que más me gusta es que, cuando uno se cansa, la planta y se pega a otra.

Hay multitud de virtuosas, cantantes y bailarinas, monturas espirituales en las que es agradable cabalgar. Viven con ostentación y hoy son reinas que arrastran los penes a su paso.

¡Qué felicidad, qué regocijo oír cantar a una virtuosa al penetrarla! ¡Qué placer es comparable al sentir a la amada bailar bajo el pene! Su conversación está llena de encanto, y las que son fornicables desafían toda comparación.

Yo no sé cómo es Francia, ni qué se hace en Alemania; pero sé que Venecia es el país de las delicias, en donde se fornica hasta la saciedad. ¡Qué viva, pues, esta ciudad!, centro de los placeres, tan agradable para los extranjeros como para los indígenas, en donde no se habla más que de cosas alegres, bellas, deliciosas, es decir: bocas, pechos, culos, penes y coños.

Y aquí viene la última gran confesión poética de Baffo: «Donde Petrarca dijo Laura, yo digo coño».

No es extraño que este imperio de ludismo viera nacer en su seno a Giacomo Casanova, el mayor seductor de todos los tiempos, que vivió entre 1725 y 1798 y que, en su *Historia de mi vida*, no ahorra crónicas sobre sus correrías sensuales en la ciudad. Entre otras cosas, fue amante de varias novicias, cuando, como dice Sollers, los conventos eran «verdaderos viveros de galantería», de donde salían de noche las religiosas —con máscaras de carnaval, eso sí— para vivir sus aventuras eróticas y regresar antes del amanecer. Cuando un nuncio, por ejemplo, llegaba a la ciudad, los conventos competían por suministrarle amantes, pues «se tomaba a una religiosa como si fuera una cortesana de altos vuelos, una *geisha* de lujo».

Otro pendón de altura, que, si bien no nació en Venecia, sí que disfrutó de lo lindo en ella, fue Lord Byron, al que, como ya he dicho antes, se le atribuyeron doscientos cincuenta romances después de vivir en la República algo más de dos años, entre finales de 1816 y parte de 1819. Romántico incurable, Byron navegaba siempre entre la exaltación del amor único y el descenso al barro de la promiscuidad en sus dislocadas jornadas licenciosas. Nunca se divirtió en toda su vida tanto como en la Serenissima. Escribió en una carta: «Aquí no se hacen más que serenatas y mascaradas; la gente canta, baila y ama». Y quizá su estancia en Venecia fuera la época más productiva, literariamente, de toda su existencia, ya que en esos días escribió el Canto IV de *La peregrinación de Childe Harold*, los dos primeros de *Don Juan*, los poemarios *El lamento de Tasso* y *La profecía de Dante*, el tercer acto de *Manfred* y la sátira *Beppo*, además de algunas obras menores. «La isla más calenturienta de mi imaginación», dijo de la urbe.

— Al contrario que Baffo, ya digo, Byron rechazaba en teoría el desenfreno —aunque no cesara de enfangarse en la lujuria— y aspiraba en todo momento a encontrar su mujer ideal. Mientras tanto, se apasionó por Mariana, Angelina, Teresa..., todas casadas y todas prendidas en sus redes de seductor. Señalaba en su *Diario de Rávena* sobre la última de ellas: «¿Qué hacer? Estoy enamorado y cansado del concubinato, y esto me ofrece la oportunidad de llevar una vida asentada».

Pero no llegó al matrimonio con ninguna. Y siguió adelante en la senda de la consumación del deseo sexual con casi todas las que se encontraba a su paso. Era rico, atractivo y un reputado escritor. Rara era la que podía resistírsele. Y él lo expresó con justeza en su diario, el 15 de enero de 1821: «El único placer que concede la fama es que allana el camino que conduce al placer». Un marqués francés, con el que Teresa se casó después de terminar su romance con el poeta, solía presentar así a su cónyuge: «La marquesa de Boissy, mi mujer, antes amante de Lord Byron».

De las mujeres venecianas, Byron señaló en una carta: «Una dama es virtuosa si se limita a mantener relaciones con su esposo y un querido. Aquellas que tienen dos, tres, o más, son consideradas un poco "salvajes"». En cuanto a los hombres, juzgó: «Los celos no están a la orden del día en Venecia y las dagas han pasado de moda, mientras que los duelos por asuntos amorosos son desconocidos, al menos para los maridos».

Se hubiera quedado para siempre en Venecia, pero su corazón romántico le impulsó a partir hacia Grecia para luchar por la causa de su independencia. Y allí murió devorado por las sanguijuelas que le recetó un médico desbocado, en Messolongui, junto al mar, no muy lejos del golfo de Lepanto, en el año 1824.

Las rameras eran consideradas, por lo general, personas de cierta dignidad. Escribía el viajero francés Charles de Brosses en 1739: «Las cortesanas constituyen un cuerpo verdaderamente respetable por su buen proceder. No son tan numerosas como se dice, pero tampoco les falta trabajo. Cada día, con regularidad, a las doce o doce y media de la noche a más tardar, todas están ocupadas, para disgusto de los que llegan demasiado tarde. A diferencia de las de París, aquí son de una dulzura de espíritu y de una cortesía encantadoras.

A cualquier cosa que les preguntéis, su respuesta será siempre: "Sarà servito, sono a suoi comandi" ["estará bien servido, estoy a sus órdenes"], pues es educado no hablar nunca con nadie más que en tercera persona».

En fin, hasta Goethe, que era bastante puritano, quedó prendado de una veneciana, alternó en algunas ocasiones con prostitutas y se dejó llevar de cuando en cuando por el arrebato de sus sentidos: «He vivido tiempos locos —dijo hablando de su estancia en la población— y no me ha faltado ocasión de enloquecerme también, como los tiempos me ordenaban».

Por su parte, el rudo y maduro Hemingway se encandiló como un adolescente a la vista de una condesa italiana. Proust, a pesar de ser gay, habló de las jovencitas de pechos firmes y menudos..., quizá para esconder sus verdaderas tendencias. Y el pesimista germano Thomas Mann se prendó en la ciudad del ya muy citado Tadzio.

Siempre tañe su lira en Venecia el alado y juguetón diosecillo Eros, de cabellos rizados, que enreda, con sus dedos, todos los corazones que toca. Vaya el paseante una noche a la terraza de un café de San Marcos —al Florian, por ejemplo, o a los bares nocturnos que rodean el mercado de abastos— y verá a algunas de las mujeres más hermosas de la Tierra. Pero procure no enamorarse, porque los cuernos, lo mismo que los leones, según dicen, también tienen alas en Venecia y vuelan de cabeza en cabeza.

Como el hotel permanecía clausurado, crucé el paseo marítimo Marconi y me colé por un hueco de la alambrada que cercaba la playa. Súbitamente, como si me regalara un homenaje, el aire se había limpiado de calima y lucía esplendoroso... «El cielo es azul, ¿verdad?», dijo una vez Cézanne, y añadió: «Pues eso lo descubrió Monet». Y quizá el hecho le fuera revelado a este último en Venecia, donde vivió largo tiempo. «Qué lástima no haber venido aquí cuando era más joven, cuando tenía toda la audacia...», se lamentaba.

Y Henry James señalaba: «La luz aquí es, en realidad, un poderoso mago y, con todo respeto a Tiziano, Veronés y Tintoretto, se convierte en el mayor artista de todos. [...] Mar y cielo parecen encontrarse a mitad de camino, mezclando sus tonos en una suave irisación, lustrosa composición de olas y nubes..., arrojando después una gasa sobre los objetos observados».

— Así que el cielo de Monet y de James vibraba de pura magnificencia sobre la arena desierta frente al Hotel des Bains, un espacio de paso prohibido a los bañistas ocasionales y a los curiosos por su carácter de recinto privado. Era una extensión muy amplia, donde se remansaba el Adriático en aguas poco profundas, y separado del paseo marítimo Marconi por un alto parapeto de tierra esculpido por las mareas y los temporales durante décadas. Desde allí podía distinguirse, sobre los magnolios y los pinos, la fachada del suntuoso edificio, con sus ventanas y portones clausurados y sus jardines melenudos, necesitados de las tijeras de un peluquero poco escrupuloso.

Caminé un buen rato entre las decenas de casetas que se alineaban frente al mar. Eran de madera y lona blancas, todas iguales, y permanecían férreamente protegidas con grandes candados. Como las jaimas nómadas del Sáhara, las remataba una suerte de capucha. Sin duda, tanto el hotel como las cabinas estaban esmeradamente cuidadas y vigiladas, aunque ese día, que era sábado, no se viera a ningún guardián en las cercanías.

Seguí mi paseo alejándome de la zona de baños. La playa abundaba en maderos de deriva; también en latas de cerveza vacías y a medio devorar por el óxido, botellas degolladas y huellas de gaviotas huidas. Había un restaurante, La Pérgola, también cerrado. Y tuve la súbita sensación, ante la mole del lujoso hospedaje y de las casetas de aire de antaño, de que traspasaba los umbrales del tiempo para regresar al «mundo de ayer» de Stefan Zweig, a los días anteriores a la Gran Guerra, o, cuando menos, a los Felices Veinte. Aquél me parecía de pronto un universo irremediablemente perdido, como el mundo clásico. Y yo era el único testigo de la desolación.

¿Cuándo llegarán los bárbaros?, me pregunté.

Sentado en un tronco de madera que mostraba un color rosa pálido, rasurado y despoblado de ramas por los navajazos de las olas, había un hombre en la playa. Fumaba. Me miró sin mover la cabeza desde que me divisó. Y yo seguí andando en su dirección, sin querer mostrar temor alguno. Pero era un tipo inquietante, como comprobé cuando lo tuve más cerca: sucio, desgreñado, con los dientes carcomidos y barba de varios días.

Al llegar a su proximidad, se levantó y vino hacia mí. Me tendió la mano abierta.

—*American cigarettes, American cigarettes?* —dijo en un torpe inglés.

Saqué una moneda de dos euros de mi bolsillo y se la dejé caer en la palma, evitando tocarle. Él contempló el dinero sin decir nada, soltó una sonora carcajada y se dirigió de nuevo hacia su tronco. Yo seguí mi camino y, después de dar un rodeo, regresé a la carretera sin pasar de nuevo junto al vagabundo.

Me sentía perplejo. Aschenbach, en la novela de Mann, va encontrando personajes extraños, patéticos o amenazadores, que son como signos premonitorios de su destino, una suerte de ángeles de la muerte: el viejo borracho del *vaporetto*, el barquero de la góndola, el guitarrista del jardín del Hotel des Bains... ¿Acaso me están enviando señales maléficas desde alguna parte?, dije para mí.

A veces, cuando uno se obsesiona con una novela, llega a sentirse un poco en el pellejo de alguno de sus protagonistas.

De vuelta al embarcadero, en el lado occidental de la isla, almorcé una lasaña con un vaso de vino tinto de la Toscana. Luego tomé el *vaporetto* que iba a Venecia.

La ciudad resplandecía bajo el sol, era exactamente lo que llamó el filósofo francés Hipólito Taine «la perla de Italia». Mientras el barco se aproximaba a su destino, rodeado de góndolas repletas de turistas asiáticos, podía contemplar desde la lejanía su peculiar y abrumador perfil. Byron escribió con su estilo algo ampuloso: «Parece la Cibeles del mar, recién salida del océano, emergiendo en el horizonte aéreo con su tiara de orgullosas torres, su paso mayestático, reina de las aguas y de sus dioses».

Descendí en el embarcadero de San Marco-Zaccaria y me

dirigí derecho a la catedral. Azotados por el aleteo de las palomas, ingentes grupos de viajeros «selfiaban» —¡qué narcisista actividad!— ante el templo de dos en dos, de cuatro en cuatro y hasta de siete en siete. «Antigua, brillante, florida —la describió el ruso Vasili Rózanov—, un adorno, amarilla, azul, sobre todo blanca, llena de dorados ennegrecidos por el tiempo, tan dulce, tan tierna que ningún otro edificio, al parecer, la iguala en belleza.»

Belleza, otra vez la gran palabra sagrada.

La admiré nuevamente, bajo la luz afilada del pincel de Tintoretto, sin atreverme a decir nada entonces ni a escribir ningún pensamiento luego. Sólo anoto ahora un verso de Ezra Pound, quien, al morir, lejos de aquí, fue enterrado en Venecia por deseo propio, como Stravinsky y Brodsky:

> *Oh sol veneciano*
> *tú que has nutrido mis venas*
> *ordenado el curso de la sangre*
> *has llamado a mi alma*
> *desde el fondo de remotos abismos.*

Me senté en la terraza del Florian y pedí un *cappuccino* al camarero... a precio de oro, por supuesto. Las turbas de extranjeros llegaban, fotografiaban, se besaban ante la cámara, trataban de acariciar a las palomas, se iban en busca de iglesias escondidas... Abundaban los japoneses y los chinos —se distinguen fácilmente unos de otros porque estos últimos no cesan de escupir a su alrededor— y también los centroeuropeos y los nórdicos, ajamonados y de piel de almendra pelada. «Las manadas de pantalón corto me ponen los nervios de

punta —decía el poeta Joseph Brodsky—, en especial aquellos que relinchan en alemán.»

A mi lado, una decena de turistas rusos habían juntado dos
mesas y charlaban a voz en grito. Recordé mis viajes de muchos
años antes por la fenecida Unión Soviética, y se me ocurrió
pensar en lo poco que tiene que ver Venecia con la hoz y el
martillo.

Venecia es una ciudad aristocrática, burguesa, amante de
las artes y decadente. Por el contrario, la heredera de la antigua URSS, esto es, Rusia, conserva un aire proletario, carece
de elegancia y mira al futuro sin importarle el pasado. Que
cada cual elija su paraíso y su destino: al Che Guevara, si apa-
reciese en Venecia, le tirarían huevos podridos en San Marcos; y a Lord Byron, en Rusia, le arrojarían al Volga. Lenin
sería ahorcado en las mazmorras del Palacio Ducal y Nietzsche acabaría en un gulag.

Sigamos con Mann y su novela. A pesar de la atracción que
Tadzio ejercía sobre Aschenbach, cada vez más vigorosa, éste
decidió irse de Venecia, pues le molestaba lo insano del aire de
la urbe y la tosquedad del clima, neblinoso y agobiador. Pagó la
cuenta, dispuso que trasladaran sus pertenencias a la estación
de Santa Lucía, repartió propinas entre los empleados del hotel que abandonaba y tomó el *vaporetto* que partía del Lido
hacia la ciudad. En su espíritu se había posado una sensación
de desánimo y pena.

Pero un incidente truncó sus planes. El encargado de fac-
turar su baúl confundió el destino y lo envió rumbo al lago de
Como, en lugar de hacerlo a un balneario cercano a Trieste, el

lugar elegido por el escritor para seguir sus vacaciones. Y decidió instalarse de nuevo en el Hotel des Bains a esperar a que le devolvieran el equipaje. «Una extraña alegría —dice Mann—, un increíble gozo le agitaba el pecho en forma casi convulsiva.» Poco después de volver al Lido, vio al adolescente polaco regresando de la playa. Y «sintió el entusiasmo que latía en sus venas, la felicidad y el dolor que colmaban su alma, y comprendió que, si la partida le había resultado tan penosa, era debido a Tadzio». De modo que decidió quedarse, a pesar de que, poco después, su baúl estuviera de regreso.

Los días siguientes están marcados por los encuentros constantes de Aschenbach con el muchacho, en la orilla del mar, en el comedor, los salones, las escaleras del hotel..., aunque nunca llegan a hablar y la única comunicación que se produce entre ellos es una sonrisa que le envía el chico cuando sorprende la mirada del hombre sobre él. «Era la sonrisa de Narciso —concluye Mann— inclinado sobre el espejo del agua.»

Pero una noche, en la hora de la cena, Tadzio y su familia no aparecen. Aschenbach se inquieta. No obstante, el chico asoma al poco: venía, al parecer, de dar un paseo por Venecia. «Su belleza superaba lo expresable —escribe Mann— y, como tantas otras veces, Aschenbach sintió, apesadumbrado, que la palabra sólo puede celebrar la belleza, no reproducirla.»

Belleza..., la expresión total... Belleza, belleza, belleza. Aschenbach se ha rendido por completo y, abrumado, se refugia en un rincón escondido de los jardines del establecimiento, huyendo de las luces de la terraza. Se sienta en un banco, sacudido por escalofríos. Y allí, en la soledad, «musitó la fórmula fija del deseo, imposible en este caso, absurda, abyecta, ridícula y, no obstante, sagrada, también aquí venerada: "Te amo"».

A partir de ese momento, Aschenbach entra en una suerte de delirio. Sigue a todas horas a Tadzio, no sólo en las estancias del establecimiento y en la playa, sino cuando se acerca a Venecia con sus hermanas y su institutriz. No se atreve a dirigirse a él, le adora desde la distancia. Al tiempo, va descubriendo que Venecia está azotada por un «mal», una epidemia de cólera, y que cada vez son más los huéspedes que abandonan el Hotel des Bains y la ciudad. Pero él arrostra el peligro: no puede despegarse de Tadzio, ni aunque el precio tenga que pagarse con el contagio de la enfermedad y la probable muerte. Y alcanza un nivel de áspero patetismo cuando acude a un peluquero para teñirse los cabellos y recuperar, en apariencia al menos, la juventud perdida. Orgulloso de su obra, el barbero le dice que ya puede enamorarse sin ningún temor.

La persecución por las calles y los canales adquiere un ritmo casi musical y, desde luego, trágico. *La muerte en Venecia* se transforma en una sinfonía de belleza, drama, dolor y caos. Y así lo quiso ver Visconti cuando realizó su película homónima, para algunos el filme más logrado de la historia del cine. Convirtió a Aschenbach en músico, inspirándose en la figura de Gustav Mahler, y le dio el papel de protagonista a Dick Bogarde, asombrosamente parecido al compositor. Tadzio fue interpretado por un jovencísimo actor sueco, Björn Andrésen, vivo aún, que se ha pasado la vida negando ser homosexual.

Lo dijo Mann: «El cine es un gozo visual con raíces musicales». Y la música es tan importante para Venecia como lo es para la literatura. No sólo nacieron allí grandes genios, como Antonio Vivaldi y Claudio Monteverdi, o murieron en uno de sus palacios, como Richard Wagner, o pidieron ser enterrados aquí, como Ígor Stravinksy y el gran compositor Johann Adolf Hasse, sino que muchos percibieron la calidad etérea de esta ciudad construida sobre el agua, sobre el vaivén de las mareas. Nietzsche proclamó: «Cuando busco una palabra para decir "música", encuentro tan sólo la palabra "Venecia"».

A algunos, como a Goethe, les fascinó el canto de los gondoleros, un son de antaño ya olvidado que en otros, como en el caso de Wagner, despertó un profundo revolcón de los sentidos:

> [Una noche] regresé muy tarde en góndola por los canales sombríos; de pronto, salió la luna, proyectando su luz sobre los palacios indescriptibles y sobre mi barquero, que manejaba lentamente su enorme remo, de pie en la popa de mi barca. En ese mismo instante, éste lanzó un grito que semejaba un aullido de animal: era un profundo gemido que subía *in crescendo* hasta un «¡Oh!» prolongado y acababa con la simple exclamación: «¡Venecia!». Luego venía algo más, pero yo sufrí una conmoción tan violenta con este grito que no pude recordar el resto. Las sensaciones que tuve allí no se disiparon durante toda mi estancia en Venecia; permanecieron en mí hasta la conclusión del segundo acto de *Tristán* y tal vez me sugirieron los sonidos lastimeros y lánguidos del caramillo, al comienzo de tercer acto.

Vivaldi, olvidado durante casi doscientos años y rescatado por el poeta estadounidense Ezra Pound, es para muchos el gran músico veneciano, por encima de Monteverdi, muy famoso en su tiempo. Si uno cierra los ojos recorriendo los canales en una góndola, puede sentirse mecido bajo el son de sus violines.

Monteverdi fue el compositor más celebrado de Europa estando vivo, pero su figura se diluyó tras su muerte. Vivaldi no le soportaba, aunque fue enterrado con honores de príncipe por sus compatriotas.

Y la sombra de Mozart planea sobre Venecia. Lorenzo da Ponte, nacido aquí, fue su mejor letrista, autor de los libretos de *Las bodas de Fígaro* y *Don Juan*. Se conocieron en Viena y el italiano escribió del austríaco: «Wolfgang Mozart, aunque la naturaleza le dotó de un genio musical superior, quizá, al de todos los autores del mundo pasado, presente y futuro, su genio divino todavía no había podido eclosionar en Viena, a consecuencia de las intrigas de sus enemigos; permanecía allí, oscuro y desconocido, como una piedra preciosa que, sepultada en las entrañas de la tierra, esconde el secreto de su esplendor». Da Ponte siempre se consideró orgulloso de componer las letras de algunas de las obras de este «genio incomparable», como lo llamó.

El compositor sajón Johann Adolf Hasse, fallecido y sepultado en la ciudad, dijo de Mozart: «Este joven hará que todos los demás seamos olvidados». Y lo describió así: «El muchacho es bello, vivaz, gracioso y pleno de buenas maneras, y cuando se le conoce no puede dejar de amársele». «¿No es parecida a la imagen de Tadzio?», se pregunta Federico Sopeña Ibáñez en sus *Estudios sobre Mahler*.

Y, claro, tras Aschenbach se oculta Mahler. Los dos se llaman Gustav y ambos son nietzscheanos, aunque, en realidad, el segundo acabara detestando al filósofo y arrojando sus libros al fuego.

A partir de Mann y de Visconti, Venecia ya no puede dibujarse sin la sombra de Aschenbach-Mahler ni el *adagietto* del compositor. Se trata de «la música de Venecia, es Venecia misma», como señala Sopeña.

Mark Twain, amigo de desacralizarlo todo, pasó por Venecia en 1867 y, pese a sus reticencias iniciales, acabó fascinado con ella. «La música flotaba por las olas —escribió—, Venecia volvía a ser Venecia.» Y seguía describiendo una noche de fiesta: «Por todas partes música: coros, bandas, rondallas, guitarras solitarias. Me sentí amurallado, cercado de música, magnificencia y amabilidad. El espíritu de la escena se me contagió y también entoné una canción. Sin embargo, al observar que las otras góndolas se habían ido y que mi gondolero se disponía a tirarse por la borda, callé».

Twain era capaz de matar cualquier instante lírico, e incluso a un sheriff, con tal de hacer un buen chiste. Escribió a renglón seguido: «¡Qué ciudad más chocante es esta Reina del Adriático! Si se desea ir a la iglesia, al teatro, al restaurante, debe irse en góndola. Es un paraíso para los cojos, pues aquí las piernas no sirven para nada».

Pero Aschenbach caminaba y navegaba tras Tadzio, incansable, envuelto por el *adagietto*.

Por mi parte, recité un verso breve:

Sinfonía del agua,
la pujanza del remo entre las olas mansas,
el canto antiguo de aquellos gondoleros
que anunciaban la muerte
mientras remaban en pos de una palabra:
la palabra Belleza...

Y así, babeante casi, exangüe, convertido en un ser ridículo y degradado, el admirado escritor Gustav von Aschenbach vaga por los callejones de la hermosa Venecia, tras los pasos de un joven efebo que simboliza la Belleza y la Muerte, arropado por el ritmo de una melodía que, a veces, es dulce y melancólica y, otras, bronca y arrebatadora. Es el caos, el descrédito, el extravío...

Una tarde, Aschenbach llega a traspasar casi el umbral de la locura. Persiguiendo al muchacho que pasea acompañado junto con sus hermanas y la institutriz, y que de vez en cuando vuelve el rostro y le mira, el escritor acaba por perderse en el dédalo de corredores y canales. Y, fatigado, se sienta dominado por el desánimo, mientras «sus flácidos labios, realzados por el maquillaje, modulaban palabras sueltas, extraídas de la extraña lógica del sueño que su cerebro adormecido producía».

La melancolía del *adagietto* se convierte, de pronto, en un son cargado de dramatismo y tragedia. El diablo efebo, Tadzio, parecía jugar con Aschenbach, como el gato que se entretiene con el pajarillo atrapado y con las alas rotas, antes de matarlo.

Me eché un rato en la cama de mi cutre hospedaje y volví a salir a eso de las seis. Y para hacer tiempo hasta la hora de la cena, me senté de nuevo en el Florián y pedí un refresco a un camarero vestido de etiqueta. «La máxima felicidad —juzgaba Henry James sus noches en el mismo café en donde yo me sentaba ahora— bajo las estrellas, sintiendo la brisa marina latir lánguida.»

Una orquestina tocaba una conocida melodía y una pareja de gruesos turistas —de pantalón corto— se echó a bailar entre los aplausos del grupo con el que viajaba. Recordé un juicio de Josep Pla de su libro *Cartas italianas*, escrito hace más de ochenta años: «La plaza de San Marcos es lo más ajustado a la música de Mozart que se ha producido en Europa». Ya no era el caso: ahora en la ciudad se llevan más el jazz o el pop.

Me alegré el ojillo ante el paso fugaz de algunas muchachas venecianas de cabellos dorados y vestidos vaporosos. Y cuando percibí la llegada del hambre golpeando sus nudillos en la puerta de mi estómago, me largué a cenar.

Escogí Il Forni, cerca de mi hotel, un lugar agradable, elegante y con buena cocina. Naturalmente, pagué a precios venecianos, esto es, una fortuna a cambio de unas alcachofas, una pasta pasada de «dente» y dos vasos de vino rojo. Cuando el camarero me trajo el plato principal, tallarines con langostinos, le pedí parmesano desmigado y el tipo me miró con gesto reprobador:

—Este plato no se come con queso.

El vecino de la mesa de al lado se volvió hacia él:

—Si al señor le gusta, tráigaselo.

El otro se encogió de hombros, volvió al mostrador y regresó con el parmesano, sin duda aguantándose las ganas de decir: «¡Allá usted!».

—Yo soy de Toscana —me dijo mi valedor—, aunque llevo en esta ciudad más de cinco años. Los naturales de esta ciudad son por lo general encantadores. Pero comparten un defecto: piensan que lo saben todo y que siempre tienen razón. No hay peor insulto para un veneciano que llamarle ignorante.

En un velador de un rincón cenaban dos enamorados de mediana edad: una mujer bellísima con un tipo muy feo. Algunas veces me he preguntado cómo pueden suceder cosas así, que un varón desangelado ande con una fémina hermosísima. Pero me he dado cuenta de que muchos hombres se plantean a menudo esa misma cuestión cuando ven parejas de esa clase.

Me dormí leyendo a Predrag Matvejević.

Eché el día en deambular por Venecia sin música de Mahler que me acompañara. Y eso que era una mañana lluviosa. Pero la lluvia me gusta, sobre todo si voy callejeando. Nada te estorba, casi todo el mundo ha buscado resguardo y, si eres hábil en esquivar ocasionales cuchilladas de las varillas de los paraguas contrarios que amenazan con dejarte tuerto, la ciudad parece pertenecerte.

Por cierto que, en Venecia, que es una urbe atestada de turistas, aprendí que uno de tus peores enemigos puede ser un chino armado de paraguas. No saben manejarlos. O no quieren. Uno por uno, estos asiáticos tienden a pensar que tienen prioridad en todo, comenzando por las aceras, y desde luego a la hora de ocupar el sitio preferente en cualquier cola, sea la de un museo o la de un supermercado. Y actúan en consecuencia. Y como en su país son millones actuando en consecuencia, imagine el lector cómo debe de ser la vida en aquellos lares. Yo lo padecí hace años en un viaje que duró tres meses; y ahora, en Venecia, volvía a sufrirlo.

Así pues, un consejo al amable lector: si ve a un chino con paraguas venir hacia usted, salte cuanto antes al lado contrario. Y si son muchos y caminan en grupo, galope como un corredor de los sanfermines.

Recorrí el *sestiere* («barrio») de Castello, algunas de sus iglesias y el Arsenal... y más tarde me acerqué al de Dorsoduro, para visitar la Accademia, el más estrambótico y exuberante museo de arte veneciano. Caminándola, Venecia se hace casi infinita, pero su hermosura no conoce límites. Una iglesia, un palacio, un puentecillo, un hotel recoleto, un balcón, una pequeña tienda de bordados, un escondido canal..., todo nos asombra. Sin duda es una ciudad decrépita, pero, como dijo Pla, «a Venecia la decrepitud le sienta bien».

Y esa mañana solitaria y húmeda empecé a reparar también en los extraños nombres de algunas vías: calle de la Muerte, calle del Diablo... ¡calle de los Asesinos! Se dice que esta última, en el Medievo, era un lugar apropiado para torturar y matar por orden de los dogos.

Más tarde comencé a fijarme en los miles de adornos de bichos de todos los órdenes, vertebrados e invertebrados, que abundan en la urbe: puercoespines, zorros, liebres, cocodrilos, serpientes, cangrejos, camellos con cabeza de tortuga,

dragones... y multitud de fieras que se zampan a sus víctimas.
Como anota Jan Morris:

> Todo un capitel de una arcada del Palacio Ducal está dedi-
> cado a animales que devoran presas: un león con el anca de un
> venado, un lobo con un pájaro destrozado, un grifo con una
> rata... Todos los animales de piedra de Venecia están en actitud
> de roer, descuartizar, pelear o morder, o enzarzados y retor-
> cidos en un amasijo de patas, dientes, pelo, orejas y salivas.

La Venecia diabólica, nos parece: la cara de Satán como
contraste de la Belleza angelical. ¿El lado oscuro de Tadzio?
Mann dijo en una ocasión que su novela trata de eso precisamente: de la orilla tenebrosa del existir.

Comí en una tabernucha del barrio del Arsenal y, de vuelta
a Castello, entré en la iglesia de San Giorgio dei Greci, un templo greco-ortodoxo, en plena ceremonia religiosa. No sé absolutamente nada sobre la liturgia de Bizancio, pero siempre
he tenido la impresión de que sus sacerdotes son una pandilla
de juerguistas amantes del buen vino, con apariencia de no
haberse lavado desde que los sacaron de la pila bautismal. Sus
ceremonias tienen poco que ver con las católicas, tan solemnes éstas. Los clérigos, gordos y olorosos como cochinos adultos, asoman de los cortinajes oscuros que ocultan el interior
del santuario, bendicen, condenan, rezan o suspiran, y luego
se esconden en la sacristía cual lechones aterrados. Los fieles,
entretanto, andan a lo suyo, inmersos en oraciones y sin cesar
de santiguarse. No es su misa una conmemoración del sacrifi-
cio de Jesús, como la liturgia de la Iglesia de Roma, sino que
parece un esperpento y una burla de su credo. Cuando vivía

en la cercana Trieste, James Joyce, que era un agnóstico militante y odiaba el catolicismo, acudía con frecuencia a las celebraciones de un templo serbio-ortodoxo, San Spiridone, pues pensaba que no eran otra cosa que una chanza del rito romano. Aunque Joyce fantaseaba a menudo, a lo mejor es cierto.

Por mi parte, quisiera pensar que, en algunas religiones, el Altísimo se cachondea de sí mismo. Pero es improbable, pues el Dios católico carece de sentido del humor.

Claro está que tiene sus razones: ¿cómo reírte al ver que a tu hijo le clavan a martillazos las palmas de las manos y los empeines de los pies en una cruz? O quizá sucede que, en el cristianismo romano, las bromas son muy pesadas.

Aschenbach estaba ya irremediablemente perdido y lo sabía. Y desde antes de ese instante de presentimiento del abismo, Mann recurre ya a un texto apócrifo de Platón, en el que el maestro Sócrates advierte al joven Fedro sobre los riesgos del artista: «Porque la Belleza, Fedro mío, es a la vez visible y digna de ser amada; es, tenlo muy presente, la única forma de lo espiritual que podemos aprehender y tolerar con los sentidos. Pues, ¿qué sería de nosotros si las demás formas de lo divino, la Razón, la Virtud o la Verdad, quisieran revelarse a nuestros sentidos? ¿Acaso no pereceríamos y nos consumiríamos de amor?». Y unas páginas más adelante añade, también en la voz de un Sócrates rescatado de su imaginación: «¿Comprendes ahora por qué nosotros, los poetas, no podemos ser sabios ni dignos? ¿Comprendes por qué tenemos que extraviarnos necesariamente, y ser siempre disolutos, aventureros del sentimiento?».

Al escritor ya no le quedaban fuerzas. Un empleado del hotel le informó de que la familia polaca se iría después de comer. Y, sentado en la playa, Aschenbach contempló entre la neblina, por última vez, la figura de Tadzio.

El chico jugaba a dibujar figuras en la arena con la punta del pie. Y de pronto giró el rostro hacia Aschenbach, «grácilmente». Y el escritor sintió que Tadzio le llamaba, sonriéndole, «como si le señalase un camino y lo empezara a guiar, etéreo, hacia una inmensidad cargada de promesas. Y, como otras veces, se dispuso a seguirle».

Aschenbach muere en ese instante, durante la contemplación última de la Belleza encarnada en el efebo. Y la enigmática y majestuosa novela concluye. Con ella fenece también un mundo.

«Todo ángel es terrible», diría Rilke por aquellos mismos años, en el castillo de Duino, no muy lejos de donde Mann concibió su historia. Y Tadzio, en la pluma de Mann, parecía uno de ellos.

Yo me iba, a mi vez, de Venecia. Por fortuna, no en dirección a la huesa, al contrario que Aschenbach, sino a la no muy lejana Trieste. Tomé el *vaporetto* en San Marcos porque quería cruzar, quizá por última vez en mi vida, bajo el puente de Rialto, navegando hacia la estación de Santa Lucía. Y recorrí el Gran Canal fascinado ante lo que Pla describió así: «En Venecia no hay dos formas iguales. Todo es azar, ilusión, novedad. No hay nada convencional, y por eso todo es placer, prodigalidad, fantasía y sorpresa [...]. El conjunto es de una naturalidad inefable».

Un esplendoroso día, de mar sereno y cielo restallante, se había echado sobre el mundo, como si quisiera despedirme a lo grande. Rodeado de góndolas repletas de visitantes, por lo general asiáticos, mi embarcación surcaba, briosa, las aguas esmeraldinas del Gran Canal. A babor y a estribor se alzaban los palacetes de basamentos heridos por el limo y la cochambre. Olía a podredumbre escondida y a pis de gato, y se me ocurrió comparar a Venecia con una bella aristócrata que ha olvidado lavarse las axilas. Las gaviotas proclamaban versos quejumbrosos sobre nuestras cabezas y un blanco cisne, quizá desorientado, batía sus anchas alas junto a la escalinata de un pequeño muelle que daba a una bonita residencia deshabitada.

Sentía el deseo de decir algo en voz baja, a modo de homenaje a la ciudad que dejaba atrás. Y recordé lo que Mary McCarthy cuenta que el sabio veneciano Paolo Sarpi musitó en su lecho de muerte, acontecida en 1623:

—*Esto perpetua* [«que dure siempre»].

2

El irlandés errante

Hay pocos placeres comparables al de largarse solo del lugar donde transcurre tu vida cotidiana y llegar a un sitio en el que nadie sabe quién eres, y en el que, si además apareces mal vestido, incluso pueden tomarte por un vagabundo. Quien no lo haya probado es probable que no sepa de lo que estoy hablando ni sea capaz de calcular lo que se pierde. El mayor honor en una situación así consiste en que, además, al llegar a tu destino, te identifiquen como un lugareño y te hablen en su propio idioma como si fuera también el tuyo. Pero en estos tiempos, si eso te trae problemas, para eso se ha inventado el inglés.

Viajar solo te produce un sentimiento que mezcla la libertad suprema y la disolución del yo, una suerte de emoción que entra muy hondamente en tu espíritu y te transforma para siempre. Es igual a las adicciones: quieres recuperarlas desde el momento en que las has consumido, las añoras con frecuencia y su recuerdo te asalta a cualquier hora del día. Al volver del viaje, de regreso a tu hogar, dejas de ser «nadie» y vuelves a ser el de siempre, lo que significa, entre otras cosas, que las usuales obligaciones personales y los compromisos con los otros llueven sobre ti en cascada. En cierta forma, dejas de ser libre.

Esa suerte de evanescencia de la conciencia individual a la que me refiero acontece en Trieste, en el extremo nororiental de Italia. «No es una ciudad —escribía el dramaturgo Hermann Bahr en 1909—. Uno tiene allí la impresión de no estar en ningún sitio. He experimentado [en Trieste] la sensación de verme suspendido en la irrealidad.» El triestino Claudio Magris —en el prólogo a la novela *Mi Carso*, de su paisano Scipio Slataper— afirma que a un habitante de esta urbe «le resulta más fácil proclamar lo que no es que declarar su identidad».

El galés Jan Morris, en su libro *Trieste, o el sentido de ninguna parte*, afirma: «No ofrece (la ciudad) ningún monumento inolvidable, ninguna melodía universalmente familiar, tampoco una gastronomía que impresione... Para mí, Trieste es una alegría del limbo, en el sentido secular de una suspensión en el tiempo y el espacio que es difícil de definir».

En fin, en 1995 el estadounidense Paul Theroux, siempre tan triste, dijo de ella que era «seria, plomiza, aburrida, solemne y lúgubre»...

De modo que, en brazos de una callada euforia por el hecho de entrar en la irrealidad, Trieste se me abrió enigmática e iluminada por luces trémulas, cuando descendí en el andén de su estación junto con los últimos viajeros llegados del Véneto. Pensé que allí, en el viejo galpón del ferrocarril, terminaba Italia y, con ella, el mundo mediterráneo. Hacia el norte se alzaban ya las tierras eslovenas y austríacas..., la lejana Viena, centroeuropa, los Balcanes... «El último suspiro de la civilización expira en esta costa en donde comienza la barbarie», escribió Chateaubriand cuando pasó por aquí en 1806.

Si a Venecia hay que arribar en barco, desde el mar, como afirmaba el Aschenbach de Mann, estoy seguro de que, para llegar a la misteriosa Trieste, la manera más apropiada es hacerlo de noche y en tren, el medio de transporte que escogió James Joyce, gran burlador de la literatura. Y esta vez cumplí el rito, con el aspecto de alguien que, con barba de tres días, vestido con viejos jeans y portando un macuto, parecía escapado de la justicia o, por lo menos, un vagabundo.

¡Ah, libertad!..., otra gran palabra: tanto como «belleza».

Me sentía alegre de encontrarme al fin en Trieste, porque intuía su magnetismo y porque sé bien que, cualquier rincón adonde el visitante se asome, Italia no le deja nunca indiferente. A esa hora de la atardecida, poco antes de las ocho, las calles aparecían despobladas y la larga avenida que se abría ante mí se iba difuminando a causa de la neblina que venía del mar.

Casi a oscuras, apenas se vislumbraba el monumento que preside la Piazza della Libertà, en el que reina en bronce la efigie de cuerpo entero de Isabel de Baviera, Sissi, Elisabetta para los venecianos y los triestinos, la esposa del emperador Francisco José I de Austria. Fue una soberana cultivada, que hablaba cinco lenguas y leía a los clásicos en su idioma original. Muy amada por sus súbditos de entonces, cuando la ciudad formaba parte del Imperio austro-húngaro, murió apuñalada por un anarquista junto al lago Lemán, en Ginebra, el mes de septiembre de 1898. Y tal fue la devoción que despertaba, que ni las revoluciones ni las luchas étnicas de la región han logrado echar abajo su estatua. En los retratos de antaño aparece bella y elegante, con cierto aire de melancolía, como el que adoptó Rommy Schneider al interpretarla en el cine. Era tan guapa o más todavía que la también desdichada Lady Di; sin embargo, debió de ser mucho más lista y, desde luego, bastante más culta. Detestaba la vida y los ceremoniales de la corte. Y en cierta ocasión escribió un poema en el que, entre otras cosas, decía:

> *¡Ojalá no hubiera dejado el sendero*
> *que a la libertad me había de conducir!*
> *¡Ojalá no me hubiera extraviado*
> *por las avenidas de la vanidad!*
> *[...], maldigo ese vano momento*
> *en que a ti, libertad, te perdí.*

No había taxis y eché andar al arrimo de la larga línea del puerto, partido por los recios muelles, los *moli*, en los que gustan de pasear los triestinos cuando luce el sol. El Mediterráneo formaba un telón, sereno y negro, a mi derecha. Apenas había tráfico. Pero, viniendo como yo venía de Venecia, donde no hay coches, el paso rápido y ruidoso de algún que otro inesperado automóvil me sobresaltaba. Caminaba solo en la ancha vía casi desierta.

«¡Tristeza de Trieste!», proclamó Josep Pla, un día que debió de sentirse ingenioso, con una frase que a mí me parece facilona, con todos los respetos al maestro.

La llegada de Joyce a Trieste, que desembarcó en la misma estación que yo con su pareja Nora Barnacle (sólo se casaron al final de la vida del escritor), fue mucho más accidentada que la mía. Un cronista de viajes siempre es en el fondo un epígono más o menos aventajado de los maestros, porque sigue pasos trazados antes que los de sus propias botas, mientras que los exploradores y los grandes creadores marcan los suyos en caminos de tierra, de agua, o artísticos, que nunca han sido hollados antes. ¿Hemos dejado alguna vez de guiarnos, literariamente hablando, por las marcas de las sandalias de Homero? Las huellas de Joyce, en todo caso, no resultaron muy afortunadas en Trieste.

James y Nora se habían salido de Dublín rumbo a Zúrich a comienzos de octubre de 1904, donde el escritor esperaba ganarse la vida dando clases de inglés en la escuela de idiomas Berlitz. Pero al alcanzar la localidad suiza, se encontraron con que el puesto que le habían prometido ya estaba ocupado. Y no les quedó otro remedio que seguir el consejo del director del instituto y poner rumbo a Trieste, para buscar en la Berlitz de esta urbe (por entonces bajo el dominio de Austria) un empleo parecido. Sin apenas dinero, comiendo de los escasos víveres que llevaban en su equipaje, se confundieron de itinerario y, después de un lento y fatigoso recorrido, arribaron a la estación de Liubliana (hoy capital de Eslovenia y entonces parte del Imperio austro-húngaro), donde hubieron de pasar la noche y esperar al tren que, al amanecer, partiría hacia el destino elegido. Finalmente, tras siete horas de viaje, entraron en la ciudad, agotados y hambrientos.

Pero sus desdichas no terminaron ahí. Joyce dejó a Nora al cuidado del equipaje, sin un céntimo en el bolsillo, sentada al pie del monumento a Elisabetta, y se fue camino del centro en busca de una habitación donde poder acomodarse.

No obstante, al llegar a la Piazza Grande, hoy conocida como Piazza dell'Unità d'Italia, se topó con un grupo de marineros ingleses, bastante ebrios, a quienes un policía trataba de llevarse a la comisaría. Y como dominaba la lengua italiana, Joyce trató de convertirse en intérprete para ayudar a los británicos. El resultado de su gestión fue que él también quedó detenido y conducido a una celda junto con los borrachos.

Cuando al fin pudo librarse, merced a las gestiones del cónsul inglés, Joyce corrió a rescatar a Nora de su soledad. Comieron algo y lograron alojarse en un hotel, el Central, donde pasaron algunas noches. Unos días más tarde encontraron un cuarto en el que instalarse, junto a la bonita Piazza del Ponterosso, vecina del Canal Grande. Al lado de su portal se extendían, y aún se extienden hoy durante el día, los puestos del mercado de frutas y legumbres. Lo que, sobre todo, llamaría la atención al escritor fue la diversidad de idiomas que utilizaban vendedores y clientes: italiano, alemán, esloveno, serbo-croata, yiddish, griego y el cantarín dialecto triestino, que llegaría a dominar a la perfección. Joyce siempre fue un enamorado del habla y se expresaba perfectamente, o cuando menos con soltura, en español, italiano, alemán, francés y triestino, además de su nativo inglés, en cuyo empleo era poco menos que un mago. Seis lenguas, ya digo..., y media: el griego.

Crucé junto al Canal Grande y entré en la Piazza dell'Unità d'Italia, una grandiosa y enorme explanada rodeada de sólidos edificios que recuerdan la monumentalidad de la capital del Imperio austro-húngaro, aunque sin el exceso de afectación que, en mi opinión, exhibe Viena. Cercada por una ciudad en sombras, envuelta por la noche, la plaza, a la que los triestinos llaman todavía por su antiguo nombre, Piazza Grande, aparecía engalanada por la luz de cientos de bombillas y farolas, y semejaba una fogata gigantesca en el centro de un espléndido paisaje de palacios habitados por dioses. Para el extranjero recién llegado, se ofrecía a la vista como una suerte de escenario de elegancia deslumbradora.

Tomé la calle lateral de Armando Diaz y, en unos minutos, alcanzaba el B&B en el que había reservado plaza por internet: el Liberty. Era un coqueto estudio-apartamento decorado con muy buen gusto, que contaba con una amplia cama cubierta por un dosel, en el noveno piso del edificio, letra B. Dos altas ventanas daban hacia el lado del mar, cubierto ahora a la mirada por un manto de oscuridad impenetrable.

Ordené mis cosas y bajé de nuevo. Tenía deseos de estirar un poco las piernas y me dirigí hacia Santa Maria Maggiore bajo la noche serena. No me cruzaba con nadie en las estrechas callejuelas y la ciudad ofrecía un aspecto algo tenebroso; pero no llegaba a producir temor, sino que despertaba sensaciones de melancolía.

Tenía sed y entré en un bar desaliñado en busca de un refresco. El dueño, un tipo mal encarado, me atendió con sonrisa draculesca. Un borracho tomaba cerveza Lasko en el mostrador y, cuando concluía una, salía a la calle a fumar un cigarrillo, para luego volver a entrar en busca de una nueva botella. Al menos repitió la ceremonia cuatro veces mientras yo permanecí en el local.

En la única mesa ocupada, dos viejos jugaban una partida

de cartas con baraja francesa mientras bebían vino tinto. Las paredes aparecían cubiertas por fotos de una misma mujer: joven y bellísima. ¿La hija del tabernero?, ¿una novia perdida años antes y añorada siempre? Del hilo musical, en tono muy bajo, brotaba *My Way* en la voz de Sinatra.

Seguí mi deambular, torciendo esta vez rumbo al mar. Y entré de nuevo en la soberbia Piazza dell'Unità d'Italia, como si me atrajese cual imán. Nadie salvo yo paseaba sobre la enorme extensión que, en tiempos del Imperio romano, sospecho que pudo ser un inmenso foro. Era tan grande aquel espacio que mis pasos, en lugar de levantar ecos, se perdían en el vacío de la noche.

En un esquinazo del lado norte fui a dar con el Caffè degli Specchi (Café de los Espejos), un refinado local con aire de la *belle époque* vienesa, repleto de expositores de dulces, cortinones en los ventanales, columnas de aire clásico y sofás de cuero Chesterfield diseminados en la espaciosa sala. Me tomé un sándwich para cenar con un vaso de vino rosado Lambrusco.

Y volví a la calle y seguí andando hasta el muelle más cercano, el Molo Audace, antes de 1918 conocido como «Molo San Carlo». El ancho y largo espolón parecía hincarse en el mar como un cuchillo sin filo. Desde allí me di la vuelta para contemplar la solitaria urbe, con el plácido y oscuro Adriático lamiendo, a mis espaldas, la piedra del dique y una liviana boira abrazando el espigón. Olía a algas y a erizos marinos. A la izquierda se tendía el Canal Grande y a la derecha ardía la antorcha de la Piazza dell'Unità. Arriba se dibujaban bajo luces trémulas los recios muros del castillo de San Giusto Martire.

Pétrea, perfectamente rectangular, solemne, germana, pero abrazada por el aire meloso del litoral italiano —que corre de norte a sur como una caricia—, besada por los labios del mar latino, Trieste desprendía un aroma de serenidad, dormida plácidamente bajo el cielo oscuro.

No sabría decir bien por qué, pero comprendí que es una ciudad amada por sus habitantes, aunque con un amor teñido de saudade. «La melancolía es la principal expresión de Trieste —dice Jan Morris—, pero no responde a ninguna suerte de punzante desconsuelo capaz de llevarte a desear la muerte [...]. Se manifiesta en una sensación agridulce y en el anhelo de no se sabe qué.»

«Mi alma está en Trieste», escribió Joyce a Nora en una carta, fechada en Dublín durante un corto viaje a su isla natal en 1909. «En cierto sentido —anota Jan Morris—, tengo la impresión de que Joyce y Trieste fueron hechos el uno para el otro.»

La población fue romanizada en el siglo I a.C., pero de aquellos tiempos clásicos quedan tan sólo los restos de antiguas casas, un arco, mosaicos, otras pocas piezas arqueológicas y un bonito teatro en el que se representaron antaño dramas, comedias y tragedias, y donde se celebraban ocasionalmente combates de gladiadores. Las invasiones bárbaras no alcanzaron a la región triestina, que pasó a convertirse en posesión del Imperio bizantino de Oriente. Después, la ciudad libró guerras con los lombardos y con los expansivos y poderosos venecianos, logrando a pesar de todo permanecer como municipio independiente desde el siglo IX, bajo la protección de los reyes francos. En septiembre de 1382 se sometió voluntariamente a la Casa de Austria, cuando reinaba Leopoldo III de Habsburgo, quedando como un pequeño pueblo de pescadores y campesinos que gozaba de cierta autonomía. Hasta el final de la Gran Guerra, y con excepción de los años en que Napoleón ocupó la región y los territorios vecinos, seguiría formando parte del Imperio austro-húngaro. No obstante, tras su triunfo en el conflicto, en ese año 1918 Italia la anexionó a sus territorios, aunque Mussolini la perdió con su derrota en la Segunda Guerra Mundial. Después de un corto período en el que fue tutelada por los vencedores de la contienda con el estatuto de «territorio libre», en 1954 pasó de nuevo a integrarse en Italia por el Tratado de Trieste. Y así sigue.

Su despegue económico y cultural se produjo en 1719, cuando el emperador Carlos VI decidió convertirla en puerto franco, remodelándola en función de su nueva condición. Y Trieste se transformó en pocos años en un próspero centro de negocios y en el puerto más importante del Adriático. Multitud de comerciantes, empresarios y trabajadores extranjeros se instalaron en los barrios que iban expandiéndose desde el centro urbano y, ya en el Trieste de mediados del siglo XIX, el número de habitantes superaba los ciento cincuenta mil, entre los que se contaban, mayoritariamente, italianos, además de alemanes, eslovenos, croatas, griegos y judíos. Los italianos pronto desarrollaron un movimiento «irredentista» de signo radical —la aspiración a la unión con Italia— que lograría sus objetivos en 1918 con la derrota de Austria en la Gran Guerra. A finales del siglo XIX, Isabel Burton, la viuda del explorador Richard Burton, que fue cónsul británico en la ciudad desde 1872 hasta su muerte en 1890, describió así la población mediterránea:

Trieste es hermoso: no conozco panorama más fascinante que el de los Alpes Cárnicos desde los muelles de Trieste. En verano, los ocultan las exhalaciones de las tierras bajas de Aquilea, pero en invierno, cuando levantan sus cabezas gigantescas cubiertas de nieve y extienden sus faldas de azul claro sobre la llanura —cuyo primer plano es un Adriático de azul profundo, punteado por velas latinas—, dan una majestad inconcebible al horizonte del noroeste. Alrededor de nuestra bahía, los montes están cubiertos de bosques y de verdor y, por un lado, los domina un trozo de Karst que parece como una Siria pétrea.

En esos siglos se forjó el espíritu que el escritor triestino Scipio Slataper describió en 1912 así: «Es italiana —la urbe—, pero el puerto sirve a los intereses alemanes. Son las dos naturalezas que pugnan por anularse mutuamente: la comercial y la italiana. Y Trieste no puede estrangular a ninguna de las dos: es su doble alma; se mataría». En otro momento afirma: «Soy eslavo, alemán e italiano».

Angelo Ara y Claudio Magris, en un reciente libro sobre Trieste, señalan: «Desgarrada entre Italia y Austria, dividida entre espíritu e interés, la ciudad permanece sometida a una permanente tensión»; pero es también «el signo de vitalidad de Trieste, o incluso la condición para su existencia [...]. Tiene una identidad de frontera». Y Magris escribe en el prólogo a una reedición de *Mi Carso*, la obra más conocida de Slataper: «La triestinidad es la conciencia y el anhelo de la diversidad».

Esa singularidad se significa sobre todo por el rechazo absoluto del nacionalismo. «En Trieste, más que en ningún otro sitio —señala Jan Morris—, la idea de nacionalidad resulta ajena [...]. Es, por definición, una ciudad del mundo.»

Al arrimo de esa entidad, enriquecida por el flujo de culturas y de lenguas que desembocaban en la bulliciosa Trieste, floreció a principios del siglo xx una vigorosa literatura con nombres como el del propio Scipio Slataper, junto con Giani Stuparich, Umberto Saba e Italo Svevo.

Saba, nacido en 1883, en Trieste, un poeta que hacía suya la máxima de Nietzsche «somos profundos, volvamos a ser claros», decía en uno de sus versos que Trieste era «la más extraña ciudad» y que tenía «una arisca gracia» y en otro verso le atribuía «algo de varonil adolescencia». Saba era un vate descarnado, rotundo, angelical casi, que sin embargo escondía un sentimiento hondamente trágico del existir.

En cuanto a Svevo, cuyo nombre original era Aron Ettore Schmitz y que también había venido al mundo en Trieste, en el año 1861, fue un novelista que representaba muy bien el cultivado espíritu de la burguesía europea decadente que tanta majestuosidad alcanzó con Thomas Mann. Y su cosmopolitismo resultaba radical. Así se definía: «Italiano en idioma y política, austríaco por ciudadanía, austro-húngaro por mis antepasados y educación, judío por religión».

Por lo que se refiere a Stuparich, a su vez triestino, de 1891, fue la antítesis de Svevo. En sus crónicas ficcionadas de la guerra entre Austria e Italia, reunidas en su libro *Guerra del 15*, nos describía descarnadamente los sufrimientos de los combatientes —sus camaradas en las trincheras de la Gran Guerra— de una forma objetiva que tiene muy poco de heroico y sí una enorme crudeza:

El primer pelotón ha registrado heridos; los vemos arrastrarse hasta la casita que hace las veces de enfermería y en la que izan ahora la bandera de la Cruz Roja. Uno está herido en el brazo y la sangre le mana a lo largo de la manga, otro tiene el rostro completamente ensangrentado; a un tercero lo tienen que llevar en camilla: se queja lastimero, tiene un muslo desgarrado con la herida abierta, orlada por los jirones verdes del pantalón, le brota sangre en abundancia...

Slataper, nacido en 1888 y, para no variar, en Trieste, supuso el caso más dramático. Defensor a ultranza de la convivencia entre las diversas culturas triestinas, se alistó en la guerra del lado italiano. Y murió en el frente durante la cuarta batalla del río Isonzo, en diciembre de 1915, a unos sesenta kilómetros de la cordillera del Carso (también llamada el Kurst), la meseta a cuyos pies se extiende Trieste. Su única novela, *Mi Carso*, una suerte de autobiografía lírica, contiene numerosas reflexiones sobre la cuestión de la identidad triestina.

Es significativo que tres de los cuatro autores que he citado tuvieran apellidos eslavos o alemanes, apostando como apostaron por la «italianidad» de su patria. Pero ninguno de ellos abrazó el «irredentismo» radical, sino que se mostraron partidarios de la convivencia entre las diversas culturas que confluían en la región.

En ese sentido, resulta curioso anotar una anécdota que contaba el poeta veneciano-triestino Biagio Marin, también soldado voluntario en el ejército italiano desde 1915. El escritor estudiaba en Viena cuando estalló el conflicto y pidió entrevistarse con su tutor austríaco de la universidad, para comunicarle su partida a luchar con Italia y contribuir al fin de la dinastía de los Habsburgo. Extrañamente, el tutor le despidió con una corrección extrema y, en idioma italiano, le deseó suerte en su empresa. Pero al llegar al acuartelamiento, un oficial latino empezó a darle órdenes a gritos. Y Marin, indignado, se revolvió y le respondió que un ciudadano del Imperio austro-húngaro no estaba acostumbrado a ser tratado con semejante tono y que, en ningún caso, estaba dispuesto a aceptar tal vejación.

En las antípodas culturales de su provinciana Dublín natal, esa Trieste ajetreada, emprendedora, vivaz, cosmopolita, altanera, multilingüe y rezumante de hirviente literatura, es la que encontraría James Joyce cuando llegó, en 1904.

Y fue también aquí donde el explorador Richard Francis Burton, apodado «el Diablo» por sus contemporáneos, completó su imponente traducción al inglés de *Las mil y una noches*, en dieciséis tomos profusamente anotados, pocos años antes de su muerte en la ciudad. Burton había viajado por el interior ignoto de África, algunas regiones de Asia y América, y fue uno de los primeros europeos que logró entrar disfrazado en La Meca (después del español Domingo Badía). Los últimos dieciocho años de su vida los pasó en Trieste, amargado, tras ser rechazado por la estricta sociedad victoriana a causa de sus estudios sobre sexo.

Los triestinos siempre se han mostrado orgullosos de su patria chica, aunque sin ostentación, y mucho más si son escritores. Y también la han admirado los observadores extranjeros más minuciosos. «Parece una mezcla sutil de lo extraño con lo entrañable», dice en su libro *Ciudades* el profesor holandés Stefan Hertmans, y añade: «No hay lugar más agradable para asegurarte de que eres capaz de aguantar la soledad».

La mañana siguiente a mi llegada eché a andar muy temprano, casi con el amanecer. No había ni una sola nube en el cielo ni corría un soplo de aire. El mar se tendía a mi izquierda con la quietud de un estanque, mientras el sol iba expandiendo su luminosidad a mi derecha, todavía escondido a las espaldas del montículo donde se elevaba la catedral de San Giulio. La luz era rosada y luego se transmutó en naranja. Y el día se presentía cálido.

No necesitaba comprobar si soy capaz de soportar la soledumbre, porque en mi caso sucede al revés: que aguanto malamente las multitudes y adoro a menudo no tener a nadie alrededor. Me gusta recorrer las ciudades sin prisas, asistiendo a los ceremoniales imprevistos de la vida urbana, contemplando la hermosura de algunos edificios, sus portales, sus balcones y sus terrazas, aspirando el frescor de los parques recién regados por los jardineros, sorprendiéndome ante los numerosos locos que pueblan las calles... Soy un *flâneur* irreductible que busca la soledad, sin esperar a que ella me encuentre. Porque, eso sí, cuando es ella quien se abalanza sobre ti en lugar de ser tú quien la pretende, resulta insufrible.

Caminé por la explanada que da a los muelles, al otro lado de la *riva* que circula vecina al Adriático. Y un poco más arriba del Molo Audace, me detuve en el Tomasseo, uno de los cafés triestinos más famosos, recientemente remodelado, a tomar un *capucco*, que es como se llama allí al *cappuccino*. Los techos aparecían sembrados de adornos de escayola: ángeles, bustos de mujeres que exhibían bellos pechos..., y predominaban los detalles de *art déco*.

Se dice que aquí, en uno de sus veladores, Joyce escribió el capítulo 13, titulado «Nausicaa», de su *Ulises*, el procaz y a la vez lírico episodio en el que Leopold Bloom se masturba en la playa de Sandymount mientras contempla, igual que «la serpiente observa a su víctima», la ropa interior de la cojita adolescente Gerty MacDowell. Más de un estudioso de Joyce ha sospechado que la escena, cargada de sensualidad sureña, parece un retrato del ambiente de una cálida playa triestina antes que del frío paisaje atlántico de la costa irlandesa.

Seguí mi paseo hasta el cercano Canal Grande. En la Piazza del Ponterosso, el mercado de frutas y verduras, con sus rutilantes colores, bullía en plena actividad. Joyce lo describió así: «Los vendedores ofrecen en sus altares los primeros frutos: limones con puntos amarillos, cerezas como joyas, ruborosos duraznos de hojas encarnadas». Y cierto es que había cítricos en abundancia, así como lechugas, rúcula, berenjenas, tomates, remolachas y alcachofas; pero no se veían por ninguna parte cerezas ni duraznos.

Me acerqué al puente sobre el canal. En el extremo norte, un Joyce en bronce, de tamaño natural, caminaba con un libro bajo el brazo derecho, la mano izquierda en el bolsillo y una mirada de infinita tristeza. La estatua la realizó Nino Spagnoli, que también esculpió las de Umberto Saba e Italo Svevo en el mismo estilo, instaladas en otros lugares de la ciudad.

Me detuve a hacer unas fotos. Una anciana, delgada y pizpireta, se acercó curiosa mientras disparaba mi cámara, y me dijo en un italiano apresurado que a duras penas logré entender:

—¿Cree que Zois* era un gran escritor?

—Eso me parece —respondí en inglés.

Ella aceptó el reto y siguió hablando con un inglés mejor que el mío:

—Mi padre opinaba lo contrario. Le conoció un poco cuando vivía aquí. Si se encontraban en la calle, Zois le pedía dinero. Y por las noches se iba en busca de mujeres de alquiler..., ya sabe. No se lavaba y usaba siempre los mismos sucios pantalones. ¿Cómo puede ser un hombre así un buen escritor?

—En la época del Dante tampoco había duchas, señora.

—¡Pero Dante no iba con rameras!

—Eso no lo sabemos...

—¿No será usted un poeta o un novelista?

—Lo intento en ocasiones.

—¿Y suele ir con prostitutas?

—No es lo mío.

—¿Lo ve? No es necesario ser cliente de los prostíbulos para hacer libros. Además, a usted se le ve limpio. Por lo menos en apariencia.

—A lo mejor, por esa causa, no soy un gran narrador, sino tan sólo mediano.

—En todo caso, no se moleste en pedirme dinero prestado: no le daría medio euro.

En las ciudades abundan las gentes desvariadas. Son fáciles de encontrar si uno tiene ojo de lince y le gusta comunicarse incluso con aquellos que tomamos por algo chiflados. Porque muchas veces, igual que los niños, tienen razón.

* En el dialecto triestino, Joyce se pronuncia «Zois».

Le pedí que me hiciera una foto junto a la estatua. Y, naturalmente, nos cortó las piernas a los dos: a Joyce y a mí. Casi siempre pasa cuando pides voluntarios para retratarte.

James Joyce se marchó de su tierra huyendo del ambiente moralmente opresivo de Dublín. «Nada es más genuinamente irlandés —escribiría más tarde— como largarse de allí tan pronto como se pueda.» Y añadiría después: «Nadie que se respete a sí mismo se queda en Irlanda».

Lo cierto es que, si las cosas le habían ido mal en su patria —tenía veintidós años cuando partió— en la ciudad italiana no comenzaron nada bien. Italo Svevo, que fue su alumno de inglés y amigo personal, decía: «Yo sé que la vida no ha sido una madre cariñosa con él».

Pero tampoco el propio Joyce ayudó mucho a que lo fuera. En Irlanda se había acostumbrado al alcohol y se gastaba en borracheras y en putas, a las que comenzó a frecuentar con quince años, todo el dinero que podía ingresar. En un país ultracatólico como era el suyo, odiaba a la Iglesia romana —«fregona de la Cristiandad», la llamaba—, y en particular a los jesuitas —«orden despiadada»—, con los que se había educado. No obstante, al mismo tiempo, era muy consciente de lo que hacía. «Los hombres razonables nunca llegan a nada», señaló. Y también: «Un genio jamás se equivoca».

Antes de escapar de Dublín, «aquel sollozo de tierra que era la suya», ya había visitado durante una corta temporada París y su anhelo era instalarse en la capital francesa. Pero hubo de cambiar su destino por la suiza Zúrich, como ya he contado. Y ahora, además, viajaba con Nora, a quien había conocido apenas unos meses antes. En Nora, que era casi analfabeta, veía la imagen de la hembra deseada, pero también la de la madre protectora. Siempre la engañó con rameras y, a menudo, se enamoró fugazmente de otras mujeres; sin embargo, nunca la dejó y la describió como «el alma más bella y más noble del mundo». Cuando se emborrachaba, casi a diario, y se gastaba cuanto tenía en los prostíbulos, las peleas con su pareja eran monumentales, pero él prometía una y otra vez que no volvería a hacerlo y ella acababa por perdonarle..., hasta uno o dos días después. Le gustaban el ajenjo, el whisky, el vino tinto de Toscana y el vino blanco del Véneto; pero, si no encontraba ninguna de sus bebidas favoritas, tomaba todo lo que se pusiera a tiro de garganta.

Nora era, ya he dicho, casi completamente inculta, igual que May, la progenitora del escritor, y Joyce tuvo que enseñarle cosas como que la palabra «yo», en inglés, se escribe con mayúscula: «I». Pero ello no suponía un obstáculo para él, que decía que su pareja poseía un «maravilloso analfabetismo». Y eso que Joyce «ya lo había leído todo con veinte años», según afirma su mejor biógrafo, Richard Ellman. Se dice que la forma de transcribir el lenguaje de Molly Bloom, en el famoso monólogo del final del *Ulises*, era semejante a la que empleaban las dos mujeres al hablar: sin puntos ni comas.

James y Nora se casaron en 1931, en París, cuando él tenía cuarenta y nueve años y ella dos menos, después de vivir juntos veintisiete. Lo hicieron por «razones testamentarias» y siguieron juntos hasta la muerte del escritor, acontecida en Zúrich en enero de 1941.

Poco después de su llegada a Trieste, Joyce se presentó en la Berlitz School para solicitar plaza de profesor de inglés. Allí le informaron de que no había ninguna vacante. Sin embargo, el director del centro, Almidano Artifoni, quizá apiadándose de la joven pareja, le comunicó que iba a abrir en breve una nueva academia en Pula, una ciudad de Istria, al sur de Tries- te, y tal vez allí podría ofrecerle trabajo. Mientras esperaba el regreso de Artifoni desde Pula, Joyce consiguió algunas clases particulares y algo de dinero prestado —se hizo un consuma- do especialista en dar sablazos—, y pudo salir muy modesta- mente adelante. En esos primeros días triestinos, el narrador irlandés trabajó en el manuscrito de su novela autobiográfica *Esteban el héroe*, en el *Retrato del artista adolescente* y en algu- nos de los cuentos de *Dublineses*.

Al volver de Pula, Artifoni le ofreció un puesto de profesor a tiempo parcial. Y James y Nora hicieron de nuevo las male- tas o, mejor dicho, la maleta, ya que sólo contaban con una en la que holgadamente cabían sus escasas pertenencias. Des- de finales de octubre de 1904 hasta febrero de 1905, perma- necieron en la nueva población —alojados en un minúsculo habitáculo, «rodeados de sartenes y ollas»—, a la que Joyce llamó «la Siberia del sur», por el frío que hizo durante aquel invierno.

Pula tenía por entonces casi cincuenta mil habitantes, en su mayoría italianos, pero también serbios, croatas, alema- nes, eslovenos, bohemios y dálmatas. Sin embargo, el escritor la detestó desde el principio: «Un lugar abandonado de la mano de Dios... —dijo—, una larga cuña introducida en el Adriático por esclavos ignorantes que llevan gorritos rojos [los dálmatas] y unos pantalones colosales [los bohemios]».

Su desdén hacia Pula se extendió por aquellos días a toda Italia. «Odio este país católico con sus cien razas y sus mil lenguas», dijo entonces. Más adelante cambiaría de opinión, sobre todo cuando regresó a Trieste, a los cuatro meses de haberse ido. Entonces la llamó «la ciudad de las muchas bondades».

Resplandecían las alas de las gaviotas, gruesas como gansos, golpeadas por el fulgurante sol que batía sobre el Canal Grande. Los frutos del mercado formaban vibrantes arco iris en los expositores de los puestos. El cielo mostraba el bruñido color de las turquesas. Y abajo de los muelles, el verdor del agua del canal lamía, con una brusca sensualidad de algas y dejando un recio olor a bajamar, el burdo cemento de los embarcaderos.

Me asomé a la iglesia serbia de San Spiridone en plena misa. El clérigo, un tipo gordo y barbado, con aspecto de ignorar las propiedades del jabón, asomaba desde detrás de la cortina, se dirigía a los fieles leyendo algún texto sagrado, cantaba un salmo con voz aguardentosa y volvía a ocultarse presuroso. ¿Estaba de broma?, te preguntabas.

Seguí las sendas joycianas. Después de instalarse, durante algo menos de un mes, de nuevo en la Piazza del Ponterosso, James y Nora se mudaron a la Via San Nicolò, en el segundo piso del número 30, donde, el 27 de julio de 1905, nació su primer hijo, Giorgio. En la planta baja había (y aún hay) una librería de lance que perteneció al poeta Umberto Saba y que conserva su nombre. Junto al portal, una placa con la cara de Joyce recuerda que allí vivió el escritor. A su lado han abierto hace poco una tienda de ropa de Zara (¡ay, la aldea global!).

Allí, en otro rótulo junto a la entrada, y como en todas las casas que habitó durante sus años triestinos entre 1904 y 1920, aparece el mismo rostro de Joyce, con sus gafas de miope y su mirada de conejo, su bigote asombrado y juvenil, su pajarita oscura moteada de lunares, sus orejas redondas como pelotas de tenis y el ridículamente elegante canotier con que gustaba cubrirse.

En el primer piso del número 32 se encontraba por entonces la Berlitz School, de tal modo que Joyce apenas tenía que bajar unas escaleras, caminar una decena de metros y subir otras para llegar cada día a la academia de lenguas.

Justo enfrente de la vivienda de Joyce hay ahora un comercio, llamado Yamamay, que ofrece fina lencería femenina. Sospecho que a Joyce le hubiera encantado encontrarla cada jornada cuando asomaba brevemente a la calle rumbo a su trabajo.

A mí me gustan también los comercios de ropa interior de mujer: son tan bellos como los de antigüedades, pero cargados de vida y sensualidad. Así que, tras tirar unas pocas fotografías a los balcones de la casa de Joyce y de la Berlitz, crucé San Nicolò a echar una ojeada al escaparate, lleno de sostenes, braguitas, ligueros, combinaciones de raso y seda, bodies, transparencias, puntillitas y encajes en color rojo, malva, negro, celeste y blanco...

Una amable y joven dependienta salió de la tienda y se acercó a mí, sonriente.

—¿Se le ofrece algo, señor? —dijo en italiano.

Me sentí turbado, como un viejo verde pillado en pleno disfrute de la libido, una suerte de Leopold Bloom contemplando a Gerty MacDowell.

—Miraba..., sólo eso —respondí en inglés.

—Puede llevarle algo a su esposa —añadió, cambiando con soltura de idioma.

Se me ocurrieron varios chistes, pero callé. Y dije para salir del paso:

—¿Sabe quién vivió ahí enfrente?

La muchacha se encogió de hombros y negó con la cabeza.

—James Joyce —señalé.

—Ah, sí... Zois —agregó ella, apuntando con el dedo a la placa del portal.

—Le gustaba la ropa interior femenina —añadí.

—Eso he oído —respondió con cierta sequedad.

Se dio la vuelta y desapareció en la oscuridad del fondo del comercio.

Joyce trabajó en esta casa en sus cuentos de *Dublineses* y en *Esteban el héroe*, algo que seguiría haciendo todo el tiempo que duró su estancia en Trieste. Nunca dejó de trabajar en su literatura, a pesar de sus estrecheces y la vida enloquecida que llevaba. En el año 1914 terminaría en un apartamento de la Via Donato Bramante el *Retrato del artista adolescente*, seguiría con la obra teatral *Exiliados*, vería finalmente publicado *Dublineses* y, lo que es más importante, comenzaría su monumental *Ulises*, del que concluyó entonces dos capítulos.

En 1915, las bombas de la Gran Guerra arrasaban media Europa y millones de jóvenes morían en las trincheras. Joyce era un súbdito inglés que residía en un territorio austríaco, esto es, en un país enemigo. Y no le quedó otro remedio que exiliarse en el verano a Suiza. Volvería en 1919, cuando Trieste era ya italiana, para marcharse definitivamente en 1920 rumbo a París.

Entre los años de 1909 y 1912, salió de Trieste para visitar Dublín en tres ocasiones, una de ellas con el propósito de emprender negocios que resultaron desastrosos. Antes, entre junio de 1906 y marzo de 1907, se trasladó a Roma, donde se ganó la vida como empleado de un banco durante casi nueve meses. Pero tomó a la capital italiana tanto odio como a Pula. «Podrida Roma», la llamó, y añadió juicios como éstos: «Esta ciudad es la más estúpida, vieja y puta en que yo haya estado nunca. [...] Hace pensar en un hombre que exhibe a los viajeros el cadáver de su abuela. [...] La broma favorita de los romanos es tirarse pedos. [...] Roma está llena de negros piojos jesuíticos».

En los años triestinos disfrutó, escribió y sufrió. Todo lo que ganaba y lo que lograba pidiendo prestado se lo gastaba en beber y en putas, para desesperación de Nora. Italo Svevo, que fue gran amigo suyo, lo describió así:

> Cuando le veo caminando por la calle, siempre me parece que está gozando de un descanso, de un descanso total. Nadie le espera, él no desea llegar a ningún sitio ni encontrarse con nadie. Pasea para estar consigo mismo. Camina porque nadie le detiene... Lleva gafas y tal vez vea menos de lo que se pueda suponer por su aspecto, da la sensación de ser una persona que se mueve para ver... Va por la vida esperando no encontrarse con mala gente. De todo corazón, le deseo que nunca le suceda.

Svevo y Joyce se conocieron en 1907, cuando el primero contrató al autor del *Ulises* para que le diera clases particulares de inglés dos veces por semana. Svevo era judío y dueño de una fábrica de pintura de barcos, un próspero negocio en el ajetreado puerto de Trieste. Intimaron enseguida y no cesaban de hablar de literatura. La esposa de Svevo detestaba al irlandés porque distraía a su marido del negocio empresarial.

Joyce era veintiún años más joven que Svevo y fueron amigos hasta la muerte del último, en un accidente de coche en el año 1928. Algunos estudiosos de Joyce han visto rasgos de Italo Svevo en Leopold Bloom, su personaje del *Ulises*, sobre todo por la condición de hebreo. A Joyce le divertía decir que él también lo era..., «por dentro».

Para el alquiler de sus casas, el escritor empleaba una técnica aprendida de su padre, John Joyce: dejaba de dar a su propietario el dinero del alquiler de los últimos meses y, cuando las cosas llegaban al límite, exigía la anulación de los pagarés que había firmado para que no se los mostrasen a los nuevos caseros, con la amenaza de no largarse del piso si no cedían. Y así, en los casi trece años que vivió en Trieste, habitó en nueve domicilios diferentes. Durante su infancia y primera juventud en Irlanda, había vivido en doce distintos con los que su progenitor siguió el citado e infalible sistema.

John y May Joyce tuvieron diecisiete hijos, de los que sobrevivieron diez en la insalubre Irlanda de finales del siglo XIX y comienzos del XX. James era el cuarto, pero los tres anteriores a él fallecieron de niños, con lo cual se convirtió en el primogénito. John le adoraba y él le correspondía con una extraña admiración. Y eso que a menudo era un maltratador —James impidió en una ocasión que estrangulara a la madre, estando John borracho—, desastroso en los negocios y tramposo. Sin embargo, estaba dotado de ingenio y sentido del humor, de un gran encanto personal y de una espléndida voz de tenor, que heredaría James. En cierta forma, John Joyce fue un modelo para el escritor, que tomó muchos de sus rasgos para algunas de sus criaturas de ficción y que, como el padre, enseguida se distinguió por ser un gran bebedor. Cuando John murió, en 1931, a los ochenta y dos años, James anotó en una carta al traductor Louis Gillet: «Nunca dijo nada sobre mis libros, pero jamás me rechazó. El humor de *Ulises* es el suyo; los personajes son sus amigos. El libro es su vivo retrato». En su lecho de muerte, las últimas palabras de John Joyce fueron: «Decidle a Jim [James] que nació a las seis de la mañana».

El hermano de Joyce, Stanislaus, dos años más joven que James, en su relato sobre el autor del *Ulises* describe así al padre: «Había fracasado en todos los caminos que se abrieron ante él. El de llegar a ser médico, los de actor, cantante, secretario comercial y finalmente político... Pertenecía a esa clase de hombres que no pueden ser miembros activos de ningún sistema social. Son los saboteadores de la vida, aunque lleven el nombre de *viveurs*. Tuvo todas las ventajas naturales, incluso la salud de un toro, pero no el vigor para aprovecharlas. Y por vigor entiendo, precisamente, la confianza en sí mismo. No deja de ser asombroso que un padre tan débil haya engendrado un hijo [James] con tanta fuerza».

Amarga niñez...

Stanislaus se fue a vivir y trabajar en Trieste, en la misma Berlitz School, en 1906, cuando James le llamó y le pidió (¿ordenó?) que fuera a reunirse con él. Mucho más radical en sus ideas políticas que James, al estallar la Gran Guerra en 1914 fue internado por las autoridades austríacas en un campo de concentración hasta el término del conflicto. Al ser liberado, volvió a Trieste. Moriría allí en el año 1955.

Stanislaus fue un apoyo esencial para el escritor, tanto económica como espiritualmente, durante toda su existencia, a pesar de que guardaba hacia James un sentimiento de amor-odio. «Jim es un genio —señaló en su libro *El guardián de mi hermano*—.* Es terrible tener un hermano más inteligente que tú.» Y le definía:

> Tiene un coraje moral tan extraordinario que creí que llegaría a ser algún día el Rousseau de Irlanda. Su gran pasión es un feroz desprecio por lo que llama «el populacho», un desdén cerval, insaciable. Posee porte y aspecto distinguido y muchas cualidades: una voz musical [de tenor], especialmente cuando habla, un gran talento musical no desarrollado y una ingeniosa conversación. Tiene el penoso hábito de decir tranquilamente a sus íntimos las cosas más hirientes sobre sí mismo y los demás y de elegir los momentos más inadecuados; y resultan tan molestas por ser tan ciertas. Sus modales, sin embargo, son generalmente muy cuidadosos y corteses con los extraños, y aunque le disgusta ser brusco, creo que es de naturaleza poco amable. Sentado frente a la chimenea, tomadas las rodillas con las manos, la cabeza un poco echada hacia atrás, los cabellos bien peinados, la frente despejada, la cara alargada, rojiza como la de un indio por el reflejo del fuego, muestra una expresión de crueldad en la mirada. Por momentos es amable, ya que sabe serlo, y su gentileza no sorprende (siempre es sencillo y franco con quienes

* El título original en inglés es ése, *My Brother's keeper*». La traducción de la edición en español es mucho peor: *Mi hermano James Joyce*.

lo son con él). Pero creo que pocas personas lo querrán, no obstante sus cualidades y su genio, y quien intercambia favores con él está expuesto a llevar la peor parte.

James era tan anticlerical como su padre y, ya en la adolescencia, rompió con la Iglesia y se negó a confesar y comulgar. Estaba de acuerdo con su hermano Stanislaus cuando éste calificaba al clero como una «confederación de solteros libidinosos». En el funeral de su madre, el año 1903, los dos hermanos se negaron a arrodillarse y rezar ante el cadáver, algo de lo que, más tarde, James se arrepentiría; no así Stanislaus.

Se sentía profundamente irlandés, aunque comparó su tierra con una «perra marrana que devora a su cría». Detestaba el nacionalismo y lo describió con desprecio: «Una nación es la misma gente habitando el mismo sitio». Y el gran acontecimiento épico de su país, el levantamiento de Pascua de 1916, le traía al pairo. No obstante, le gustaba marcar las distancias con Inglaterra. En cierta ocasión, un periodista preguntó en París a Samuel Beckett, que fuera gran amigo de Joyce y durante un tiempo su secretario, si el autor del *Ulises* era inglés. Con vehemencia, Beckett respondió en francés: «*Au contraire!*».

La patria de Joyce era el mundo y, a menudo, afirmaba que «los ciudadanos de pequeñas naciones son con frecuencia muy cosmopolitas, mientras que los de las superpotencias son en su mayoría provincianos». Los dos pilares de su vida y su literatura serían la memoria (Dublín) y el exilio (Trieste, Zúrich, París).

No ahorraba soflamas contra su patria. En sus *Escritos críticos* señala:

Durante siglos, Irlanda no ha sido un súbdito fiel de Inglaterra. Por otro lado, tampoco ha sido fiel a sí misma. Entró en el dominio británico sin formar una parte integral de él. Abandonó su propio idioma casi por completo y aceptó el idioma del conquistador sin haber logrado asimilar la cultura y adaptarse a la mentalidad de la cual es vehículo este idioma. Ha traicionado a sus héroes siempre en la hora de necesidad y sin obtener recompensa. Ha expulsado al exilio a sus espíritus creadores, para después jactarse de ellos. Sólo ha servido bien a un amo, la Iglesia católica romana, que, sin embargo, está acostumbrada a pagar a sus fieles a largo plazo.

Pero, en el fondo, no dejaba de disculpar a la desdichada isla en donde había nacido: «Siempre hemos sido fieles [los irlandeses] a las causas perdidas».

La existencia de Joyce en Trieste podía trazarse más o menos de este modo: por la mañana daba clases en la Berlitz y algunas particulares para completar su salario con cierta dignidad. Por la tarde escribía —nunca cesó de hacerlo, ni en las peores condiciones— y, al finalizar el día, se internaba en los callejones de las faldas de la catedral de San Giulio, se iba de putas si tenía dinero suficiente y terminaba borracho para regresar a su piso en hora tardía, «con el culo pegado contra las paredes de las casas», como él mismo dijo («*arsing along*», era su expresión en inglés), con los bolsillos vacíos y el cerebro embotado. Por decirlo así, le gustaban el infierno y las tabernas, y las casas de lenocinio eran para él «los lugares más interesantes de la ciudad». Los fines de semana, sin embargo, frecuentaba el mundo celestial y delicado del arte: solía ir con Nora al teatro y, sobre todo, a la ópera y a conciertos. Su alma transitó siempre entre dos mundos antitéticos: la procacidad y la belleza. Y la expresión artística de esa dualidad se manifiesta, mejor que en ningún otro trabajo, en el ya mencionado capítulo 13 de su *Ulises*, «Nausicaa», donde relata el encuentro de Bloom con la adolescente Gerty MacDowell.

Vivía a su aire y su manera en la urbe. Como señala, en su pequeño libro *Sobre Joyce*, su amigo Italo Svevo, «el artista no se siente ni subalterno ni igual a los otros».

Su hija Lucia nació en 1907, en un sanatorio para indigentes, poco después de que se trasladaran a un piso de la Via Giovanni Boccaccio. Un año más tarde, habitando otro de la Via Santa Caterina, Nora abortaría el que iba a ser su tercer hijo. Nunca más volvería a quedarse embarazada. Años después, Lucia, aquejada de esquizofrenia, hubo de ser internada de hospital en hospital, falleciendo en uno de ellos, en Inglaterra, en el año 1982. Edna O'Brian, una de sus biógrafos, escribe: «Donde Joyce podía bucear, ella se ahogaba».

La gran pasión del autor del *Ulises* fue siempre Nora, pero, como ya he dicho, de cuando en cuando se enamoraba de otras mujeres de una manera más bien platónica, ya que dejaba la procacidad para su compañera, para las putas y para sus relatos. En Locarno —adonde viajó en cierta ocasión para recuperarse de una operación oftalmológica— se prendó de una doctora, Gertrude Kaempffer, y le envió arrebatadas cartas de amor a las que la otra no respondió. Enloqueció después por una alumna judía, Amalia Popper, de quien decía que «tenía ojos de antílope». Cuando ella le rechazó, Joyce anotó: «He llegado al final. Escribe, maldito, escribe. ¿Para qué otra cosa sirves?». Un tercer flechazo fue Martha Fleischmann, mantenida de un rico triestino. Como siempre, James llenó su buzón de misivas arrebatadas, y Martha, al fin, cedió e hicieron el amor en el piso de un amigo de James. Días después, el amante y mecenas de Martha le citó para reprocharle su comportamiento y Joyce prometió no verla nunca más, cosa que cumplió.

Joyce tuvo siempre una relación peculiar con el sexo opuesto. Edna O'Brian recoge esta frase de su juventud: «Sólo los aprendices de pensador o las feministas esperan que una mujer sea igual a un hombre». Pero la vida le empujó a cambiar. Y, en particular, su compañera Nora, que se le hizo imprescindible. En sus libros, especialmente en el *Ulises*, ellas cobran un papel singular, sobre todo Molly, la esposa gibraltareña de Leopold Bloom, que «se había bañado en la sangre del sur». Y en casi todos los cuentos de *Dublineses* los personajes femeninos tienen una fuerza moral superior a la masculina. «Los hombres que no hayan compartido el día a día con una mujer —escribió— están incompletos.» Y de tal modo juzgaba a Jesucristo, Hamlet y Fausto. Afirmaba que las relaciones entre hombres se sostenían en la competitividad, los celos y la rivalidad, «agrupados todos bajo el nombre de amistad». En cuanto a ellas, le trataron siempre con generosidad infinita: Nora, inspirándole; Silvia Beach, editando el *Ulises*, y Harriet Weaver, su agente y mecenas, arruinándose casi a base de pasarle dinero adelantado sobre sus posibles ganancias.

Para completar su retrato, añadiré que sentía pavor de los perros y las tormentas; las ratas le enfermaban; le obsesionaban la pobreza y la locura; no creía en otro dios que en sí mismo; amaba la música; admiraba el teatro; le chiflaban el sexo y las rameras, y estaba seguro de que «los genios nunca sufren accidentes».

Ya he dicho que, en la primavera de 1915, viviendo en Trieste, poco después del inicio de la Gran Guerra, comenzó a escribir el *Ulises*.

El *Ulises*..., ¿una vesania o la obra de una inteligencia superior?, ¿el reverso de la literatura?, ¿un monumento al arte?, ¿el retrato de la cara amarga de la vida?, o ¿acaso una suprema cachondada? Joyce era un alma errabunda, un despiadado burlón, un pícaro sacaperras, un superdotado intelectual, un malabarista del idioma, un políglota imponente, un formidable narrador clásico en libros como *Dublineses*, el poseedor de toda la cultura literaria de su tiempo y de los siglos anteriores, un borracho, un putañero, un talento musical desperdiciado, un supersticioso enfermizo y el desdichado hijo de un alcohólico genialoide y de una mujer deprimida y cargada de hijos.

¿Cuáles eran los secretos de la obra más extraña y turbadora del siglo xx? «Lo que la mayoría de nosotros hacemos dormidos —dice O'Brian cuando habla de su maestría para el monólogo interior—, Joyce trató de hacerlo despierto.»

El dominio del inglés es otra de las claves de su obra: «El lenguaje fluye constantemente con un virtuosismo deslumbrante —sigue O'Brian—. Todos los presupuestos sobre las nociones de historia, personaje, argumento y polarizaciones humanas están vueltos del revés. En comparación con este texto [el de *Ulises*], la mayoría de otras creaciones novelescas resultan pusilánimes».

Su protagonista, Leopold Bloom, es una suerte de Odiseo, el protagonista homérico de *La Odisea*. A Joyce le fascinaba y lo consideraba superior a otros gigantescos héroes de la ficción, como don Quijote, Hamlet y Fausto. Admiraba, sobre todo, la astucia del héroe homérico, una característica con la que también revistió a Bloom.

Nada tenía que ver el autor irlandés con el germano Thomas Mann —vuelvo unos instantes el rostro a Venecia y al principio de este viaje italiano—, salvo en el empeño de ambos por trazar el retrato de la destrucción de un mundo. Mann lo realizó sobre la estética y Joyce, sobre la moral. Y ambos, a hombros de dos guerras terribles. Desde aquellos días, la vida de todos los humanos, incluidas las de ellos, ya no volvería a ser igual. Ni lo será de nuevo. Resulta curioso que ambos escritores vivieran la última contienda refugiados en Suiza.

— Sin embargo, James Joyce, frente a Thomas Mann, tenía un don supremo: el fino sentido del humor, algo que sobra en Irlanda y de lo que Alemania carece en buena medida. Quizá, en el fondo de su obra magna, no hay pretensión superior que la de reírse de uno mismo y de la literatura.

Aquel dublinés solitario, sensual, culto y disparatado apareció en la historia de la creación artística como un ser poderoso y rompedor, riendo y barritando al mismo tiempo. Su voz, cuando escribía, era musical. Y ése es otro de los secretos del *Ulises*.

Hay ciudades que, cuando las transitas, respiras su pasado. Ves las sombras de quienes las habitaron y te sometes a ellas. Te exigen conocerlas, a menudo, amarlas y se convierten en parte de tu ser. Las veneras porque no tienes otro remedio que rendirte a su dominio y a su caricia, sin alcanzar a comprenderlas nunca. Siento que Trieste puede serlo para muchos de los que la visitan.

Entraba en sus callejones y me preguntaba qué hacía yo allí, salvo perseguir las huellas de James Joyce.

Y me decía: si aquel hombre estaba loco, ¿quién no lo está?

«*La nostra bella Trieste*», anotó Joyce en una carta a Nora fechada en 1907.

La nostra bella Trieste... ¿No parece el inicio de una canción?

Ya he dicho que si tuviera que escoger un trozo del *Ulises* que revelara una buena parte de la esencia de la obra, tomaría el capítulo «Nausicaa», aquel en que, en la playa de Sandymount, Leopold Bloom se masturba ante la visión de las azules braguitas de batista de la adolescente cojita Gerty Mac-Dowell. Ahí se encuentra la fuerza lírica de Joyce en su más alta expresión, junto con su indecencia desatada y su gusto por la provocación; y el ritmo musical, el don del adjetivo preciso e ingenioso, el poder del verbo, la sensualidad, la poesía y la obscenidad.

El escenario de la narración, en «Nausicaa», ya he comentado que recuerda, por su melosidad, antes a una playa mediterránea —de Trieste, por ejemplo— que a un arenal frío de los mares del norte. ¿Quién sabe? Que decida el lector. Me contento con reproducir algunos de los párrafos del encuentro de las miradas y los gestos que se cruzan el procaz judío Bloom y la pícara jovencita Gerty:

El atardecer estival había comenzado a envolver el mundo con su misterioso abrazo. Allá lejos, al oeste, se ponía el sol, y el último fulgor del, ay, demasiado fugaz día se demoraba amorosamente sobre el sol y la playa, sobre el altivo promontorio del querido y viejo Howth, perenne custodio de las aguas de la bahía, sobre las rocas cubiertas de algas, a lo largo de la orilla de Sandymount [...].

Gerty MacDowell, que estaba sentada junto a sus compañeras, sumergida en sus pensamientos, con la mirada perdida allá en lontananza, era, a decir verdad, un ejemplar del joven encanto irlandés tan bello como cupiera desear. Todos cuantos la conocían la declaraban hermosa [...].

Los ojos de Gerty eran del azul irlandés más azul, engastados en relucientes pestañas y en expresivas cejas oscuras. Pero la suprema gloria de Gerty era su riqueza de prodigiosa cabellera. Era castaño oscuro con ondas naturales [...].

Levantó los ojos Gerty y prorrumpió en una risita alegre que tenía en sí toda la frescura de una joven mañana de mayo.

Gerty iba vestida con sencillez, pero con el buen gusto instintivo de una devota de Nuestra Señora de la Moda. Una linda blusa de azul eléctrico [...] y una falda tres cuartos azul marino, no muy ancha, hacían resaltar la precisión de su graciosa figura esbelta [...].

En cuanto a la ropa interior, era el principal cuidado de Gerty... Tenía cuatro lindas mudas, con unos bordados de lo más bonito, tres piezas y los camisones, además, y cada juego con sus cintas pasadas, de colores diferentes, rosa, azul pálido, malva y verde guisante... Ahora llevaba el juego azul...[...]

Gerty se quitó un momento el sombrero para arreglarse el pelo y jamás se vio sobre los hombros de una muchacha una cabellera más linda, más delicada, con sus rizos castaños, una breve visión radiante, en verdad, casi enloquecedora de dulzura [...]. Él la observaba como la serpiente observa a su víctima. Su instinto femenino le dijo que había provocado un tumulto en él y al pensarlo un ardiente escarlata la invadió desde el escote a la frente hasta que el delicioso color de su rostro se convirtió en un glorioso rosado. [...]

Y ella vio una larga bengala que subía por encima de los árboles, arriba, arriba, en el tenso silencio, todos estaban sin aliento de la emoción mientras subía más y más y ella tuvo que echarse todavía más y más atrás para seguirla con la mirada, arriba, arriba, casi perdiéndose de vista. Y tenía la cara invadida de un divino sofoco arrebatador de esforzarse echándose atrás y él le vio también las otras cosas, bragas de batista, el tejido que acaricia la piel, mejor que esas otras de pantalón, las verdes [...]. Entonces subió un cohete y pam un estallido cegador y ¡Ah! luego estalló la bengala y hubo como un suspiro de ¡Ah! y todo el mundo gritó ¡Ah! ¡Ah! en arrebatos y se desbordó de ella un torrente de cabellos de oro en lluvia y se dispersaron y ¡Ah! eran todos como estrellas de rocío verdoso cayendo con doradas ¡Ah qué bonito! ¡Ah qué tierno, dulce, tierno!

Luego se disolvieron todos como rocío en el aire gris: todo quedó en silencio. ¡Ah! Ella le lanzó una ojeada al echarse hacia adelante rápidamente, una pequeña ojeada patética de protesta lastimosa, de tímido reproche, bajo la cual se ruborizó como una muchacha. Él estaba recostado contra la roca de detrás. Leopold Bloom (pues de él se trata) está quieto en silencio, con la cabeza inclinada ante esos jóvenes ojos sin malicia. ¡Qué bruto había sido!

El señor Bloom, con mano cuidadosa, volvió a poner en su sitio la camisa mojada. Ah, señor, esa diablilla cojeante.

Y punto.

¿Qué pretendía Joyce con este juego literario? Tal vez, sencillamente, quitarle las cadenas morales a la novelística, como quien le baja las bragas a Gerty MacDowell, y reírse de la moral dominante que atenazaba a la literatura de su tiempo.

En noviembre de 1921, todavía enfrascado en la corrección de pruebas de su obra maestra, Joyce escribió al traductor francés Benoist-Méchin una carta, explicativa de su inescrutable y misteriosa novela, en la que señalaba: «Si lo revelara todo inmediatamente, perdería mi inmortalidad. [En *Ulises*] he metido tantos enigmas y rompecabezas que tendrá atareados a los profesores durante siglos discutiendo sobre lo que quise decir, y ése es el único modo de asegurarse la inmortalidad».

A lo mejor, tan sólo trató de reírse. En otra misiva apuntó: «*Ulises* es, en efecto, una obra humorística. Cuando se haya disipado toda esta confusión que han sembrado los críticos, la gente comprenderá la verdadera naturaleza de la novela».

Quizá entre risas, diseccionó el lenguaje, revolcó los estilos literarios, alteró las ideas, se burló de las instituciones sociales y del catolicismo, llevó la libertad de escribir hasta el territorio de lo obsceno y no opuso ningún freno a sus ardores creativos. Lanzó, creo yo, una carcajada desesperanzada que tiene más de aventura poética que de misión narrativa.

Y el mundo asistió atónito, el 2 de febrero de 1922 —fecha de la publicación de la novela—, a la celebración de tal misterio: como quien acude a una misa. Y aún asistimos a ella cuando abrimos sus páginas:

«Solemne, el gordo Mulligan avanzó desde la salida de la escalera, llevando un cuenco de espuma de jabón, y encima, cruzados, un espejo y una navaja. La suave brisa de la mañana le sostenía levemente en alto, detrás de él, la bata amarilla, desceñida. Elevó en el aire el cuenco y entonó:

»—*Introibo ad altare Dei.*

»Deteniéndose, escudriñó hacia lo hondo de la oscura escalera de caracol y gritó con aspereza:

»—¡Sube acá, Kinch! Sube, cobarde jesuita.»*

Me enredé en el dédalo de empinados callejones de la ciudad vieja, en los alrededores de San Giulio. Las insalubres y estrechas vías, como la del Pane y la Beccherie, ya no albergan los lupanares que conoció Joyce. Y los balcones desde los que las rameras llamaban a sus clientes están vacíos, en su mayoría con los postigos clausurados. Pero hay una capilla dedicada a la Virgen del Rosario. ¡Quién lo hubiera dicho en aquellos años! El olor a alcantarilla, de todos modos, debe de ser el mismo de esos lejanos días.

Por entonces había en Trieste más de cuarenta burdeles y casi cuatrocientas putas, que encontraban abundante clientela entre los marineros que llegaban al puerto. Al escritor le complacían estas mujeres y decía gozar sobremanera «pecando con alguien que disfrute conmigo en el pecado». Los nombres de las Case di Tolleranza eran muy llamativos, como La Llave de Oro, por ejemplo... Pero el que más le atraía a Joyce era El Metro Cúbico (extraño apelativo para un prostíbulo),

* El comienzo del *Ulises*, traducido por José María Valverde. Todos los fragmentos reseñados pertenecen a la misma versión.

donde las meretrices adoptaban nombres franceses con los que presentarse más novelescamente ante los clientes. Se dice que fue en este antro donde el novelista se inspiró para escribir, disparatando las características del lugar, su capítulo «Circe» del *Ulises*.

Para beber, Joyce frecuentaba las tabernas más vulgares, en las que podía mezclarse con toda la chusma triestina. Allí aprendía nuevas expresiones en su dialecto y encontraba historias que pensaba que algún día podrían valerle para su literatura. Cuando, estando ya borracho, alguien le insistía en que se fuera a la cama a dormirla, respondía: «Seguiré bebiendo, he perdido las llaves de casa». Engatusaba a los parroquianos de los bares, para que le invitaran a alguna copa, cantándoles arias de Verdi con su estupenda voz de tenor.

Ahora, mientras caminaba por el que fuera el barrio puteril, encontraba a mi paso numerosas tiendas de antigüedades y de ropa cara en donde hubo casas de lenocinio, y locales de copas de aire chic, para gente joven y guapa en los lugares en que antaño abundaron las tascas que Joyce frecuentaba. En la pequeña Piazza Attilio Hortis había un mercadillo de baratijas y chucherías en el que vendían mermelada de mostaza, una extraña especialidad triestina de la que había oído hablar y que, semanas después, probé en Madrid y me supo a rayos. El lugar era bonito. Ajardinado y lleno de árboles cuyas hojas comenzaban a languidecer. Había una estatua de Svevo paseando, muy semejante a la Joyce en Ponterosso. En una placa, clavada a sus pies, se leía una frase de su libro *La conciencia de Zeno*: «La vida no es fea ni bella, pero es original».

No muy lejos había un museo dedicado al escritor italiano y a James Joyce. No ofrecía nada de particular, excepto algunas cartas cruzadas entre los dos amigos y unos pocos retratos.

Comí un plato de pasta adornándolo con sorbos de suave vino toscano y luego regresé hacia el centro. Unos pocos turistas fotografiaban el monumento de la Piazza dell'Unità d'Italia conocido como la Fuente de los Cuatro Continentes (Oceanía está misteriosamente olvidada) y cuya visión le hace a uno sonrojarse si conoce la fuente de los Cinco Ríos, alzada en la Piazza Navona de Roma, una de las más singulares obras de Bernini.

Desde la gran plaza triestina podía divisar las aguas de la ensenada a un lado y, en el contrario, la montaña. Me acordé del verso de Umberto Saba: «Tenemos una bella ciudad entre montes rocosos y el luminoso mar». Y también del juicio que muchos visitantes han dado sobre el Adriático triestino: es un océano tranquilo, suave, nada proclive al estrépito del oleaje y las tormentas. «La curiosa quietud del mar de Trieste...», señaló un viajero.

Me fui a echar la siesta en mi bonito estudio de la Via Armando Diaz.

Terminaré con Joyce. En 1915 escribió las primeras páginas del *Ulises* y buscó refugio en Suiza, para huir de la guerra, en el mes de junio. Cuando el conflicto concluía, en enero de 1918, se instaló en Zúrich. Su suerte literaria estaba cambiando: había logrado al fin que se editara *Retrato de un artista adolescente*, en su edición americana, y dos meses después el libro aparecería en Londres.

Regresó a Trieste en octubre de 1919. Impartió clases de

inglés y trabajó intensamente en el *Ulises*, que había comenzado a aparecer por capítulos en la revista *Little Review*, de Nueva York, desde marzo del año anterior. Pero su Trieste ya no era la misma. La Italia vencedora de la Gran Guerra se había anexionado la urbe y su territorio circundante, y el carácter multicultural del lugar se había esfumado. Muy poca gente hablaba esloveno o alemán. Y faltaba poco para que Mussolini emprendiera su imparable ascenso al poder.

Poco antes había conocido al poeta estadounidense Ezra Pound, quien admiraba sus textos y que se desvivió durante años por dar a conocer su obra. Pound le convenció de que cambiara de ciudad y se fuera a París, donde la vida literaria ofrecía más oportunidades a los escritores. En junio se mudó con su familia a la capital francesa, dispuesto a dejar listo el definitivo manuscrito del *Ulises*. Allí conoció a la editora Silvia Beach, dueña de la librería Shakespeare & Company. Sin albergar ninguna duda, le dijo a Joyce que quería publicar su libro fuera como fuese. Llegaron a un acuerdo. Y el 2 de febrero de 1922, justo el día en que Joyce cumplía los cuarenta años, *Ulises* vio la luz. De inmediato fue prohibido en Irlanda y en Estados Unidos, a causa de su supuesta pornografía.

Desde París siguieron cortas escapadas a Londres y Niza. Joyce andaba enfrascado en la creación de *Finnegans Wake*, un relato aún más opaco y profuso que el *Ulises*, y cada día era más famoso (en realidad lo era ya antes de publicar su primer libro, un caso insólito). Su enigmática novela se vendía muy bien, pero los astronómicos adelantos que pedía a Silvia Beach estaban a punto de arruinarla. Y lo mismo sucedía con su agente Harriet Weaver, de quien consiguió prestadas el equivalente entonces a un millón de libras esterlinas de hoy en día.

En 1932 se trasladó de nuevo a Zúrich, aunque durante su estancia allí emprendió numerosos viajes a otros países europeos. Y no cesó de visitar a su hija Lucia en los diversos hospitales donde la internaban, sin lograr grandes progresos, para la cura de su esquizofrenia.

En 1934, un juez neoyorquino, John Woolsey, dictaminó que el *Ulises* no era una novela pornográfica y fue publicada al fin en Estados Unidos por Random House. En 1939, Joyce terminó la narración de *Finnegans Wake*.

El 13 de enero de 1941, a poco de cumplir los cincuenta y nueve años, Joyce murió a causa de una perforación de estómago. Su hija Lucia, al recibir la noticia en la clínica mental donde residía, comentó: «¿Qué hace ese idiota bajo tierra? ¿Cuándo decidirá salir de ahí?».

El mejor epitafio, sin pretenderlo, lo hizo Nora, la persona que mejor entendió a Joyce: «Mi pobrecito Jim, ¡qué gran hombre!».

Todos los estudios sobre Joyce destacan las palabras de Molly Bloom con las que termina el *Ulises*: «*Yes I said yes I will yes*».

Se equivocan. El final es éste: «Trieste-Zúrich-París, 1914-1921».

Siempre Trieste.

Me quedaban todavía un par de días en la ciudad, y quería acercarme al castillo de un rincón mediterráneo, cercano a Trieste, donde se forjó uno de los mejores libros de versos de la historia: las *Elegías de Duino*, de Rainer Maria Rilke.

La noche previa, pasé un largo rato leyendo los poemas del inolvidable vate checo en el Caffè degli Specchi, el más elegante y vienés de todos los establecimientos públicos triestinos y, según Stefan Hertmans, «bastante pijo». Me recordaba lejanamente al Sacher de la capital austríaca. Los habitantes de Trieste aman sus cafés y presumen de ellos. A media tarde, muchos se llenan de clientes, entre los que todavía se encuentra un buen número de aficionados a las tertulias literarias, como en los días de Svevo y Saba. Las más activas dicen que se reúnen en el San Marco, un decrépito local de las afueras del casco viejo de la ciudad, adonde acuden los jóvenes estudiantes para tentar a la suerte, con la esperanza de encontrar sentado en su velador favorito a Claudio Magris y hacerse un retrato con el intelectual más famoso de Trieste.

Cuando salí del Specchi, una enorme luna roja se columpiaba en el cielo oscuro y, en la desierta Piazza dell'Unità d'Italia, mis pasos enmudecían sobre los adoquines. El aire llegaba perfumado por las algas marinas. Mi hermosa soledad se alzaba grande y victoriosa, como la sangrienta esfera del satélite que preside las noches meridionales de la Tierra.

La luna llena es portentosa, aunque no sirva para nada; si no existiera, algún poeta de talento tendría que inventarla.

3

Los ángeles terribles

Era una mañana de claros horizontes, como las anteriores, y el mar se tendía calmo en la bahía de Trieste, mientras sus débiles lengüetazos de espuma babeaban en los rompientes de los muelles. Sobre los tejados volaban corpulentas gaviotas, atronando el aire con sus chillidos, y más allá, arriba de las montañas del Carso, se deshilachaba la estela blanca de un avión.

Caminé hasta la estación de autobuses, vecina de la del ferrocarril, junto a la explanada de la Piazza della Libertà, donde seguía reinando, impasible, la desventurada Elisabetta de los italianos y la Sissi de los austríacos. Eran las diez, aproximadamente, y apenas media docena de personas esperábamos la llegada del vehículo público que recorría la costa hacia el norte, el número 51, protegidos del sol en el interior del amplio galpón de la terminal. Tardó casi tres cuartos de hora en llegar y recogernos.

La carretera era estrecha y culebreaba flanqueada de casas bajas que se escondían entre ocasionales cipreses, como lanzas, y espesos bosquecillos de coníferas. Golpeadas por el calor, sus ramas echaban, sobre los viajeros, a través de las ventanas abiertas, vaharadas del perfume de los pinares. Refulgía el verdor de las arboledas y, junto al mar, a nuestra izquierda, menudeaban los pequeños pueblos y los balnearios. En el lado contrario crecían los roquedales de piedra blanca del Karst. El espacio nacarino mostraba un liviano tinte azulado. El paisaje se desnudaba ante mis ojos como un lienzo tan estéril como majestuoso. Las mañanas son siempre insólitamente bellas en el Mediterráneo, sobre todo si vives una juventud enamorada o ya eres viejo.

El bus se detuvo en el humilde poblado de Duino media hora más tarde, junto a una panadería donde vendían periódicos y al lado de la empinada cuestecilla que ascendía hacia la entrada del castillo.

Descendimos dos pasajeros. El otro era un hombre grueso, fornido, de unos sesenta años, de un abundante y rebelde pelo pajizo, las orejas muy grandes, con apariencia de parasoles, y las mejillas coloradas. Pese a sus kilos, se movía con agilidad y vigor, y llegó al final de la rampa varios metros por delante de mí. Una paloma blanca voló espantada a nuestro paso, hacia las soledades marinas. ¿Sería un ángel rilkeano?, me pregunté.

Una mujercilla nos atendió en el pequeño despacho de recepción y escuché a mi compañero de viaje dar las gracias en alemán. Yo compré un folleto y recorrí el sendero asfaltado, protegido por una línea de estatuas de guerreros, o quién sabe si santos, bastante retrasado con respecto al germano. Sentía cierto complejo ante aquel tipo de aspecto paquidérmico y, al mismo tiempo, flexible como un ciervo. Y me alivió perderle de vista cuando entró en las salas y galerías de la fortaleza.

El castillo de Duino, que domina desde una altura imponente, clavado en un bronco risco sobre el mar, la amplia bahía de Trieste, es una ampliación de una torre de vigilancia romana hecha construir por Diocleciano en el siglo III después de Cristo. Sus restos, de piedra blanca, pueden verse aún, casi incólumes, en el patio del palacio. Formaba parte de una fortaleza cuyas ruinas se alzan en un promontorio más pequeño, unos cientos de metros hacia el norte, y que ofrecen hoy un aspecto fantasmal.

Fue propiedad de nobles feudales y objetivo de muchos asaltos durante todo el Medievo, hasta que en el siglo XVII los Habsburgo requirieron la obediencia de sus dueños, mientras reinaba el emperador Leopoldo I. Se dice que Dante lo visitó en 1360, durante su exilio de Florencia, y que incluso compuso allí un terceto que aparece en la *Divina Comedia*. Durante las centurias que siguieron a su sometimiento a los Habsburgo, ha pertenecido a las aristocráticas y acaudaladas familias de los Della Torre-Valsassina y los Thurn und Taxis.

En los siglos XVIII, XIX y principios del XX fue un importante lugar de actividad artística, propiciada por sus dueños, que además adquirieron para ornarlo numerosas obras de arte, desde ánforas y tallas clásicas anteriores a Cristo hasta obras de creadores contemporáneos. Entre sus visitantes más ilustres se cuentan Johan Strauss, Franz Listz, Gabriel D'Annunzio, Paul Valéry, Victor Hugo y, sobre todo, Rainer Maria Rilke, que comenzó a escribir allí su obra magna, las *Elegías de Duino*.

Desde Duino partieron en 1914, hacia Sarajevo, el archiduque Francisco Fernando y su esposa, herederos de la Corona austro-húngara, al fatídico encuentro con un anarquista bosnio, Gavrilo Princip, que los mató a tiros de pistola en el Puente Latino de la ciudad, sobre el rio Miljeka, un magnicidio que desató la carnicería de la Gran Guerra. Sus cuerpos fueron enviados a Trieste desde Bosnia, camino del castillo de Artstetten, en la Baja Austria, donde serían enterrados. Una imponente multitud acudió a rendir homenaje a la comitiva fúnebre.

Los italianos bombardearon Duino, causando graves daños a la fortaleza-palacio, en 1918, en los estertores de la Primera Guerra Mundial. Durante la Segunda, fue ocupada por los alemanes y, al final del conflicto, la utilizaron como acuartelamiento las tropas aliadas encargadas de mantener la paz en el Estado Libre de Trieste. En 1954 fue devuelto a sus propietarios por el Estado italiano y comenzaron los trabajos de reconstrucción.

Hoy es un magnífico lugar, dedicado de nuevo a actividades humanísticas y culturales, en uno de los escenarios más hermosos de la costa del Mediterráneo.

Rainer Maria Rilke, que residió allí en varias ocasiones y la principal de todas ellas entre octubre de 1911 y mayo de 1912, invitado por la princesa María von Thurn und Taxis, lo describió así en una carta a un amigo:

> [...] quiero hacerle saber en dónde me encuentro..., en este inmenso castillo elevado al pie del mar, que como un promontorio de la humana existencia, con muchas ventanas (entre ellas la mía), da cara al Todo, podría decirse, remontándose, en generoso espectáculo, por encima de todas las cosas; mientras las ventanas traseras miran a un antiguo y

silencioso patio interior, donde en tiempos posteriores los viejos muros romanos fueron ceñidos por las suaves balaustradas barrocas y las figuras haciendo juego entre sí. Pero en la parte trasera, cuando se sale por estos sólidos portalones, se levanta, no menos intransitable que el mar, el paisaje vacío del Karst, y la vista, vacía también de todo lo pequeño, abarca con especial emoción el pequeño jardín de la fortaleza, el cual adquiere relevancia allí en donde el castillo no absorbe la colina, lo mismo que la rompiente en el fondo erosionado por el oleaje y el coto silvestre que aprovecha el cercano acantilado. En el jardín se asienta, derribada y hueca, la construcción de la fortaleza más antigua, que precedió a este castillo, de suyo ya inmemorial, y en cuyos salientes, según la tradición, ha debido de detenerse el Dante.

Pasear a solas por el interior de la inmensidad de Duino es como adentrarse en un paisaje irreal o, quizá, cruzar una cortina y entrar en el territorio de un sueño. No hay vigilancia —al menos, a la vista— y el pasado te rodea y casi te abruma, en forma de retratos, partituras, instrumentos musicales y muebles antiguos. El lujo y la cultura llueven sobre tus hombros y te preguntas qué haces allí, un hombre común, miembro de una familia humilde y sin posesiones, rodeado de opulencia y refinamiento. Yo tuve una madre que se creía nacida para ser marquesa, un padre que poseía los modos y la finura de un duque, pero no su dinero, y abuelos maternos que se pensaron aristócratas y no eran, a la postre, más que vasallos de provincias vestidos de domingo. La opulencia y el gusto exquisito por el arte son otra cosa, van más allá, integran el cosmopolitismo y un sentido de nobleza intelectual que tiende a ser conservador. Son cosas, por otro lado, que se heredan; nada tienen que ver con el mérito y el valor personales. ¡Qué le vamos a hacer!

Todo eso lo sabía bien Rainer Maria Rilke, que se pasó la vida yendo de palacio en palacio, de amante rica en amante rica, y que le sacó buen provecho a su condición de artista admirado por la cultivada aristocracia europea de su tiempo. Siempre vivió en el lujo y a costa de los poderosos, que le veneraron como a un dios caído de los cielos para dignificar la tierra con su dominio de la palabra poética.

— Yo recorría esa mañana los salones, dormitorios, salitas de conciertos, bibliotecas, comedores engalanados de cuadros, de cortinones, de muebles de época y estanterías repletas de pequeñas piezas de arte..., estancias de paredes pintadas de verde, rosa y celeste, anaqueles que harían las delicias de los bibliófilos, balconadas que daban al mar latino, chimeneas de variados estilos labradas en mármol, vajillas ordenadas en mesas lacadas listas para servir el almuerzo..., aposentos de invitados, amplios lechos de mullidos colchones, lámparas de mil cristales, multitud de espejos, retratos de Rilke y otros ilustres visitantes, un piano Bösendorfer en el que Listz compuso *La Perla*, lanzas y escudos medievales, fotos de los sucesivos dueños del castillo, grandes vitrinas con violines, violas, violoncelos, contrabajos... y una bellísima escalera de caracol.

A veces, en el laberinto de habitaciones del complejo, me cruzaba con el alemán que había viajado conmigo desde Trieste y nos intercambiábamos sonrisas. Parecía que fuésemos los dueños absolutos de aquel palacio vacío en el que quizá los guardianes se escondían en las armaduras para vigilar los salones. O puede —cualquiera sabe qué es posible

encontrarse en estas mansiones antiguas— que hubiera cámaras ocultas en los jarrones chinos de los Ming y en las ánforas áticas de los días de Pericles.

En una de las ocasiones coincidimos en el patio tapizado
de lajas de piedra y adornado de plantas trepadoras, donde se
alza el torreón de Diocleciano. Le pedí al germano que me hiciera una foto y le tendí mi máquina. La tomó sonriente, se
retiró unos pasos hacia atrás, me encuadró y apretó el obtura-
dor. Por la tarde, de nuevo en Trieste, cuando miré las imágenes de la mañana en Duino, comprobé mis sospechas: el alemán había cortado mis piernas y desmochado la torre romana.

Rilke es un genio opaco, como Joyce —aunque de estirpe
muy diferente en el talante de sus enigmas—, un heredero
tardío del romanticismo y un alma que anhelaba, sobre todo,
la libertad, para construir desde ella lo único que le interesaba en la vida: la poesía. Fue un solitario, rodeado, al mismo
tiempo, por mujeres que le amaron hasta casi el delirio en
muchos casos. Muy pocas veces tuvo un domicilio fijo, como
Joyce, y se calcula, por ejemplo, que entre 1910 y 1914 habitó en cerca de cincuenta sitios diferentes. Sus residencias
fueron palacios, casi siempre palacios, ya he dicho, en los que
le acogían ricos mecenas, mientras que las del irlandés —casi
una treintena en toda su vida, distribuidas entre varias ciudades europeas— eran cuartuchos de hotel o pisos de alquiler,
en su mayoría insalubres. El checo casi nunca se relacionó
con una mujer a la que se mantuviera firme y permanente-
mente ligado, ni siquiera con la que fuera su esposa durante
años, mientras que la vida de Joyce no puede explicarse sin

Nora Barnacle. Los dos eran poseedores de una cultura extraordinaria y dominaban varias lenguas. Joyce fue tan fanático de la música como Rilke de la escultura y la poesía. Sin embargo, el checo carecía de sentido del humor, que yo sepa, en tanto que al irlandés le sobraba. Ambos murieron aclamados por su incuestionable talento.

Comparar ahora, en estos trazos, a dos creadores tan distintos no ha sido por capricho, sino por su amor a lo misterioso de sus obras. Y por la cercanía en el tiempo de sus dos obras maestras: el *Ulises*, que se publicó en 1922, y las *Elegías de Duino*, aparecidas meses después, ya en 1923. Si el escenario de su novela lo centró Joyce en Dublín, el de los versos de Rilke fue el castillo de Duino, en cuyas galerías y salones andaba yo medio perdido aquella mañana con la única presencia humana, aparte de la mía, de un turista alemán que, comprobé más tarde, no sabía hacer fotos.

Y por cierto: no hay que olvidar que, en ese año de 1922, se editaron también ni más ni menos que *La tierra baldía*, de T.S. Eliot; *Trilce*, de César Vallejo, y *Charmes*, de Paul Valéry. Alguien lo llamó el *annus mirabilis* (año milagroso) de la literatura.

Rilke nació en 1875 en Praga, en la actual Chequia, cuando su patria todavía formaba parte del Imperio austro-húngaro. Casi siempre escribió en alemán, como su paisano Kafka, y ocasionalmente en francés. Hijo de un empleado de ferrocarriles y de una mujer con delirios de grandeza, fue bautizado como René Karl Wilhelm Johann Josef Maria. Quizá influido por su madre, se definió a sí mismo con rasgos aristocráticos

—«... de la antigua y noble estirpe, asentada / sobre los firmes arcos de los ojos...»—, y tal vez de ahí le viniera su gusto por los palacios y la vida elegante.

Le enviaron a una escuela militar en 1886, pero le horrorizaban las armas, y en 1891 dejó la academia. Volvió a Praga a estudiar el bachillerato y, luego, ya en la universidad, pasó por las facultades de Filosofía y Derecho. Pero tampoco aguantaba las carreras que se le ofrecían: él sólo quería ser poeta. De modo que se largó a Múnich en 1896.

Y en esa época se produjo el primer gran encuentro amoroso de su vida, una rusa que se llamaba Lou Andreas-Salomé y tenía treinta y siete años, mientras que Rilke acababa de cumplir los veintiuno. Ella estaba casada con Carl Andreas, un profesor de lenguas orientales que, al parecer, era homosexual y con el que Lou nunca llegó a consumar el enlace. Lou había tenido una estrecha relación con Friedrich Nietzsche, al que siempre rechazó en sus propuestas de matrimonio. Más tarde sería alumna de Sigmund Freud y una reconocida escritora. ¡Qué saberes no atesoraría aquella indómita mujer!

Con Rilke vivió un apasionado romance (se dice que Lou perdió con él la virginidad), que comenzó durante un viaje a Rusia en el que se reunieron con Tolstói. Fue ella quien dio fin a la relación entre ambos, pero continuaron siendo grandes amigos hasta la muerte del vate. Y fue también ella quien le sugirió cambiar el nombre de René por el de Rainer y quien le inició en el psicoanálisis. A Lou, Rilke le dedicó un apasionado poema, contenido en *El libro de las horas*, que dice así:

Apaga mis ojos y podré verte,
cierra mis oídos y podré oírte,
y sin pies podré llegar hasta ti,
y aun sin boca podré conjurarte...

Tras la ruptura con Lou, conoció a una escultora, alumna de Rodin, Clara Westhoff, y se casó con ella en 1901. Tuvieron una hija, pero el poeta comenzó de inmediato a irse de su lado durante largas temporadas. Resulta curioso, sin embargo, que nunca llegaran a separarse: siempre mantuvieron correspondencia y ella no dejó de amarle en todos los años que siguieron.

Y así transcurrió su vida: de país en país, de mecenas en mecenas, de amante en amante... París fue uno de los destinos más importantes de entre todas aquellas en las que residió: «¿De modo que aquí viene la gente a vivir? —escribió en *Los cuadernos de Malte Laurids Brigge*, un texto en prosa publicado en 1910—. Yo diría que más bien se viene a morir». Y del escultor Rodin, de quien fue secretario, aprendió dos normas que nunca olvidaría: «Es necesario trabajar, nada más que trabajar. Y es necesario también tener paciencia».

Roma, Copenhague, Hamburgo, Berlín, Capri, Nápoles..., los viajes se sucedían. «No tengo techo sobre mí y me llueve en los ojos», escribió también en *Los cuadernos de Malte*. Y cada año que pasaba, huía más y más de las ataduras a un lugar preciso. En 1907 publicaba sus versos de «La Pantera»:

Su vista está cansada del desfile
de las rejas y ya nada retiene.
Las rejas se hacen innumerables
y el mundo se le acaba tras las rejas...

No era en exceso agraciado, pero imantaba a las mujeres. Y a aquellas a las que no seducía, las transformaba en una suerte de madres protectoras.

Así sucedió con la princesa María von Thurn und Taxis, una noble y riquísima dama austríaca nacida en Venecia y dueña del castillo duinés, veinte años mayor que él. Se conocieron en 1909, en una recepción que ofreció ella en el Hotel Liverpool de París y, por decirlo así, ella lo «adoptó» casi de inmediato. Gracias a esa suerte de afectuosa protección de María iba a nacer uno de los grandes poemarios el siglo XX y quizá de la historia de la literatura: las *Elegías de Duino*.

Entre ellos se desarrolló, además, una intensa relación epistolar, como había sucedido antes con Lou Andreas. El poeta era un gran aficionado a escribir cartas y se conservan alrededor de siete mil. Si Lou le rebautizó como Rainer, María decidió llamarle Doctor Seráfico, por su afición a todo lo angelical y a la meditación, y así encabezó siempre sus notas dirigidas al vate.

La primera estancia en Duino, por invitación de la princesa, fue de una semana: del 20 al 27 de abril de 1910. Luego, Rilke pasó diez días en Venecia, también en una propiedad de su mentora. Y volvió a la mansión duinesa casi un año y medio más tarde, el 22 de octubre de 1911. Cuando la familia Thurn und Taxis dejó el palacio para pasar el invierno en otra residencia más calurosa, el 11 de diciembre de ese año, Rilke decidió no marcharse del lugar. Y allí permaneció hasta el 8 de mayo de 1912.

Mientras María le acompañó en Duino, invitó a otras personas al palacio y creó un ambiente elegante y agradable para él. Se sucedieron las veladas literarias y los recitales, las sesiones que emprendían el escritor y la aristócrata para traducir, conjuntamente, la *Vita Nuova* de Dante al alemán, así como la celebración en la terraza de conciertos del Cuarteto Triestino con piezas de Beethoven y Mozart. Se dice que los pescadores de la zona, cuando regresaban al atardecer de faenar mar adentro, dejaban al pairo sus barcas, en las calas al pie del castillo, para escuchar la deliciosa música.

Al quedarse solo, Rilke se sintió de pronto encendido por una imponente inspiración. Siempre había sido un aficionado al espiritismo, aunque no se sintiera atraído en absoluto por lo religioso, y ahora percibía aproximarse ese mundo de «lo invisible» que tanto anhelaba conocer. En la mansión tan sólo había dos personas con él: la señora Greenham, que ejercía de gobernanta, y un criado esloveno llamado Carlo. Y ambos pensaban que estaba loco: a cualquier hora, Rilke recorría las galerías del castillo recitando, invadido por una suerte de furor místico, poesías propias y ajenas. En ese tiempo, también, escribió numerosas cartas a Lou y rechazó someterse a un psicoanálisis.

La mañana del 21 de enero de 1912, recibió un correo sobre sus reservas económicas que le alteró el ánimo. Y pensando en qué debía contestar, decidió salir a dar un paseo por la senda que, entre pinos, cipreses y olivos, descendía por el acantilado a la playa. Era un día gélido y soplaba un molesto Bora, el viento frío del norte del Adriático. Un ruiseñor cantaba cerca de él cuando se apoyó en un árbol para reflexionar. El mar brillaba como la plata. Y entonces, confundida con el aullido del viento, creyó escuchar una voz que le susurraba unas rimas:

¿Quién, si yo gritara, me oiría entre los coros
de los ángeles?...

Sacó el cuaderno de apuntes que siempre llevaba en su bolsillo y escribió los versos. Y a renglón seguido surgieron otros, de manera espontánea y sin ningún esfuerzo que también anotó. Regresó luego a su habitación, redactó una respuesta a la carta que le había alarmado y volvió a concentrarse en las palabras escuchadas en el farallón. Y esa noche terminaba la Primera Elegía.

Hizo una copia, con su muy cuidada letra, en un cuaderno y la envió a la princesa con una nota que decía: «Ya puedo devolverle, querida amiga, su pequeño libro verde, para que se quede con él para siempre. Lo he agotado con el primer trabajo duinés —¡y el primero desde hace mucho tiempo!—: un librito que estaba hecho precisamente para eso...». En su texto *Recuerdos de Rainer Maria Rilke*, la princesa María von Thurn und Taxis rememora el día 23 de enero, cuando recibió por correo un paquete pequeño en el que, al abrirlo, encontró el bloc color verde turquesa que había comprado en Weimar y regalado al poeta: «Un breve mensaje —señala la aristócrata— acompañaba a la Primera Elegía. ¡Quién habría podido describir mi alegría, mi júbilo!».

Durante los días siguientes, Rilke concluyó la segunda, que dejó lista a mediados de febrero. También escribió los comienzos de la tercera, la sexta y la novena, así como fragmentos de algunas otras.

En los años posteriores, durante sus viajes, incluido el que realizó a España entre noviembre de 1912 y febrero de 1913, fue componiendo nuevos versos y puliendo los precedentes.

En 1913 terminó la Tercera Elegía en París y, unos meses después, la cuarta en Múnich. Luego permanecería más de un lustro sin volver a la obra. Y finalmente, en 1922, completó las diez elegías que la conforman. Fue publicada, junto con los *Sonetos a Orfeo*, en noviembre de 1923.

Había dejado para el final de mi visita la terraza superior del castillo, desde donde se puede contemplar una ancha franja de mar, la ciudad de Trieste que desciende desde las colinas del Carso, las estériles montañas calizas del Kurst y el peñón sobre el que se alzan las ruinas de la vieja fortaleza. En un día esplendoroso como aquél, luminoso y radiante, de aguas tranquilas en el lecho azul del Adriático resultaba fácil imaginar allí las mañanas y las tardes solitarias y soleadas del poeta, sus descansos del fatigoso trabajo de componer versos sonoros, significantes, hondos y bellos.

Porque quien crea que el quehacer poético es un regalo de la inspiración se equivoca. Es también un esfuerzo, una lucha por la palabra y por el sentido más íntimo de la reflexión sobre el mundo y la vida. Rilke lo sabía bien, aunque presentía, durante aquellas semanas de Duino, que un ángel había acudido a visitarle y comenzado a dictarle su gran obra. Antes de escuchar la voz que le sugirió el inicio de las Elegías, se encontraba vacío, convencido, como escribe la princesa María von Thurn, de que «el dios le había abandonado». Pero ahora, después de terminar la primera de ellas, «¿quién venía?... —añade la princesa—. Ahora lo sabía: el dios».

¿Y cómo veían los otros a Rilke? Les fascinaba su forma de contemplar las cosas —nos indica Mauricio Wiesenthal en su estupendo ensayo-biografía sobre el vate checo— «suspendidas en el paso del tiempo entre la muerte y la eternidad».

El mejor retrato que he encontrado lo ofrece, en su libro *El mundo de ayer*, Stefan Zweig, que le conoció en París. Hablando de los poetas, el austríaco escribía:

> La presencia de estos hombres consagrados a la perfección en un mundo que ya empezaba a mecanizarse y ensordecido durante años por el estruendo de los cañones [de la Gran Guerra], representó para nosotros una gran lección y una felicidad inmensas [...]. De todos ellos, quizá no había ninguno que se comportara de un modo tan silencioso, enigmático e invisible como Rilke [...]. Era muy poco accesible. No tenía casa ni dirección. Estaba siempre de camino por el mundo. Ni siquiera él mismo sabía adónde iría.

Poseía, al parecer, grandes cualidades de narrador oral. Añade Zweig: «Contaba las cosas con naturalidad y sencillez, como cuenta una madre un cuento a su hijo. Era una delicia escucharle».

Le molestaban el ruido y la vehemencia, siempre iba limpio y bien arreglado, a pesar de vivir con estrecheces. Y tenía «un sentido elemental de la belleza». Después de una larga conversación con él, «uno era incapaz de cualquier vulgaridad durante horas e incluso días».

El juicio más elogioso del vate checo lo acuñó Zweig: «De las manos de Rilke jamás salió una cosa que no fuera absolutamente perfecta».

Después de su estancia en el castillo, el poeta siguió viajando sin descanso: España, Marruecos, Argelia, Egipto y, en marzo de 1912, regresó a Venecia y, de nuevo, a Duino. Por esos días leía a Proust y se entusiasmaba con su obra. No hay noticia, sin embargo, de que conociera *La muerte en Venecia* de Thomas Mann, publicada en 1912, un asunto del que hablaré después.

La guerra le sorprendió en Leipzig y se refugió en Múnich, que quedaba más lejos de los frentes. Escribió entonces los «Cinco Cantos» dedicados al sangriento conflicto. Y sus palabras son rotundas:

> *Por primera vez veo que te yergues,*
> *conocido de oídas, lejanísimo,*
> *oh, tú, Dios increíble de la guerra* [...]
> *... ahora pronto nos abraza el Dios de las batallas.*
> *Lanza el incendio; y sobre el corazón lleno de patria*
> *recorre su cielo enrojecido,*
> *el cielo que atronando habita* [...].

Le llamaron a filas en Viena, en diciembre de 1915. Pero a finales de enero de 1916, moviendo influencias, consiguió que lo trasladaran al Archivo de Guerra, y en junio lo licenciaron. De modo que escogió de nuevo Múnich como residencia temporal, y allí seguía al final de la contienda. Antimilitarista convencido, había vivido la carnicería de 1914-1918 como una pesadilla y sus versos y cartas de entonces no hablan de la lucha, sino del sufrimiento. «La guerra es siempre una prisión», escribió.

Continuó vagando por Europa durante los años siguientes, y en 1922 se instaló en una vieja torre en Muzot, una población suiza cuya naturaleza circundante le fascinaba. Apenas volvió a viajar, salvo una breve estancia en París en el año 1925. Dejó dicho que lo enterraran en el pequeño cementerio de Raroña..., en «uno de los primeros sitios donde yo he recibido el viento y la luz de este paisaje». Murió el 30 de diciembre de 1926, en el sanatorio Valmont, aquejado de leucemia.

El epitafio de su tumba, escrito por él, dice:

> *Rosa, contradicción pura. Placer*
> *de no ser sueño de nadie*
> *bajo tantos párpados.*

¿Y qué son sus *Elegías*, esa obra tan misteriosa como turbadora? En el *Libro de las horas* Rilke había recogido este verso: «Deja que todo suceda: la belleza y el espanto». Y ambas cosas, la hermosura luminosa de lo vivo y la siniestra oscuridad de la muerte, se entremezclan en reflexiones que, a menudo, tienen un aire profético y entran en el enigmático reino de «lo invisible», el espacio favorito del poeta. José María Valverde, que trasladó el libro al español, llamó a Rilke «un pensador en verso».

Entrar en las *Elegías* con detalle es casi tan difícil como comprenderlas en toda su dimensión. En una carta al traductor polaco de la obra, Rilke aclaraba un poco sus intenciones: «El ángel de las Elegías no tiene nada que ver con el ángel del cielo cristiano... El ángel de las Elegías es esa criatura en la que aparece ya plenamente cumplida la transformación de lo visible en invisible que nosotros realizamos... El ángel de las Elegías es ese ser que garantiza reconocer en lo invisible un rango más alto de la realidad. Por eso es "terrible" para nosotros, porque nosotros, sus amadores y transformadores, todavía dependemos de lo visible».

«Un rango más alto de la realidad...» ¿La belleza, acaso?

Rilke estaba fascinado con los serafines y querubines que pintaba el Greco, que parecían, por decirlo así, muy poco «angelicales». Eran, como los califica Mauricio Wiesenthal, «altivos y distantes, hijos de otro reino apocalíptico donde hay terribles rostros animales: toros, águilas, serpientes y leones. Eran seres de un mundo sometido a la violencia cósmica y donde hay espíritus feroces...».

Terribles, en suma.

Pero hay más. Y más sencillo, en mi opinión.

Vuelvo la mirada hacia el pensamiento de Thomas Mann. No tengo ningún dato que indique que él y Rilke se conocieran. En 1911 pudieron haber coincidido en Venecia, pues ambos pasearon por el Lido en parecidas fechas. Y, sin embargo, no se encontraron.

Pero, desde la lejanía, al parecer se detestaban. Rilke había dejado caer unas cuantas críticas sobre su novela veneciana, como dice Wiesenthal, «acusando a Thomas Mann de haber conducido a su héroe a un escenario letal [una Venecia devastada por el cólera] para abandonarle a "una muerte no propia", cruel y degradante, en un mundo roto». Y hay que decir que Thomas Mann le correspondía con la misma distancia, hasta el punto de que —en los últimos años de la vida del poeta— rehusó participar en un homenaje en su honor.

No obstante, a pesar de los juicios del autor de las *Elegías*, resulta evidente que en algunos momentos los dos escritores, sin profesarse ninguna simpatía ni compartir la mayor parte de sus ideas, alentaron pensamientos similares. Los dos sentían asombro y, al tiempo, tal fascinación ante la presencia de la belleza que parecían desdeñar en su obra el miedo a la muerte.

> *¿Quién, si yo gritara, me oiría entre los coros*
> *de los ángeles? Y suponiendo que me tomara*
> *uno de repente hacia su corazón, me fundiría con su*
> *más potente existir. Pues lo bello no es nada*
> *más que el comienzo de lo terrible, que todavía apenas*
> > *[soportamos,*
> *y si lo admiramos tanto, es porque, sereno, desdeña*
> *destrozarnos. Todo ángel es terrible...*

¿No recuerda al retrato que Mann traza de Tadzio en la playa del Lido pocos instantes antes de morir Aschenbach? ¿No es acaso el chico un ángel rilkeano?

Además de eso, los versos con que se inician las *Elegías* suenan como el texto apócrifo de Platón-Mann en *La muerte en Venecia*:

> Porque la Belleza, Fedro, tenlo muy presente, sólo la belleza es a la vez visible y divina, y por ello es también el camino de lo sensible, el camino del artista hacia el espíritu... Lo que nos enaltece es la pasión y nuestro deseo será siempre, forzosamente, amor... ¿Comprendes ahora por qué los poe-

tas no podemos ser sabios ni dignos? ¿Comprendes ahora por qué tenemos que extraviarnos necesariamente y ser siempre disolutos, aventureros del sentimiento?

En la Tercera Elegía, dice Rilke:

> *... Amando*
> *descendió por la sangre más vieja, a los barrancos*
> *donde se asentaba lo Terrible.*
> *Y cada espanto le conocía, le hacía guiños...*
> *Sí, lo espantoso sonreía...*

Y sigue Mann:

La maestría de nuestro estilo [de los poetas] es mentira e insensatez; nuestra gloria y honorabilidad, una farsa; la confianza de la multitud en nosotros, el colmo del ridículo, y el deseo de educar al pueblo y a la juventud a través del arte, una empresa temeraria que habría que prohibir. Pues, ¿cómo podría ser educador alguien que posee una tendencia innata, natural e irreversible hacia el abismo?

Y en la Cuarta Elegía encontramos estos versos:

> *Nosotros no estamos en armonía. No estamos de acuerdo*
> *con las aves migratorias. Sobrepasados y tardíos,*
> *nos lanzamos de repente a vientos...*

Y Mann:

Nuestros esfuerzos tendrán en adelante, como único objetivo, la Belleza, es decir: la sencillez, la grandeza, un nuevo rigor, una segunda ingenuidad, y la forma. Pero la forma y la ingenuidad, Fedro, conducen a la embriaguez y al deseo, pueden inducir a un hombre noble a cometer las peores atrocidades en el ámbito sentimental; llevan, también ellas, al abismo. A nosotros los poetas nos arrastran hacia él, dado que no podemos enaltecernos, sino solamente entregarnos al vicio.

Y, volviendo a la Primera Elegía, dice Rilke:

... Pues lo bello no es nada
más que el comienzo de lo terrible, que todavía soportamos,
y si lo admiramos tanto, es porque, sereno, desdeña
destrozarnos...

La muerte en Venecia se publicó en el verano de 1912, mientras que las *Elegías* vieron la luz en 1923. ¿Pudo haber una fuente de inspiración para Rilke en los textos de Mann? Imposible, puesto que fue una mañana de enero de 1912 cuando el poeta checo oyó la voz del ángel que proclamaba la elegía; esto es, casi ocho meses antes de la aparición de la obra del novelista alemán.

¿Entonces? Ya lo he anotado antes. En mi opinión, ambos creadores sentían en carne propia aquel momento trágico de la historia que iba a traer desolación y muerte a los territorios donde reinaron la belleza y el pensamiento, un momento que Mann describía así: «Nos vimos rodeados por la confusión de las estaciones abarrotadas, por la efervescencia de una humanidad sobreexcitada y desgarrada entre el miedo y el entusiasmo. La catástrofe se iniciaba».

Y Rilke escribiría a su vez:

Tú vienes, oh combate,
ya palpitan los jóvenes...

Desfallecía un universo para alumbrar otro sumido en la ignorancia y el horror, el escenario de lo terrible. En sus memorias, *El mundo de ayer*, Zweig lo explica así:

> Todo en nuestra monarquía austríaca, casi milenaria, parecía asentarse sobre el fundamento de la duración, y el propio Estado parecía la garantía suprema de esta estabilidad. Los derechos que concedía a sus súbditos estaban garantizados por el parlamento, representación del pueblo libremente elegida, y todos los deberes estaban exactamente delimitados. Todo el mundo sabía cuánto tenía o cuánto le correspondía, qué le estaba permitido y qué prohibido. Todo tenía una norma, su medida y su peso determinados [...]. En aquel vasto imperio todo ocupaba su lugar, firme e inmutable, y en el más alto de todos estaba el viejo emperador; y si éste se moría, se sabía (o se creía saber) que vendría otro y que nada cambiaría en el bien calculado orden. Nadie creía en las guerras, en las revoluciones ni en las subversiones. Todo lo radical y violento aparecía imposible en aquella era de la razón [...]. Hoy, cuando ya hace tiempo que la gran tempestad lo aniquiló, sabemos a ciencia cierta que aquel mundo de seguridad fue una casa de naipes. Sin embargo, mis padres vivieron en él como en una casa de piedra.

Pero todo aquello se trocó en destrucción el verano de 1914 y hubo hombres, como Mann y Rilke, que de una manera u otra lo presintieron y lo sufrieron. Zweig lo juzgó así: «He visto nacer y expandirse ante mis propios ojos las grandes ideologías de masas: el fascismo en Italia, el nacionalsocialismo en Alemania, el bolchevismo en Rusia y, sobre todo, la peor de todas las pestes: el nacionalismo, que envenena la flor de nuestra cultura europea».

La Belleza y el Espanto.

Subí a la terraza que domina la bahía y las montañas, y allí estaba el alemán con un libro en la mano, mirando hacia el Adriático. Volvió el rostro hacia mí, tal vez algo molesto por mi presencia.

Pero, al poco, me sonrió. Se colocó unas pequeñas gafas, abrió el libro y, vuelto hacia el mar, puesto de perfil ante mí, declamó:

> *Wer, wenn ich schriee, hörte mich denn aus der Engel*
> *Ordnungen? Und gesetzt selbst, es nähme*
> *einer mich plötzlich and Herz: ich verging von seinem*
> *stärkeren Dassein. Denn das Schöne ist nichts*
> *als des Schrecklichen Anfang, den wir noch grade ertragen,*
> *und wir bewundern es so, weil es gelassen verschmäht,*
> *uns zu zerstören. Ein jeder Engel ist schrecklich...*

No entendí nada, naturalmente; pero la palabra «Engel», pronunciada dos veces, me hizo sospechar que estaba recitando el comienzo de las *Elegías* en alemán. Ahora, al describir la escena, he copiado los versos de una edición de la obra en su idioma original.

El hombre calló, se quitó las gafas, contemplando el Adriático, visiblemente emocionado. Pensé que, quizá, había hecho un largo viaje para realizar un ceremonial soñado. Yo di un paso adelante y recité de memoria:

> *¿Quién, si yo gritara, me oiría entre los coros*
> *de los ángeles? Y suponiendo que me tomara*
> *uno de repente hacia su corazón, me fundiría con su*
> *más potente existir. Pues lo bello no es nada*
> *más que el comienzo de lo terrible, que todavía apenas*
> > *[soportamos,*
> *y si lo admiramos tanto, es porque, sereno, desdeña*
> *destrozarnos. Todo ángel es terrible...*

El alemán se acercó a mí, con gesto cálido, y me estrechó la mano vigorosamente. Los amantes de la poesía somos gente extraviada, como los mismos poetas.

Luego, el germano y yo seguimos camino, cada uno por nuestro lado, y no le vi cuando subí al autobús de regreso a Trieste, cercana ya la hora del almuerzo.

Al día siguiente tomé el tren con destino a Roma, desde donde había planeado dirigirme hacia el *mezzogiorno* latino. Amo esas mañanas frescas y luminosas en que inicias la partida hacia un lugar lejano, dejando atrás, quizá para siempre, una ciudad y un paisaje —a veces, tu aburrimiento y los compromisos sociales cotidianos—, camino de un futuro ignorado y abierto a lo imprevisto. Viajando por el mundo sin cadenas ni obligaciones, he podido comprender por qué muchos políticos y muchas gentes adineradas, esos tipos empeñados en guardar su poder y sus posesiones, acaban por volverse locos.

Llegaba a Venecia y durante un cuarto de hora los vagones corrieron a la orilla del mar, escoltados por gaviotas y cormoranes. Y más tarde, dejando atrás Mestre, se internaron por la caña de la bota italiana, rumbo a la Toscana, al pie de albas cordilleras y al arrimo de lagos plateados como espejos y ríos como lenguas azules. En las estaciones Italia bullía, llena de vida esperanzada y de ánimo decadente; la sentía arder como un juvenil corazón que entra sin prisas en la gentil vejez.

4

De guerras y desastres

Pasé unos días en Roma, donde había vivido una larga temporada pocos años antes. Dediqué el tiempo a encontrarme con viejos amigos y repetir los ceremoniales de antaño: tomar a media mañana un fresco vino blanco del Véneto en una terraza frente a Santa Maria in Trastevere, almorzar unos *gnocchis* en Augusto, en la pequeña Piazza dei Renzi, y acercarme al Panteón de Agripa para contemplar el cielo, durante unos minutos, a través del agujero abierto de la cúpula, por si sorprendía a Afrodita en pelotas; y detenerme ante la tumba de Rafael, leer su epitafio —el más bello del mundo junto con el de Yeats, en Drumcliff—* y volver a salir y diluirme entre la multitud de turistas que bullen a diario en la plaza, con el riesgo de que alguno me pisara un pie, ya que van casi siempre mirando hacia lo alto y hacia los lados, mientras caminan

---

* El epitafio de Rafael de Urbino lo escribió el poeta y cardenal Pietro Bembo. Redactado en versos latinos, lo he traducido así: «Aquí yace Rafael. Cuando nació, la madre naturaleza temió ser vencida por él. Cuando murió, temió morir con él». Sobre la tumba de William B. Yeats, en una pequeña iglesia de un pueblo del condado de Sligo, aparece este epitafio escrito en inglés por él mismo y que traduzco: «Echa una fría ojeada sobre la vida, sobre la muerte. ¡Pasa de largo, jinete!».

en grupos abiertos como abanicos, tapando la calle y con andares de palmípedos.

El otoño se tendía ya sobre el Tirreno y comenzaba a desnudar las arboledas del mediodía italiano cuando dejé atrás Roma, en tren, rumbo a Nápoles. Me detuve unas jornadas en esta última localidad y aproveché para dar una vuelta por la bella costa Amalfitana de la bahía de Salerno y asomarme a los bellos templos de Paestum, alzados durante los días en que la región de Campania formaba parte de los territorios de la Magna Grecia. Si en la Hélade de hoy apenas quedan unos pocos santuarios de la época clásica —la mayoría de los lugares arqueológicos parecen canteras llenas de cascotes—, en la Italia del sur unos cuantos permanecen casi intocados, sobre todo en Paestum y en la siciliana Agrigento, donde se encuentran algunos de los mejores ejemplos de arquitectura religiosa pagana de lo que fuera aquella incomparable civilización.

Como siempre que he ido allí, y ya han sido varias veces, Nápoles me dejó sumido en una cierta perplejidad. Sin duda se trata de una de las urbes más extrañas que conozco y a muchos viajeros nos produce sensaciones turbadoras. Lampedusa le llamaba «ciudad paranoica», y Curzio Malaparte, en su libro *La piel*, decía de ella: «Es la ciudad más misteriosa de Europa, la única del mundo anciano que no ha perecido como Ilión, como Nínive, como Babilonia. Es la única que no se ha sumergido en el cruel naufragio de la civilización antigua. Nápoles es una Pompeya que no ha sido nunca sepultada. No es una ciudad, es un mundo: el mundo antiguo, precristiano, conservado intacto bajo la superficie del contemporáneo».

Quizá fuera ese misterio el que me inquietaba esos días, la

posibilidad de saltar súbitamente de la modernidad a la Antigüedad, dejando de lado el Medievo. ¡Qué vértigo!

Desde Nápoles seguí hasta Reggio, ya en Calabria, en la punta de la bota italiana, y en el Museo Nacional de la Magna Grecia me asomé a la sala en la que se exponen los famosos Bronces de Riace, dos esculturas de los días de Pericles (siglo v a.C.) encontradas por un buceador, no muy lejos de la costa y a pocos metros de profundidad, el año 1972. Las estatuas de *El joven* y *El viejo* corresponden a dos hombres desnudos, posiblemente dos guerreros o dos semidioses, cinceladas en las reglas de las «proporciones áureas», el culmen de la belleza para los griegos de entonces. Junto con la escultura de Poseidón del Museo Arqueológico de Atenas y la del Auriga de Delfos, son los únicos originales que nos quedan de aquel período en que el arte alcanzó las cumbres del clasicismo.

Cualquiera que ame la cultura de la Antigüedad debe acudir una vez en la vida a admirar estas dos magníficas obras. Hay muchas hipótesis sobre su autoría, e incluso se ha llegado a decir que pudo haberlas realizado el gran Fidias, aquel arquitecto-escultor sólo comparable a Miguel Ángel. Pese a ser muy semejantes, a mí me parece algo superior la del joven. Sus labios están modelados en cobre, para resaltar el tono rosado, y sus dientes son de plata, para contrastarlos con la broncínea piel oscura de la barba.

Son dos héroes del ayer que asaltan el presente con la fuerza de su realismo y su vigor. Los contemplas y casi los oyes respirar. Y reír y llorar. Y se ofrecen desnudos, sin pudor, dispuestos a la batalla y al sexo, al amor y a la muerte. Exhiben lo más significativo de la condición humana, nuestra determinación y nuestro espíritu frágil: parecen al mismo tiempo guerreros y bailarines, seres delicados y a la vez corajudos. Aspiran a ser el retrato del alma humana y, gracias a su audacia, en buena medida lo logran.

Sin duda constituían un buen aperitivo clásico antes de visitar Siracusa y Agrigento, dos de los pilares del Sur italiano en donde se asentó la Magna Grecia, durante los siglos anteriores a Cristo.

Al fin, un día después, caminé con mi bolsa hasta la orilla del Estrecho, al embarcadero de los ferris, en San Giovanni, a las afueras de Reggio, y no muy lejos de las rocas de Escila, cerca de donde navegó el curioso, paciente y astuto Ulises. La empresa que realizaba el servicio llevaba un siniestro nombre: Caronte, como el barquero del Infierno en la mitología clásica. El humor del *mezzogiorno* italiano no carece de ciertos tonos lúgubres.

Era una mañana luminosa, de cielo color lila en el que reinaba «el verdadero soberano de Sicilia», esto es, el sol, como juzgó el novelista Giuseppe Tomasi di Lampedusa, autor de *El Gatopardo*. El mar Mediterráneo, pues, me recibía teñido por ese intenso azul siciliano, que es el más azul de todos los azules del mundo. Eso han asegurado algunos escritores y no pocos pintores, y yo comparto su juicio.

Tomé un transbordador que proclamaba su nombre con unas letras inmensas en su casco: *Telepass*. Era una fea embarcación pintada de amarillo en los costados y calculé que a bordo viajábamos un centenar de personas, la mayoría visitantes extranjeros. Muy pocos de nosotros lo hacíamos sin coche.

Unos minutos después, el barco partía y, en la amplia cubierta superior, los pasajeros nos retratábamos bajo el rutilante día, mecidos por el suave ondeo de las aguas y besados por la humedad del aire salino. Otras naves iban y venían de un lado a otro del estrecho de Mesina y el cielo llameaba sobre el océano pintado de cobalto. Guy de Maupassant, que cruzó este brazo de mar en la primavera de 1885, relata en su libro *La vida errante* que el olor a flores de azahar extendía un aroma tan poderoso que todo el canal estaba perfumado «como el dormitorio de una dama».

Me sentía, como siempre en estas ocasiones, feliz de verme rodeado por tanta mítica, y le pedí a una chica que me hiciera una foto con mi cámara. La tiró a contraluz, con lo cual el retratado, visto ahora, puedo ser yo o cualquier otro ser humano de fisonomía lejanamente parecida a la mía. Y como era previsible, acometida la muchacha por la misma fiebre mutiladora de la mayoría de los turistas, aparecí en la imagen resultante con las piernas amputadas.

No obstante, media hora más tarde, los dioses debieron de devolvérmelas, porque pisaba tierra siciliana. Y caminaba con la emoción de un niño.

Ya en Mesina, tomé el tranvía que sigue en paralelo a la costa, hacia el sur, en busca de un céntrico B&B que había reservado por internet. Era un día templado. Una vez en mi apartamento, desde mi ventana del segundo piso podía ver la catedral normanda con su hermosa fachada gótica y la torre del reloj astronómico que la corona, así como la ancha explanada que se abre ante el templo. No había mucha gente en la calle y la ciudad parecía una localidad muy tranquila. O, tal vez, mejor sería decir que semejaba una urbe vencida por el peso de la resignación.

Porque la historia de la población describe un cúmulo de derrotas militares, asedios, ocupaciones, matanzas y desgracias naturales que muy pocos lugares del mundo han padecido en la misma medida que ella. Fue conquistada por romanos y cartagineses, normandos y árabes, borbones y franceses, españoles y garibaldinos, y arrasada y esquilmada durante las numerosas guerras regionales que padeció, en particular por sus vecinos de Siracusa. En uno de los más temibles asaltos contra ella, por parte de los mamertinos —mercenarios itálicos contratados en principio por Siracusa y, después, convertidos en una suerte de ejército de piratas—, la saquearon en el 288 a.C., y todos sus hombres fueron asesinados y sus mujeres tomadas como concubinas o esposas.

Durante los siglos que siguieron al fin del Imperio romano, Mesina trató siempre de jugar un papel predominante en la isla, frente a la altiva Palermo. Nunca lo consiguió; al contrario, sufrió numerosos males por esa causa. En 1674, por ejemplo, se alió con Francia en contra de España y de Palermo. Pero el virrey español Santiesteban, en 1677, después de que los franceses retiraran su apoyo a la ciudad, la tomó y la arrasó por completo.

Por Mesina entró en Europa la peste negra que asoló el continente a partir de 1347. También fue alcanzada por la peste bubónica de 1624. Y quedó casi arruinada en tres ocasiones, a causa de imponentes temblores de tierra seguidos de tsunamis, en los años 1693, 1783 y 1908. Para remate, durante la Segunda Guerra Mundial, los bombardeos aliados la machacaron.

El cataclismo de 1693, que produjo dos sacudidas los días 9 y 11 de enero, destruyó por completo doscientas poblaciones —entre ellas Mesina— y mató al menos a cincuenta mil personas. Un testigo, Francesco Balsamo, describió así el segundo día: «...un terremoto tan terrible y pavoroso que el terreno ondeaba a guisa de un mar, los montes tambaleándose se abatían y la ciudad toda en un momento, míseramente, se desplomó... Ya cesado este tan fiero terremoto, se turbó el cielo y se nubló el sol, y dio en lluvias, granizos, vientos y truenos».*

Del seísmo de 1783, dice el escritor Augusto Placanica en su libro *El filósofo y la catástrofe*: «Un gran terremoto representa el fin del mundo: no sólo mata la existencia biológica, sino que destruye los cimientos de la naturaleza, quiebra el eje de la Tierra, empuja hacia el pasado la sociedad y la historia».

En su *Viaje a Italia*, Goethe relata su llegada a Mesina la noche del 8 de mayo de 1787, cuatro años después del temblor de tierra. «Este hecho —recorrer las calles en busca de hospedaje— nos dio ya de entrada la terrible impresión de una ciudad destruida, porque durante un cuarto de hora pasamos por delante de más y más ruinas antes de llegar al albergue, la única casa de este barrio que se había reconstruido y desde cuyo piso superior sólo se veía un desierto de ruinas. Fuera del recinto de este cortijo no había personas ni animales y durante la noche reinaba un ominoso silencio.»

Goethe no permaneció más que cuatro días en Mesina antes de embarcarse para Nápoles, y en su diario de esas jor-

* Esta descripción de Balsamo y la que sigue de Placanica las he tomado del libro *Sicilia paseada* de Vincenzo Consolo.

nadas no cesa de referirse al paisaje desolado de la urbe. Describió los arrabales que nacieron al norte de la localidad, para alojar en barracas, chabolas y tiendas de campaña a los treinta mil pobladores supervivientes (según su testimonio, murieron diez mil personas en el seísmo); escribió sobre las casas en las que sólo quedaba en pie la fachada principal y el resto del edificio se había derrumbado; retrató con su pluma palacios bien construidos que sobrevivieron al desastre, y también mostró su admiración hacia los habitantes que intentaban limpiar la población de tanta ruina. Y cuando ya su barco se alejaba de la isla rumbo al continente, concluyó: «Sea como fuere, el aspecto de Mesina resulta en extremo desagradable».

Sobre la catástrofe de 1908, que provocó 70.000 muertes, D. H. Lawrence, que permaneció allí un par de días en enero de 1921 camino de Palermo, para tomar desde este último puerto un barco hacia la isla de Cerdeña, dejó estas impresiones: «Horrible Mesina, destruida por el terremoto... Sordidez, una calle grande con tiendas y grietas de casas semiderruidas, donde terminan los tranvías, y una desesperanza sin fuerza, un puerto a merced de un terremoto en una bahía deliciosa. La gente no olvida y no se recupera. Los habitantes de Mesina parecen ser hoy lo que eran hace casi veinte años, después del terremoto: gente que se ha llevado un susto terrible, gente para la cual todas las instituciones de la vida en realidad no valen nada, como nada valen la civilización ni los propósitos».

De modo que, asomado a la ventana de mi hospedaje, alcanzaba a comprender la aparente docilidad que mostraban los escasos paseantes de la Piazza Duomo, acostumbrados a la claudicación ante el poder de las armas enemigas o recordando el furor de la tierra y del mar, con los hombros cargados por una humillación de siglos. «Ominoso silencio», «desesperanza sin fuerza», «horrible Mesina»...

«La historia de Sicilia —escribe el británico John Julius Norwich, uno de los mejores historiadores de la isla— es triste, porque Sicilia es un lugar triste. La isla más grande de todo el Mediterráneo siempre ha sido la más infeliz.»

Apenas quedan rastros del pasado en Mesina.

La encargada de la recepción, quizá dueña también del B&B, era una mujer de unos cuarenta años, amable, atractiva y gustosa de alardear de su excelente español. Me indicó varios restaurantes de las cercanías de buena calidad y precio, y también las líneas de autobuses que debía tomar para llegar a la punta nordeste de la isla, el cabo Piloso, adonde pensaba acercarme la mañana siguiente. Luego me comentó:

—Los españoles son muy respetados en Sicilia, al contrario que los franceses.

—Será porque no nos conocen bien —objeté sonriendo.

Y cambié de tema:

—¿Son fáciles de ver el remolino de Caribdis y la roca de Escila?

—¡Ah, me habla de nuestro querido Ulises, el mejor de los hombres!... No; el primero, Caribdis, es muy difícil de ver, porque es bastante más pequeño de como lo imaginamos, y la segunda, porque está muy alejada de Escila, mucho más de lo que dicen los relatos mitológicos.

—Entonces no suponen peligro para los barcos...

—Quizá para las embarcaciones antiguas eran escollos

complicados. Ahora ya no. Los poetas faltan a la verdad, ya lo dijo Goethe sobre el lugar.

—O lo magnifican todo para engrandecerlo y darle sentido.

—Ya veo que le gustan las leyendas. Por aquí navegaron también Jasón y Eneas. ¿Conoce sus historias?

—Sí, ya sé. ¿Y cuál es el lado calabrés y cuál el siciliano de los dos terribles monstruos?

—El remolino de Caribdis queda cerca de nuestra costa, y en la de Calabria está la roca de Escila. Yo vivo en la proximidad de Caribdis, en el pueblo de Torre Faro: es un lugar muy tranquilo y bonito, no tiene nada de tenebroso. No deje de visitarlo. Y no espere mucho de los dos feroces grandes obstáculos que acabaron con la vida de algunos de los compañeros de Ulises..., son sólo imaginaciones del más grande poeta de todos los tiempos, Homero, que fue capaz de convertir la realidad en un mito. Y una leyenda, a la postre, es únicamente un sueño de la razón, aunque nos alumbre.

El Mediterráneo está lleno de filósofos.

Almorcé una sabrosa pasta *alla Norma* en las proximidades de la pensión. Y bajo la tarde rabiosamente luminosa, tomé un café al aire libre en la plazuela de Lepanto.

En un extremo de ella se alza la estatua de un hombre armado con espada y vestimenta del siglo XVI, pero en ninguna parte de la peana figura el nombre del personaje al que representa. ¿El almirante Juan de Austria, el soldado Cervantes? Me inclino a pensar que es el primero, ya que de aquí partió la flota que derrotó a los turcos en la bahía griega de Lepanto, la que dio nombre a la famosa batalla, librada en el mes de octubre de 1571. Y aunque Cervantes participó en la lucha, nadie parece recordarle en Mesina. Y eso que, tras el encuentro naval, regresó a la ciudad para curarse en un hospital, durante seis meses, de las heridas recibidas. Así lo dejó dicho en los tercetos de su «Epístola a Mateo Vázquez»:

A esta dulce sazón yo, triste, estaba
con una mano de la espada asida,
y sangre de la otra derramaba;
el pecho mío de profunda herida
sentíase llagado, y la siniestra mano
estaba de mil partes ya rompida.

¡Pobre Cervantes!, tan olvidado siempre por tantos...

Al atardecer me acerqué al puerto a contemplar el mar. La luz del sol iba apagándose y las aguas del Estrecho se oscurecían. Homero siempre habló del Mediterráneo como «el vinoso ponto» y Leonardo Sciascia, uno de los grandes escritores sicilianos, tituló uno de sus cuentos como «Un mar del color del vino». Pero advertía: «El efecto, como de vino, que produce un mar como éste... no embriaga: se apodera de los pensamientos, suscita una sabiduría antigua».

Otra vez la Antigüedad asaltando el presente..., Sicilia.

La noche no podía ser otra cosa que melancólica en una localidad tan martirizada históricamente. No había tráfico y muy pocos peatones cruzaban las calles. En algunas pizzerías de los alrededores de la catedral, al aire libre, grupos de jóvenes y algún que otro turista fumaban tabaco liado y bebían cervezas, a pesar de la brisa fría que llegaba del mar. Cada media hora sonaban las campanas del Duomo cercano y su metálico vibrar despertaba extraños ecos de nostalgia en mi espíritu. En esta ciudad casi puede tocarse con los dedos la tristeza de su alma.

No me agradaba la saudade de Mesina, porque su pena llega a dolerte.

La mañana siguiente, tomé sin prisas el autobús de la línea 1 que recorre la costa desde el centro urbano hasta la punta nordeste de la isla. Como el anterior, el día era tan luminoso que llegaba a diluir el hondo color azul en un anodino blancor.

El vehículo, al que tuve que esperar algo más de media hora, iba bastante lleno. Más de la mitad de los viajeros eran chavales de los dos sexos, uniformados con faldas o pantalones grises y camisas blancas, donde llevaban prendido el escudo del colegio en el que cursaban estudios. Gritones y ruidosos, se parecían a todos los chicos y chicas medio bobos de esas edades, semejantes en todas partes del mundo, y ocupaban los mejores asientos, desdeñando a los viejos, hablando todos a la vez, la mayoría de los rostros atacados por el acné, las rodillas blanquecinas de las muchachas manchadas en los reclinatorios y las insinuaciones de futuras barbas sombreando los rostros de los muchachos. Si hay un período de la vida humana que detesto es la adolescencia. Es una suerte de enfermedad que por fortuna se acaba quitando con el paso del tiempo y que no mata a los que la sufren. Pero a veces está a punto de acabar con la templanza de quienes rodean a un grupo de jóvenes que la padecen.

A mi derecha se tendía el terso brazo del Estrecho y, más allá, la línea de las montañas de Reggio Calabria. A mi izquierda, sobre un fondo cerrado por grises montañas peladas, corrían las casas de los arrabales de la ciudad y, luego, algunos campos de cultivo, pequeñas villas campesinas con sus huertos y ocasionales fortificaciones alemanas e italianas de los días de la Segunda Guerra Mundial.

Sicilia tiene un currículum de guerras difícilmente comparable a otro lugar del mundo. Y ha sido ocupada por ejércitos extranjeros en más ocasiones que ninguna otra tierra del planeta. Griegos, romanos, cartagineses, vándalos, ostrogodos, bizantinos, árabes, normandos, aragoneses, españoles, franceses, garibaldinos, alemanes y, finalmente, anglo-americanos han desembarcado en sus playas sus tropas, a veces en número imponente, a lo largo de los siglos.

«Mil veces invadidos», decía Lampedusa. Y el historiador y viajero estadounidense Henry Adams señalaba ya en 1904: «Sicilia no parece haber impartido en todas las épocas nada más que lecciones de catástrofe y violencia».

Sin duda, la ofensiva de Estados Unidos e Inglaterra en el verano de 1943, contra la Alemania de Hitler y la Italia de Mussolini, fue la mayor confrontación en la historia bélica de la isla. La batalla, que comenzó en el sur y concluyó en Mesina, se saldó con la victoria anglo-americana y la ocupación plena de Sicilia. A Mussolini le costó el poder.

Ese año, Alemania comenzaba a perder la guerra. Hitler había empezado a retirar sus ejércitos de la URSS, su derrota era total en el norte de África, el Reino Unido se rearmaba tras su victoria en la batalla de Inglaterra, Estados Unidos se volcaba en la contienda con todo su potencial industrial y militar, el régimen fascista de Mussolini hacía aguas y el cerco sobre el nazismo se estrechaba mes a mes. El Führer ya sólo confiaba en su capacidad para crear ingenios de destrucción masiva y nuevos armamentos que dieran la vuelta al curso del conflicto. Mientras tanto, ordenaba resistir en todos los frentes al enemigo que avanzaba, incluido el de Italia, donde tenía desplegado un buen número de tropas. Sus generales actuaban con un gran sentido del deber y planteamientos estratégicos de gran profesionalidad; con ello, Alemania demostraba ser un pueblo de magníficos soldados dirigido por unos psicópatas empedernidos.

Tras el fracaso del general Rommel en África, había alrededor de medio millón de combatientes aliados desplegados en Argelia, Túnez, Libia y Egipto, además de una enorme cantidad de material bélico. Los Aliados discutían sobre el lugar donde debía iniciarse la conquista de la Europa ocupada por Hitler, y mientras Winston Churchill apostaba por el sur, Eisenhower y su Estado Mayor creían que era mejor por el norte de Francia. Después de largas discusiones, ganó la opción planteada por el *premier* británico.

Y así, el 9 de julio de 1943, bajo el mando supremo del general Eisenhower, dos flotas zarparon desde África rumbo a Europa, en la llamada «Operación Husky». Más de tres mil buques iban a intervenir en la invasión, que se produciría simultáneamente en los alrededores de Gela, al sur, y en las playas meridionales de la región de Siracusa, más al este. No deja de resultar curioso que ambos ataques fueran a realizarse en los lugares donde se habían asentado las primeras colonias griegas de la isla, varios siglos antes de Cristo.

El desembarco de Gela quedaba encomendado al jefe del VII Ejército de Estados Unidos, el general George Patton, cuyos barcos partieron de Argelia y Túnez; y el de Siracusa, al líder del VIII Ejército británico, el mariscal inglés Bernard Montgomery, en naves que partieron de Líbano y Egipto. Montgomery llevaba entre sus tropas un contingente de combatientes canadienses y un tabor o compañía de soldados marroquíes, un simbólico refuerzo del Cuerpo Expedicionario del ejército de la Francia Libre formado por Charles de Gaulle. Sus integrantes vestían chilaba de rayas por encima del uniforme aliado, eran excelentes tiradores y se hicieron famosos por su extrema crueldad, un sadismo del que ya habían hecho gala luchando a las órdenes de Franco en la Guerra Civil española.

Era una imponente maquinaria de guerra, con 80.000 soldados bajo bandera estadounidense y otros tantos en las filas británicas, desplegados en la primera oleada de atacantes sobre las playas (más tarde, con el paso de los días, llegaron a ser casi medio millón). Los Aliados contaban asimismo con 600 tanques, 14.000 vehículos diversos, 1.800 cañones y una magnífica fuerza aérea.

Enfrente los esperaban 40.000 alemanes y 265.000 italianos. Pero las tropas del Eje carecían casi por completo de artillería pesada, su aviación era muy inferior en número a la aliada (1.500 aparatos frente a 4.000) y sumaban un total de 265 carros de combate. Si bien los nazis eran dirigidos por un excelente estratega, el general Albert Kesserling, los mussolinianos componían una tropa desmoralizada, a las órdenes de un mediocre militar, el también general Alfredo Guzzoni.

Entre Patton y Montgomery existía una fuerte rivalidad y,

en su avance hacia el norte, ambos pretendían constituirse en el artífice principal de la victoria. Al primero le había sido encomendado avanzar desde Gela hacia el noroeste, conquistar Palermo y, desde allí, dirigir sus fuerzas hacia el este, para coincidir con Montgomery, que vendría desde Mesina, una vez rendida, y completar el cerco y la destrucción de todo el ejército del Eje.

Con su enorme potencial bélico, los Aliados desembarcaron el 10 de julio. Los estadounidenses se toparon con una fuerte defensa en las playas de Gela, mientras que los británicos no hallaron enfrente una gran oposición. A pesar de la desorganización y el caos, el poderoso ejército aliado avanzaba como un elefante, destrozándolo todo. Y en tanto que los italianos huían espantados, los alemanes intentaban detener la progresión del enemigo con una táctica en la que mezclaban la oposición frontal al invasor con la retirada ordenada.

Patton entró en Palermo el 22 de julio. La ciudad era una completa ruina, arrasada en buena parte por los masivos bombardeos que sufría desde la anterior primavera. Entre otros muchos palacios, en abril había sido destruida por entero la magnífica residencia del príncipe de Lampedusa, en la que había nacido y se había criado el autor de *El Gatopardo*.

Entretanto, los ingleses, que habían avanzado casi sin problemas hacia Mesina, fueron contenidos en el Etna por los alemanes. El 25 de julio, el Gran Consejo Fascista destituyó a Mussolini y nombró en su lugar a Pietro Badoglio, quien, después de jurar fidelidad a Alemania, comenzó a negociar secretamente la rendición de Italia con los Aliados.

Caído el Duce, el ejército italiano de Sicilia se convirtió de pronto en una tropa jubilosa que se entregaba por miles a los invasores. En su libro *El día de la batalla*, el historiador Rick Atkinson relata así aquella «marea» de combatientes que se rendían:

> En Sicilia habían sido apresados más soldados enemigos en una semana que los que habían sido capturados por el ejército norteamericano en toda la Primera Guerra Mundial. Venían huyendo de las aldeas de dos en dos, o en camiones robados, o en largas y vocingleras columnas que bajaban de las colinas [...], se rendían «con la alegría propia de una fiesta [...], llenando el aire de risas y canciones», como señalaba un soldado [aliado]. Algunas unidades estadounidenses estaban tan saturadas que ponían carteles en italiano —«Aquí no se admiten prisioneros»— o aconsejaban a las tropas enemigas que se rendían que volvieran otro día. «No se puede desarrollar un odio como es debido hacia unos soldados que se rinden ante uno tan deprisa que, para capturarlos, hay que darles cita con antelación», observaba Bill Manldin [otro soldado americano].

Patton se dirigió con urgencia hacia el este, tratando de llegar cuanto antes a Mesina, donde los alemanes preparaban la evacuación del grueso de su ejército. Y Montgomery, vencida la resistencia en los alrededores del volcán Etna, entraba en Catania el día 7 de agosto y enfilaba hacia el norte, para tratar de alcanzar las orillas que dan al mar frente a Calabria antes que su competidor yanqui.

El americano llegó a Mesina el día previo a los ingleses y proclamó su victoria. Pero el verdadero triunfo de la batalla, desde un punto de vista estratégico, fue para Alemania, que consiguió evacuar a casi todas sus tropas y la mayor parte de su material de guerra, en unos pocos días, al otro lado del Estrecho, algo que sería vital, como se vería más tarde en Salerno, Monte Cassino y Anzio, para organizar la defensa de la península italiana.

El general Kesserling estableció el repliegue de Sicilia en cinco líneas defensivas preparadas con enorme meticulosidad, que iban abandonando una tras otra para no diseminar su efectividad. Y a primeros de agosto iniciaron la retirada, cruzando el mar en todo tipo de embarcaciones. El 16 de agosto de 1943, pasaron a Calabria los últimos contingentes del Eje. Cuando Patton entró en Mesina, al día siguiente, no quedaba un solo enemigo en la isla. Cuarenta mil alemanes y setenta mil italianos se habían trasladado al continente. Se llevaron consigo, además, 10.000 vehículos y casi todos los tanques que poseían. Kesserling afirmó orgulloso, desde el lado calabrés del Estrecho, que sus tropas estaban «completamente en condiciones para la batalla y listas para entrar en servicio». Un oficial alemán señaló: «Ahora emplearemos nuestra fuerza en otra parte, confiando plenamente en la victoria final de la Patria».

Rick Atkinson observa en su libro: «Las divisiones que lograron escapar matarían miles de soldados aliados en los próximos meses», y añade:

> Mesina era un premio miserable. El 60 por 100 de la ciudad estaba en ruinas, el tejado de la catedral se había venido abajo y los alemanes habían puesto trampas bomba en las manecillas de las puertas, en los interruptores de la luz y en las cisternas de los váteres. El fuego enemigo hacía pedazos los edificios que aún seguían en pie. En un cementerio, las

bombas desalojaron los ataúdes de sus nichos, esparciendo los esqueletos entre los Rangers que vivaqueaban en él. La artillería norteamericana respondía ahora a los alemanes, y una batería disparó el primer proyectil aliado contra la Italia continental. Le seguirían varios millones más.

Patton entró solemnemente en la urbe, todavía bajo la amenaza de los bombardeos que llegaban del otro lado del Estrecho, y desfiló entre una multitud que le vitoreaba y le arrojaba racimos de uvas y ramos de flores olorosas. Las tres cuartas partes de los habitantes de Mesina habían huido.

En la batalla de Sicilia murieron 2.237 soldados estadounidenses, 2.721 ingleses, unos 4.300 alemanes y alrededor de 4.700 italianos. Los heridos y desaparecidos fueron decenas de miles, y los prisioneros hechos al Eje, en su mayoría mussolinianos, alcanzaron la cifra de 140.000. Fue una lucha dura, con numerosos combates cuerpo a cuerpo, y librada en condiciones de un calor insoportable que agotaba a los contendientes. La malaria provocó también numerosas bajas en ambos bandos. Se dieron casos de fusilamientos de prisioneros por parte de las tropas yanquis y bastantes de pillaje por parte de los *moors* («moros») de la fuerza aliada.

«El soldado americano es el mejor del mundo —sentenció Patton tras conseguir quebrar las defensas alemanas del monte Cipolla, el último escollo antes de Mesina—. Sólo los americanos pueden subir montañas como ésta.»

«Me está gustando esta campaña, probablemente los alemanes no puedan resistir mis embates», bravuconeó Montgomery después de doblegar la resistencia del Eje en Catania.

Sin embargo, la batalla sólo deja aromas de gloria en las

narices de los políticos y los generales. A los luchadores de a pie les trae el hedor de la muerte y el dolor del sufrimiento. John Follain, en su libro *Mussolini's Island*, recoge este testimonio de un soldado inglés: «Nunca sentiré el romanticismo de una guerra, y todo lo que deseaba después de Sicilia era matar alemanes», y este otro de un italiano: «Sicilia me enseñó a amar la vida, porque me di cuenta de lo fácil que es perderla», y otro de un combatiente norteamericano, condecorado por su valor en el campo de batalla: «No quiero recordar por qué gané aquella Estrella de Bronce. Las medallas te las dan por matar gente», y, para terminar, éste de un alemán: «Millones de personas sacrificadas por nada, sólo porque lo ordenó un loco... Si únicamente hubiera sabido la verdad de por qué estaba peleando...».

El más famoso soldado de la Segunda Guerra Mundial, más incluso que muchos generales, conoció en Sicilia su bautismo de fuego. Era un joven campesino tejano de origen irlandés llamado Audie Murphy, que después de ser rechazado como voluntario por los marines y los paracaidistas a causa de su pequeña estatura (medía 1,65), logró alistarse en la infantería con dieciocho años. Poco después de la toma de Agrigento por los hombres de Patton, mató a sus dos primeros enemigos, un par de oficiales italianos. Y recibió su primera herida unos días más tarde. «Diez segundos después de que un adversario me pegara un tiro —comentó—, el combate dejó de ser atractivo.»

Gracias a su buena puntería y a su valor, fue acumulando medallas y ascendiendo de soldado raso hasta alcanzar el rango de teniente al final de la guerra. Sus compañeros le llamaban «Baby», por su poca altura y sus escasos cincuenta y cinco kilos de peso; pero era duro como el pedernal. «No recuerdo haber sido nunca joven», señalaba años más tarde en sus memorias sobre el conflicto.

Tras la caída de Sicilia, participó en las campañas de Italia, Francia y Alemania. En total, sirvió en el frente durante veintisiete meses, fue herido tres veces, ganó treinta y tres medallas de su país —todas las que existen en el catálogo de condecoraciones estadounidenses y algunas por dos veces— y cinco francesas.

En su libro *To Hell and Back* no se mostró sin embargo orgulloso de sus hazañas, sino todo lo contrario. «He visto la guerra tal y como es y no me gusta», escribió. Nunca se consideró un hombre especialmente valiente. «Todos los héroes que conozco están muertos», dejó dicho. Y así juzgó la actitud del combatiente en la batalla: «No creemos en nada, no dudamos de nada».

A su regreso a Estados Unidos, se convirtió en actor e intervino en cuarenta y cuatro filmes —sobre todo *westerns*—, entre los que destacan dos obras de John Huston: *La roja insignia del valor*, de la que fue protagonista, y *Los que no perdonan*, como secundario, al lado de Burt Lancaster y Audrey Hepburn. Antes de morir en un accidente de aviación, a los cuarenta y seis años, se hizo rico como productor de cintas del Oeste. No fue un gran intérprete, pero lució siempre una mirada triste en su rostro aniñado.

En una película menor interpretó a Billy el Niño. Sin embargo, a Murphy el legendario bandido debió de parecerle un principiante, pues tan sólo mató a 21 hombres en sus cuatro o cinco años de correrías, según los cronistas de su tiempo, mientras que él, durante veintisiete meses combatiendo en

Europa, hirió o liquidó a 290. Fue el único actor de Hollywood que acabó con la vida de más adversarios en la realidad que en la ficción.

El autobús tardó media hora en llegar al extremo de la isla. Muy cerca, a menos de cinco kilómetros de distancia, se distinguía con detalle la costa calabresa. Allí, en las aguas, se revolcaba el remolino de Caribdis, que, según la mitología griega, hundía los barcos succionándolos; y enfrente, la roca de Escila esperaba a ingenuos marineros a los que matar a mordiscos y luego devorar. Ahora, ambos monstruos deben de pasar no poca hambre, pues en estos tiempos los navegantes confían ya más en las señales del radar y del sonar que en la mirada de un viejo capitán, por muy experimentada que sea.

La tecnología ha hecho al mundo más prosaico, pero más seguro.

Desde la última parada del vehículo público caminé hacia el centro de Torre Faro, arrimado a la orilla del Estrecho. Era un pueblo de pescadores, tranquilo, amable, de apariencia nada turística, con una iglesia grandullona y fea, cuyas campanas repicaban alegres, y un par de pequeños restaurantes. Barcas varadas de pescadores, jaladas a tierra con sogas tiradas por poleas y encalladas sobre la arena, dormían en las puertas de las viviendas de sus dueños.

Paseé un rato por el lugar, casi desierto de gentes, tomé una cerveza en una de las tabernas, sentado en la terraza y bajo la luz del sol tibio, y durante un rato me imaginé a Ulises sorteando los dos escollos, indeciso entre dejarse absorber por Caribdis o chocar contra el áspero murallón de Escila. Él escogió acercarse más a la roca y seis de sus compañeros perdieron la vida. Yo no sé qué hubiera hecho, francamente.

Un anciano de ágil aspecto y mirada algo extraviada se acomodó junto a la mesa de al lado y pidió una copa de *grappa* con agua y hielo. Me habló después de dar el primer sorbo (llegaba a comprenderle a duras penas):

—Turista, supongo. ¿De dónde?

—De España.

—Ah, España... Aquí la queremos mucho, nos libraron de los franceses. ¿Y qué busca en Torre Faro?

—Miraba el mar de Ulises.

—Escila y Caribdis ya no hacen daño.

Hablaba mostrando una dentadura que parecía machacada por los terremotos.

—Ulises viene de vez en cuando a visitar a sus viejos amigos —siguió— y se da un paseo en barca, a remo, entre la roca y el remolino. Supongo que recuerda viejos tiempos.

—Pensé que había muerto.

—¡Ni hablar! A ése no hay quien lo mate. Llega disfrazado, una práctica en la que es un maestro; pero algunos le reconocemos. Ésta es una costa de fantasmas de la Antigüedad.

Rio a grandes carcajadas.

—¿Y qué me dice de Eneas? —pregunté.

—Ése no me resulta simpático, aunque estuvo dos veces en nuestra isla. Y tuvo suerte: le ayudó el viento Bóreas para burlar a Escila y Caribdis. No me gusta porque siempre estaba huyendo, era un cobarde. En Sicilia admiramos a la gente de coraje: sin valentía, la vida es de una total vulgaridad.

—¿De verdad cree que Ulises viene por aquí?

—Desde luego, yo le he visto. Tiene mirada de pícaro y sabe burlar a la muerte, lleva siglos haciéndolo.

El camarero pasó a nuestro lado y, al cruzar junto a la espalda del anciano, se dio la vuelta y me hizo la seña universal del tornillo en la sien.

Volví al centro de la ciudad en otro autobús de la misma línea 1. No había casi nadie en las calles en el atardecer de aquel miércoles otoñal.

¡Ah, Mesina, la ciudad triste y desvalida, sobre la que planean el fragor de los seísmos y el estruendo de los bombardeos, y donde filosofan los posaderos y los locos!

El tren que me llevaba a Siracusa era un armatoste de gasoil, pasado de largo de la edad de jubilación. Sólo contaba con dos vagones y los viajeros ocupábamos asientos de tapicería rajada mientras contemplábamos el paisaje al otro lado de las sucias ventanillas. Ya no quedan ferrocarriles así en el viejo continente, pero en Sicilia tienes a menudo la impresión de haber saltado de territorio y de que puedes encontrarte a mucha distancia del suelo europeo, en el África negra o algunas regiones de Oriente Próximo.

Habíamos salido poco después del mediodía de la pequeña estación de Mesina y quedaban por delante algo más de tres horas de viaje. Si se tiene en cuenta que la distancia entre las dos ciudades es de poco más de ciento sesenta kilómetros, comprenderá el lector qué clase de tren ocupábamos. Pero trasladarse de un sitio a otro, sin prisas por llegar, es uno de los grandes placeres de cualquier viajero que se precie de tal. Decía Lawrence Durrell, en su *Carrusel siciliano*, que vamos al extranjero «para conocer caras nuevas en sitios desconocidos». Y un convoy siciliano es un buen medio de practicar esa afición.

Sentado a mi lado, un hombre de mayor edad que la mía se presentó como profesor jubilado. Hablaba un buen español.

—¿Qué enseñaba? —le pregunté.

—Algo que ya no tiene valor —respondió—: historia de la filosofía clásica. Pero en estos tiempos es cosa que a casi nadie interesa. ¿Se aprende todavía esa materia en España?

—Allí el pensamiento está en proceso de extinción.

—Como en todo el mundo —concluyó.

Señaló a la ventana.

—Ya ve, ahora se desplaza usted por uno de los parajes esenciales de la cultura humana. Porque ahí fuera no está Sicilia, aunque se piense que se trata de un territorio de la isla.

—¿Qué quiere decir?

—Viaja usted por Grecia, por tierras griegas..., la Magna Grecia, porque esta parte de Sicilia es la Hélade misma. Y ésa es la madre de todas las cosas que hay por aquí: porque los siracusanos, los taorminos, los catanios y los agrigentinos somos helenos.

—¿Y los demás sicilianos?

—Depende... Los de Palermo son medio normandos y medio españoles. Y todos los que andan por el oeste de la isla son árabes. Los de Mesina, franceses que no han pasado por la Ilustración. Y por la zona de Enna, en el recóndito centro, andan aún los romanos.

—Me sorprende lo que me cuenta...

—En estas regiones vivimos los verdaderos griegos antiguos y paganos, aunque rindamos pleitesía a la bandera italiana y recemos como los cristianos. Por aquí no pasaron ni el Renacimiento, ni Voltaire, ni la Revolución Industrial. Sólo el Romanticismo. Y somos gente con tendencias metafísicas, como lo fueron nuestros ancestros de Atenas.

—Ya sé que las primeras colonias helenas se establecieron en estas regiones...

—No sólo eso: hasta el siglo xix, en muchas poblaciones se utilizaba su idioma como lengua popular. Y en el dialecto siciliano hay muchos términos de origen griego.

—¿Usted lo habla?

—No, por desgracia. ¿Para qué sirve hoy en día? En estos tiempos, lo que no es útil deja de existir.

—¿El hombre es útil, profesor?

—¡Vaya pregunta! —Rio—. Tendría que reflexionar sobre ello antes de darle una respuesta.

—Supongo que sería una contestación metafísica. Viniendo de un filósofo antiguo como usted...

Me tendió la mano afectuosamente. El tren se detenía en Taormina y él se bajó con paso firme. Antes de descender, me dijo:

—No olvide lo que señaló Maupassant: «Sicilia me descubrió Grecia».

Corrían los vagones del anciano cacharro, de nuevo renqueantes, y el cielo se mostraba claro y limpio. Pronto distinguí a mi derecha la mole del volcán Etna, alzado broncamente sobre la llanura como un gigantesco cono y con la cabeza cubierta por una suerte de turbante neblinoso. «Ruge el Etna con terroríficas ruinas —versificaba Virgilio en *La Eneida*— y lanza a intervalos hacia lo alto una nube negruzca, de la que salen humaredas de betún, y cenizas candentes, y sus torbellinos de llamas van a lamer los astros; otras veces arranca y vomita rocas de las entrañas de la montaña y acumula en los aires las rocas derretidas con fragor y está en ebullición en sus abismos.»

Nos aproximábamos a nuestro destino. A tramos, marchábamos arrimados a la costa. Limoneros, cañaverales, huertos ocasionales donde maduraban los tomates, frutales de membrillos y peras, cipreses en los pequeños cementerios, gaviotas dormidas en las playas encogidas sobre sí mismas, como pelotas blancas de algodón tiradas al azar.

A las 18.45 entrábamos en Siracusa, cuando el sol ya se ponía a su espalda y una luz de plata bañaba el cielo, sobre un mar que, poco a poco, iba tomando el homérico color del vino.

«A la entrada del golfo de Sicanio —se dice en *La Eneida*—, frente al cabo de Plemmirio, se extiende una isla a la que sus primeros habitantes llamaron Ortigia.»

Allí mismo, en pleno centro del lugar citado por Virgilio, tenía reservada habitación en un B&B.

La pensión, o mejor, una suerte de pequeño apartamento, era hermosa y barata. Su balcón, en un primer piso, daba a la plaza de Arquímedes y a la fuente de Artemisa y estaba decorado con buen gusto y cierta elegancia clásica. Si las escaleras no hubieran olido a cañería de desagüe, habría sido un lugar perfecto; pero ya se sabe que nada ni nadie lo son. Se llamaba Diana B&B y el café del desayuno resultaba delicioso.

Aquella noche tomé unos espaguetis recios y ligeramente

maleables, como el alambre, con mejillones de sabor a quero-
seno, en una *trattoria* situada en uno de los callejones próximos a la catedral. El vino sabía a una mezcla de azufre y pólvora, como si al químico que lo había fabricado se le hubiera
ido la mano con la cantidad de explosivo que seguramente
utilizó pensando en alegrar la uva.

Siracusa es una población muy hermosa y muy visitada
por extranjeros. En consecuencia, ofrece todas las ventajas y
los inconvenientes del turismo masivo. Así que, para com-
pensar el sabor de la cena y mientras paseaba por callejuelas
donde se escondían palacios barrocos en apariencia deshabitados, me dejé invadir por la sensualidad de un aire surgido
de las mareas, salino y con aroma de algas, que trepaba desde
el puerto hasta los altos de la localidad. Las más voluptuosas
y atrayentes urbes mediterráneas que conozco huelen a sal y
tienen gusto de plantas marinas, alimentan una suerte de
nostalgia de carne femenina.

Deambulaba sin rumbo por la animada ciudad y de nuevo
me euforizaba estar solo. Recordé lo que decía Robert Kaplan
en su vagabundeo por Sicilia: «El viaje ofrece el mejor tipo de
soledad, puesto que la auténtica aventura no radica en el riesgo físico, sino en la adquisición de conocimiento».

La calle Giacomo Matteotti descendía en una suave cuesta
desde la plaza de Artemisa hasta la de Pancali, donde se encuentran las ruinas del antiguo santuario de Apolo, de las que
apenas quedan unos cuantos pedruscos desparramados y
unas pocas columnas desmochadas. En esa hora avanzada
continuaban abiertos numerosos comercios de moda de fir-
mas internacionales y el brillo rutilante de los carteles inun-
daba las aceras y refulgía bajo el cielo oscuro de Ortigia. Re-

sultaba extraño caminar entre muchos de los más tentadores productos del siglo XXI para ir a desembocar en lo poco que resta de un templo dórico del siglo VI a.c. Pero los dioses son imprevisibles y los modernos Bennetton y Versace se imponen a las antiguas divinidades veneradas en la anciana Siracusa.

Y un poco más allá de nuevo asomaba el mar. En su *Viaje a Sicilia*, Alejandro Luque, un estupendo escritor andaluz, señala que Ortigia le recuerda a Cádiz. ¿En qué? Luque recoge en su libro —del que ahora lo retomo yo para el mío— un verso del poeta polaco Zagajewski que tal vez lo explique:

> *Ciudad del nombre más bello, Siracusa:*
> *no dejes que olvide el sombreado mundo antiguo*
> *de tus callejuelas, ni tus balcones hinchados*
> *que fueron jaulas de damas españolas.*

El día siguiente, domingo, amaneció muy luminoso. Como la noche anterior, descendí caminando hacia la dársena, crucé el puente Umbertino y dejé atrás Ortigia, la ciudad vieja. Y eché a andar calle adelante por la vía principal de la nueva Siracusa, el Corso Umberto I. La urbe de hoy es vulgar, modesta y, si no fea, al menos desprovista de encanto. Pero la brisa de la mañana era lozana y vivificadora.

Tuve que recorrer un buen trecho de avenida antes de alcanzar la larga cuesta del Viale Augusto que lleva a la Neápolis, donde se encuentra el bellísimo teatro griego. Excavado en la misma cantera de piedra blanca que lo sustenta, le rodean y perfuman extensos pinares, y es uno de los más grandes que se conservan del mundo antiguo. Se abrió en el siglo V a.C., se amplió en el III de esa era y, en el XVI d.C., se destruyó parte de su estructura para utilizarla en la construcción de muros defensivos. En su momento de mayor esplendor llegó a acoger a 16.000 espectadores en las 67 filas con que contaba. Hoy quedan, en condiciones más o menos aceptables, 46.

Había pocos visitantes y pude pasear libre de bullicio por el graderío. Luego, bajo el inmenso cielo azul, me senté un rato en un poyete de piedra y traté de revivir en mi imaginación y mi ánimo la grandeza de aquellos días en los que el arte era tenido por los hombres como la mayor de las virtudes.

Se dice que allí se estrenaron el *Prometeo encadenado* y *Los persas*, del gran Esquilo. ¡Qué no habría yo pagado por una entrada en cualquiera de las dos! A Esquilo le gustaba viajar a Siracusa con frecuencia desde Atenas y, de hecho, murió en Gela, al sur de la isla, ciudad donde solía residir y donde, según dicen, escribió los tres dramas que componen *La Orestiada*. Su estela mortuoria fue hallada allí. Decía: «Esta tumba esconde el polvo de Esquilo, hijo de Euforio y orgullo de la fértil Gela. De su valor, Maratón fue testigo, y los persas de larga cabellera lo han comprobado».

Al gran trágico le sucedía lo que a Cervantes: valoraba mucho más su biografía de soldado que su talento literario. El español siempre presumió de haber participado en la batalla de Lepanto, peleando contra los turcos, en «la más alta ocasión que vieron los siglos pasados, los presentes y esperan ver los venideros». Y el griego, como hemos dicho, de su lucha en Maratón contra los persas, en una de las primeras Guerras Médicas.

Percibía una sensación extraña en mi interior: como si me encontrara en un templo en lugar de un teatro. Y no era una impresión engañosa, pues los griegos iniciaron su andadura en el teatro como una ceremonia de carácter religioso, cuando las fiestas en honor de la lúdica divinidad de Dioniso comenzaron a bailarse y cantarse —los famosos ditirambos dionisiacos— y, a la postre, pasaron a representar mitos y leyendas.

Así que la dramaturgia helena tenía una esencia moral, un afán de ejemplaridad, representado por los antiguos héroes de la mítica, por los viejos dioses y por el recorrido del destino humano. La tragedia era una especie de misa primitiva, pero su argumento variaba y era siempre mucho más entretenido que el de los rituales católicos, que carecen de intriga y de variedad, aunque celebren un acontecimiento sangriento, como sucede en las tragedias.

Si los cultos paganos de los griegos diferían esencialmente de los cristianos de hoy en día, también eran muy distintos a los romanos. Las formas de la arquitectura nos parecen hoy muy semejantes, pero en sus objetivos resultaban muy diferentes. Dice Lawrence Durrell, en su libro *Carrusel siciliano*, durante su visita a Siracusa:

> Los romanos organizaban en su anfiteatro, pensando en la *vista*, una exhibición, una demostración pública. Ahora bien: unos pocos metros más allá tienen el hemiciclo griego, organizado en otra época, pensando en el *oído*. Es la diferencia entre el arte considerado como un acontecimiento religioso e intelectual y el que es concebido como un espectáculo popular. Esquilo y sus dioses contra el pan y el circo. Aquí se pueden estudiar ambas predisposiciones, como si fueran históricamente coetáneas, mientras que de hecho están separadas por siglos.

En el escenario de Siracusa pueden sentirse los tres pilares en los que, según Durrell, se asentó la civilización de la Hélade: piedad, educación y creación. Roma estuvo siempre un escalón por debajo (eso lo añado yo).

De alguna manera, casi puede decirse que la historia de Sicilia empieza con los griegos, que marcan en buena medida lo esencial de su carácter: el orgullo y el afán de singularidad. Los helenos llegaron más o menos en la misma época que los fenicios-cartagineses a estas regiones insulares (los últimos, unos setenta años antes), expulsando a sus primitivos pobladores o absorbiéndolos: los sicanos, los elimos y los sículos. De estos tres pueblos se sabe muy poco y sus raíces se hunden ya en el mito, pues se dice que sus predecesores fueron, a su vez, los cíclopes, aquellos gigantes de un solo ojo que vivían en cuevas, en las faldas del monte Etna, y que no respondían a ninguna forma de civilización. Los hijos de la Hélade pensaban que todo lo anterior a ellos era pura barbarie en el sentido que hoy damos a esa palabra.

Comenzaron a establecer colonias en el siglo VIII antes de Cristo, primero en el litoral del sur y el este de la isla y, más adelante, en el norte y el oeste. Según Tucídides, la primera ciudad que fundaron fue Naxos, en el 734 a.C., por parte de emigrantes venidos de la isla egea de Eubea. Al año siguiente, grupos de corintios fundaron una urbe que llamaron Siracusa, en una pequeña isla, Ortigia, situada en un gran puerto y en la que había un arroyo de agua dulce. Catania (la antigua Catana) nació en el 728, alzada también por eubeos; a Gela la levantaron colonos de Rodas en el 688, y a Agrigento (antes

Acragante), cretenses, en el 580. Para el 430 a.C. existían ya unos mil quinientos asentamientos helenos esparcidos entre el sur de la bota italiana y Sicilia, a la que muy al principio se nombró como Trinacria, por los tres cabos que dibujan su fisonomía, una suerte de triángulo escaleno. Esos cabos son el Liliteo (al noroeste), el Pilorio (al nordeste) y el Passero (al sudeste), y los tres mares que los bañan, el Tirreno, el Jonio y el Mediterráneo, también llamado mar de África. Todo aquel singular territorio, unido a una buena parte de la bota italiana, se conocería, desde poco después de establecerse esas primeras urbes, como la Magna Grecia.

Siguiendo el modelo de su patria de origen, las colonias helenas se constituían como ciudades-estado: eran completamente independientes las unas de las otras, aunque compartían mitos, cultura, dioses, costumbres, artes y, sobre todo, idioma. Alguien ha escrito que la antigua «Hélade fue un concepto, no una nacionalidad», y tal vez sea una buena manera de definir lo que a su vez significaba la Magna Grecia. Pero quizá sean más precisos los juicios con los que, en su *Carrusel siciliano*, reflexiona Durrell:

> No era la sangre, sino la lengua lo que confería la condición de miembro de la comunidad intelectual de naciones griegas. Los bárbaros no eran simplemente pueblos que vivían en otras partes, sino que eran gentes que no hablaban griego.

Quizá el más exacto símbolo de Grecia no sea otro que el olivo. Y los emigrantes lo llevaron desde el Egeo hasta Sicilia, junto con el vino. También en su *Carrusel siciliano*, escribe Durrell:

La elección del olivo va misteriosamente unida al destino de todo el mundo griego [...]. La dureza del árbol es proverbial; parece capaz de vivir sin agua, aunque es sensible a la humedad y a los abonos cuando los tiene a su disposición. Pero resiste el calor hasta un grado sorprendente sin perder la belleza de sus hojas gris plateadas. La raíz del árbol es una enorme granada: sus proporciones asombran a quienes han visto arrancar árboles muertos, pues parecen enormes muelas. Ejemplares muy pequeños tienen raíces del tamaño de un piano. Las ramitas de la poda son inmejorables como leña y su madera quema tan rápida y ardientemente que a los panaderos les gusta para encender sus hornos. Además, posee otras propiedades: tiene una textura muy bonita una vez tallada y aceitada. No es el caso hablar de su fruto, salvo para ensalzar sus virtudes, y los poetas griegos se encargaron de sobra en encomiarlo. Es un árbol económico y resistente. Y se llega a querer cuando se vive en su proximidad y cuando el viento del Norte muestra el envés de sus hojas y cambia el gris verdoso de la copa por un color plateado, puede imaginarse con precisión el color exacto de los ojos sonrientes de Atenea... Todo esto, agregado a la actitud humana resultante, fue transportado a Sicilia en largos barcos y plantado en las ciudades completamente griegas de Siracusa, Agrigento y Gela.

¡Y qué decir del vino!

Con los fenicio-cartagineses establecidos ya en la isla, las relaciones eran tensas, pues algunas de las colonias helenas estaban muy cerca de las estaciones comerciales de aquéllos.

Y los conflictos comenzaron a producirse. Cuando Cartago se transformó en una poderosa fuerza marítima, organizó una expedición para rendir la isla; pero en el año 480 a.C., después de que su general Amílcar desembarcara en lo que entonces era un poblacho y con los años llegó a convertirse en Palermo, un ejército formado por varias ciudades griegas encabezado por Siracusa y bajo el mando del tirano Gelón le venció en Himera. Amílcar murió en la batalla, y la urbe prosperó en las décadas siguientes hasta llegar a ser la potencia militar principal de Sicilia.

Mientras tanto, aliada con Esparta y otras localidades helenas, Atenas había derrotado a los persas en las sucesivas Guerras Médicas, entre los años 490 y 467, e iba camino de llegar a ser la primera potencia naval del Mediterráneo, de la mano de un espléndido estadista empeñado, entre otras tareas, en consolidar la democracia en su Estado: Pericles.

Sin embargo, poco después, en el año 431 a.C., estalló la guerra del Peloponeso. El conflicto, que duraría veintisiete años, enfrentó a Esparta con Atenas, que dirigían, respectivamente, la Liga del Peloponeso y la Liga de Delos. Dos años después, en el 429, moría Pericles; ninguno de sus sucesores alcanzaría su altura política, lo que acabaría siendo una desdicha para su ciudad.

Las ambiciones de los atenienses se dispararon tras sus primeras victorias en el conflicto bélico contra Esparta. Y con la vista puesta en la construcción de un imperio marítimo extenso y rico, la Magna Grecia se convirtió en el objetivo principal para ampliar sus dominios. Como suele suceder con el inicio de muchas guerras, un pequeño pretexto desata las catástrofes más grandes. Y en el caso de Sicilia, los griegos de la metrópoli encontraron uno teóricamente muy noble: acudir en ayuda de Segesta, un pueblo amigo de Atenas situado en el norte de Sicilia, que se veía amenazado por Siracusa, ciudad aliada de Esparta. El objetivo principal de los atenienses, sin embargo, era otro: extender su poder, hacerse con el dominio de las tierras sicilianas, controlar su comercio, explotar sus recursos naturales y cobrarles tributos.

El principal escollo era Siracusa, por entonces una población tan grande como Atenas y principal potencia militar de la isla. De modo que, por lógica, debía de ser el primer objetivo de la invasión.

Se preparó una numerosa flota de trirremes, el buque de guerra de la época movido a vela y remo, y un ejército poderoso muy bien dotado de infantería y escaso de caballería. Aunque los datos que ofrecen sobre la campaña los historiadores Tucídides y Diodoro difieren bastante entre sí, lo probable es que la expedición la formaran más de cien naves y unos cinco mil soldados, entre atenienses y aliados, además de las tripulaciones de los barcos. Fueron elegidos tres generales, o «estrategos», para dirigir la operación: Nicias, Alcibíades y Lámaco. El tercero moriría en uno de los primeros encuentros con el enemigo en tierras sicilianas y los testimonios sobre su figura no son abundantes, mientras que de los otros dos hay sobradas referencias.

Nicias era un hombre muy rico y mediocre, religioso en grado sumo, de cincuenta y cinco años de edad, y veinte mayor que Alcibíades, un joven brillante y pecador sin freno. Prudente en exceso, no estaba de acuerdo con iniciar una campaña en Sicilia en pleno conflicto con los espartanos, pues suponía dividir sus fuerzas abriendo otro frente de batalla.

Pero a pesar de ello, y después de intentar convencer a sus compatriotas reunidos en la Asamblea de que era una empresa descabellada, aceptó compartir el mando del ejército y la flota con Alcibíades. Plutarco nos lo describe en sus *Vidas paralelas* como «irresoluto y desconfiado», además de tímido y nada brillante militar. En un verso de la comedia *Las aves*, Aristófanes le dedica estos versos:

> *No es tiempo éste de dormirnos*
> *ni de dar largas, imitando a Nicias.*

Por su parte, Alcibíades era un personaje singular sobre el que no ha cesado de escribirse a lo largo de los siglos. Plutarco dice de él que su belleza física, «floreciendo en su semblante en toda edad, de niño, de jovencito y de varón, le hizo siempre amable y gracioso», y que, aun siendo tartamudo, este defecto en el hablar «le confería mucho encanto». Al mismo tiempo, era soberbio y ambicioso, audaz y violento, mujeriego y bebedor, y quería ser siempre el primero en todo. Fue discípulo de Sócrates —aparece en *El banquete* de Platón— y alcanzó a ser protegido de Pericles. Adorado por sus conciudadanos, escaló pronto a los puestos más relevantes de la sociedad ateniense. En *Las ranas*, el comediante Aristófanes, que conocía bien su carácter, dijo de él en un poema: «No criar al león lo mejor fuera; / más aquel que en criarlo tiene gusto, / fuerza es que a sus costumbres se acomode». Alcibíades moriría años después de la campaña de Sicilia, en Frigia, asesinado a flechazos por los hermanos de una muchacha a la que había seducido, cuando trataba de escaparse del lecho.

La imponente armada zarpó mediado el verano del 415 a. C. rumbo a la Magna Grecia. Relata Diodoro de Sicilia, en el libro XIII de su *Biblioteca histórica*:

Los estrategos con los soldados bajaron al Pireo, y toda la población de la ciudad, ciudadanos y extranjeros juntos, les seguía, acompañando cada uno a sus parientes y amigos. Las trirremes se encontraban atracadas unas junto a otras a lo largo del puerto, más bellas todavía con sus insignias en las proas y con el resplandor de las armas; toda la circunferencia del puerto estaba llena de incensarios y de cráteras de plata, desde las que ofrecieron libaciones con copas de oro honrando a la divinidad y rogando por el éxito de la expedición.

Y Tucídides, en su *Historia de la guerra del Peloponeso*, retrata así la partida:

Los atenienses y todos los aliados que estaban en Atenas, al amanecer del día fijado, bajaron al Pireo y empezaron a embarcarse para zarpar. Les acompañó el resto de la población para despedir cada cual a los suyos, unos a los compañeros, otros a los parientes, otros a sus hijos. Esto, entre esperanzas y lamentos: esperanzas de nuevas posesiones, lamentos por la inquietud de si volverían a verlos, pensando en cuánto se alejaban de su patria.

La flota viajó con rapidez y, después de atravesar la costa norte del Peloponeso, sus barcos llegaron a Corcira (la actual Corfú), donde se les unieron nuevas tropas amigas. De allí siguieron hasta Yapigia, en el tacón de la bota italiana, para cruzar hasta Regio, donde se agregaron más fuerzas aliadas. Para entonces, la expedición ya contaba con muchas más naves y miles de hombres muy bien armados. Por su parte, los siracusanos emplearon su tiempo en cerrar acuerdos con otras ciudades helenas de Sicilia y enviaron emisarios a Esparta —en plena guerra con Atenas— para solicitar su apoyo.

Los atenienses fondearon en Catana (la Catania de hoy), coligada a los invasores, para preparar su ofensiva contra Siracusa. Allí recibieron la noticia de que Alcibíades debía regresar a Atenas y declarar ante un tribunal sobre ciertos sacrilegios que se le atribuían; en concreto, la castración de estatuas sagradas de Hermes, delito castigado con la pena de muerte. El estratego aceptó viajar de vuelta a la patria, pero, temeroso del juicio, en el camino se fugó y se pasó al bando de los espartanos, para luchar contra sus compatriotas. Nunca más volvió a Sicilia, y con su defección Atenas perdió a un gran militar. Quedaron, pues, al mando de la expedición griega el pusilánime Nicias y el oscuro Lámaco (que moriría al poco, como ya he contado), y Alcibíades comenzó una carrera de traiciones y victorias que le llevó a recorrer toda Grecia, alternando la gloria y el desprestigio.

Al llegar el invierno del 415, los atacantes comenzaron a preparar desde Catana su asalto a Siracusa, en tanto que sus pobladores, más escasos de fuerzas terrestres y navales, se aprestaban a defenderse siendo, tan sólo, superiores en la caballería. Hermócrates, un aristócrata valiente en el combate, sereno en la paz y hábil en la negociación política, se erigió en su principal general.

El primer gran choque se libró en las afueras de la ciudad y bajo una fuerte tormenta que estalló a poco de comenzar la lucha. La batalla terminó en tablas, aunque los siracusanos sufrieron mayor número de bajas (260 muertos, por unos 50 del enemigo); los atenienses regresaron a Catana por temor a la caballería adversaria, y así poder preparar los siguientes asaltos, que tendrían lugar en el invierno y en la primavera del 414 a.C.

Nicias y Lámaco demandaron refuerzos a Atenas y la plaza cercada pidió otra vez la ayuda de Esparta. Atenas envió más jinetes y navíos, y los espartanos, a su general Gilipo, quien se apresuró en solicitar ayuda a las ciudades aliadas, logrando reunir tres mil soldados y más de doscientos jinetes con sus monturas.

Mientras llegaban nuevas tropas, los contendientes dedicaron sus esfuerzos a levantar muros, unos para defender mejor la ciudad y los otros para cercar sus salidas, y se produjeron numerosos choques armados. Fue en uno de ellos cuando murió Lámaco. Nicias quedó como comandante supremo de la fuerza ateniense.

Al tiempo que se preparaban para el encuentro decisivo, muy próximo ya el año 413, los adversarios alistaban su armamento y sus naves. Los defensores, con buen tino, y a sabiendas de que el enfrentamiento definitivo se libraría en el estrecho espacio de las aguas de su puerto, modificaron las proas de sus embarcaciones. Las luchas entre trirremes de aquellos días no consistían solamente en lanzamientos de piedras con hondas, o flechas o lanzas desde las cubiertas, o en abordajes de «hoplitas» (soldados de infantería), sino que los navíos se embestían como toros, procurando dañar al contrario

Venecia, un pedazo de tierra que le fue robado al mar, en el que la belleza lo es todo. Sus palacios resplandecen sobre el Gran Canal, donde flotan sin descanso góndolas y *vaporettos*.

El Hotel des Bains, en la playa del Lido es uno de los lugares emblemáticos de la ciudad y el escenario principal de *La muerte en Venecia*, la inmortal obra de Thomas Mann.

En mayo de 1911, Thomas Mann se desplazó de vacaciones a Venecia con su familia. Se hospedó en el Hotel des Bains, donde quedó prendado del joven aristócrata polaco Wladyslaw Moes, que inspiró *La muerte en Venecia*.

La playa del Lido en un fotograma de la adaptación cinematográfica que Luchino Visconti realizó de la novela de Mann.

Stefan Zweig, autor de *El mundo de ayer*, admiraba profundamente la obra de Rilke, de quien llegó a decir que de sus manos «jamás salió una cosa que no fuese absolutamente perfecta».

Rainer Maria Rilke, heredero tardío del Romanticismo, dedicó su genio a la poesía y compuso uno de los más perfectos libros de versos de la historia: *Las elegías de Duino*.

En este enclave de un rincón mediterráneo cercano a Trieste se hallaba el castillo-fortaleza de Duino en el que Rilke compuso su famosa obra.

Si a Venecia se ha de arribar en barco, desde el mar, la forma más apropiada de llegar a la misteriosa Trieste es hacerlo de noche y en tren, tal y como hizo Joyce.

En el extremo norte del puente sobre el canal se encuentra esta estatua del escritor irlandés. Pedí a una anciana delgada y pizpireta que me fotografiase con él y, como suele ser costumbre, nos cortó las piernas a ambos.

Joyce se marchó de la opresiva Dublín y recaló en Trieste con Nora Barnacle, quien le acompañó fielmente toda su vida. Sin embargo, la ciudad no resultó un lugar acogedor para el autor de *Ulises*.

En la plazuela de Lepanto de Mesina se puede encontrar esta estatua del almirante Juan de Austria, aunque la peana no mencione su nombre. Mesina ha sufrido terremotos imponentes a lo largo de su historia y apenas quedan rastros de su pasado.

Torre Faro, la punta noroeste de Sicilia, ofrece una vista excepcional de Calabria.

Agrigento alberga el famoso Valle de los Templos. Es un lugar inhóspito donde se preserva Grecia casi mejor que en la propia Grecia. El Santuario de la Concordia es el mejor conservado con sus 38 columnas de casi siete metros de altura.

La ofensiva de Estados Unidos e Inglaterra en el verano de 1943 contra los ejércitos de Hitler y Mussolini fue la mayor confrontación bélica en la historia de la isla. En la imagen superior, los norteamericanos entran en el pueblo siciliano de Pollina. En la inferior, prisioneros alemanes son capturados durante la invasión de Sicilia.

Lucky Luciano, el gran capo de la Cosa Nostra en Nueva York. Nacido cerca de Corleone, negoció su libertad con el gobierno de Estados Unidos a cambio de su ayuda en la invasión norteamericana de la isla.

Salvatore Giuliano, el guapo bandido siciliano, enamoraba a las mujeres con facilidad. Murió con solo 27 años y toda su vida fue recordada con un halo heroico debido a su fama de valiente y su actitud con los desfavorecidos.

Amigos desde la infancia, los jueces Giovanni Falcone y Paolo Borsellino fueron el azote de la mafia siciliana. Ambos sabían lo que se jugaban y no se equivocaron.

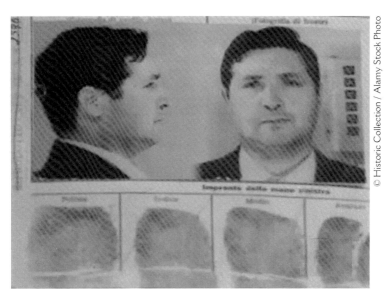

Salvatore «Totò» Riina, el más sanguinario capo mafioso de Sicilia, fue quien dio la orden de asesinar a ambos jueces pese a la opinión contraria de sus adláteres. Provocó la indignación popular en Italia y muchos de sus secuaces le abandonaron, incluida la vieja mafia. Fue detenido en 1993 y condenado a cadena perpetua.

Sin Palermo no se explica Sicilia. Por ella vibra una historia dislocada repleta de conflictos bélicos y sucesivas dominaciones que han dejado huella en sus edificios. Su catedral tiene rasgos de estilo árabe, normando, gótico catalán e, incluso, toques renacentistas.

No hay en el mundo una sala medieval semejante a la Capilla Palatina de la catedral de Palermo con su asombroso y bellísimo pantocrátor.

La literatura era lo más importante para Giuseppe Tomasi di Lampedusa. Fue el autor de *El Gatopardo*, novela a la que se aplicó con todas sus fuerzas a lo largo de toda su existencia y que fue rechazada por dos grandes editoriales antes de ver la luz en noviembre de 1958, cuando ya había fallecido.

El palacio de Santa Margherita in Belice, donde nació y creció el niño Giuseppe, y que en su novela recibe el nombre de Donnafugata.

En enero de 1968 un terremoto en la isla provocó multitud de destrozos. El viejo palacio de Lampedusa se derrumbó casi por completo y solo quedó indemne la fachada, que así luce hoy en día.

Luchino Visconti adaptó la novela en una película de 1962 que contó con un elenco de actores inolvidable: Claudia Cardinale, Burt Lancaster y Alain Delon.

El comedor de la Via Boutera, en la última residencia de Lampedusa, hoy.

En Bagheria, a unos 13 kilómetros de Palermo, se encuentra Vila Palagonia, lugar que Goethe tildó de locura repugnante. La mansión comenzó a construirse en 1715, pero no fue hasta 1770 que su propietario, Ferdinando Francesco, llenó los muros del castillo, así como muchos lugares del parque, de grotescas estatuas. Llegaron a ser doscientas, aunque hoy se conservan unas setenta. Los lugareños la rebautizaron como «villa de los monstruos».

de tal forma que lo hundieran o lo inutilizaran para el combate. Por ello, en el tajamar delantero portaban grandes espolones de hierro terminados en afiladas puntas.

Los siracusanos rebajaron los frontales de los navíos, reforzaron las bandas con cuero resbaladizo, añadieron pinchos en las bordas y convirtieron sus barcos en una suerte de arietes marinos. Las proas de las embarcaciones atenienses eran más débiles y muy altas y no causaban con sus acometidas graves daños a sus enemigos, mientras que las adversarias, a menudo con un solo embate de su poderoso casco, hundían al contrario.

Los importantes refuerzos que esperaba Nicias alcanzaron Sicilia en los comienzos de la primavera del 413 bajo el mando del estratego Demóstenes. A Gilipo y al siracusano Hermócrates también les llegaron hombres y barcos de refresco. Para entonces, la mayoría de las urbes de la Magna Grecia apoyaban a Siracusa, que recibía sin cesar infantes, jinetes, material bélico y avituallamiento. Además de eso, la guerra del Peloponeso continuaba y, en el continente griego, los espartanos y sus aliados invadían el Ática. Atenas se veía obligada a luchar en dos frentes.

El gran combate se produjo en tierra, entrada la primavera del 413, alrededor de los muros levantados por los contendientes y, en el mar, en las aguas del llamado Puerto Grande. Durante algunas horas la suerte estuvo en el aire, pero los hoplitas siracusanos y su caballería consiguieron dispersar a las tropas de los invasores; según Diodoro, persiguieron y dieron muerte a dos mil quinientos enemigos, además de capturar muchas armas. En el agua, los trirremes de Atenas lograron salvar la situación, aunque con grandes pérdidas.

Demóstenes y Nicias reunieron sus cuadros de mando. El primero optaba por abandonar cuanto antes Sicilia y volver a la patria, salvando lo que se pudiera; Nicias era de la opinión contraria, pues pensaba que los sitiados no podrían aguantar mucho más tiempo, dado que el ejército ático seguía siendo muy numeroso. La propuesta de Demóstenes se impuso a la postre y comenzaron a hacerse con urgencia todos los preparativos para partir. Pero en la noche, cuando el contingente atacante se disponía a zarpar, un eclipse de luna cegó por sorpresa el cielo. Los griegos eran muy supersticiosos y Nicias consultó a los sacerdotes sobre qué hacer ante aquellos malos presagios. Los augures le aconsejaron ofrecer sacrificios a los dioses durante tres días, antes de emprender la huida. Demóstenes, al que le preocupaban más las cuestiones militares que las religiosas, aceptó a regañadientes la decisión.

Por su parte, Hermócrates y Gilipo, enterados en apenas unas horas de cuanto sucedía en el campo enemigo, decidieron que era la ocasión de acabar con los asaltantes, y durante esas tres jornadas, cerraron la bocana del puerto con una barrera de barcos de todos los tamaños, ligándolos con cadenas de hierro.

Los atenienses, al ver la maniobra, decidieron enfrentarse al adversario con lo mejor de sus fuerzas, usando los más de cien navíos que aún poseían, mientras situaban al resto de sus tropas a lo largo de la costa. Si rompían la barrera, estaban salvados. Cantaron el peán* y se aprestaron a combatir.

---

* El «peán» era una suerte de canto que se entonaba en honor de Apolo antes del comienzo de las batallas. Por medio de él, se pedía la protección del dios, pero también se intentaba acobardar al enemigo. Sería algo lejanamente parecido al tradicional «haka» de los maoríes neozelandeses, que ahora corean los equipos de rugby del país antes de empezar sus partidos.

Escribe Diodoro:

> Los muros que se encontraban alrededor del puerto y cualquier altura en el interior de la ciudad estaban llenos de gente, ya que las mujeres y las muchachas y todos cuantos por su edad no podían prestar servicio en la guerra, al estar ésta en su momento decisivo, seguían las fases de la lucha con gran ansiedad.

Los invasores atacaron de súbito y comenzaron a quebrar las férreas defensas que sujetaban las embarcaciones entre sí. Pero los trirremes siracusanos distribuidos por el fondeadero respondieron de inmediato abalanzándose sobre sus enemigos desde todas partes y los obligaron a volverse y a presentar batalla en la dársena. Todo el espacio de los muelles se llenó de barcos combatiendo.

Y añade Diodoro:

> Por ambas partes se peleaba con audacia para obtener la victoria: los atenienses, confiando en el número de sus naves y no viendo otra posibilidad de salvación, afrontaban la muerte combatiendo llenos de valor; los siracusanos, que, como espectadores del combate, tenían a sus padres y a sus hijos, rivalizaban entre ellos, ya que cada uno quería que su propia intervención fuera decisiva para la victoria de su patria [...]. Algunas veces ocurría que trirremes de los siracusanos eran destruidas junto a los muros y sus tripulaciones encontraban la muerte a la vista de sus familiares, de modo que los padres asistían a la muerte de sus hijos, y las hermanas y las esposas al terrible final de sus hermanos y maridos.

Tucídides pinta una situación que recuerda a la de los llamados «coches-que-chocan» de los modernos parques de atracciones:

> Como se encontraban muchas naves en poco espacio, pues nunca en espacio tan reducido luchó un mayor número de naves, ya que faltó poco para que entre ambas flotas reunieran doscientas, los abordajes eran escasos, pues no era posible ciar y cruzar la formación enemiga, en tanto que los encontronazos eran frecuentes cuando una nave abordaba fortuitamente a otra al intentar evitar o atacar a otra [...]. Por culpa de la estrechez sucedió en muchos casos que, mientras se embestía a unos, se era a su vez embestido por otros, y entonces dos naves, a veces más, quedaban trabadas a la fuerza en torno a una sola.

Los sitiados se impusieron tras varias horas de cruento combate, y los atacantes se retiraron a su campamento después de perder numerosos barcos y abandonar la mayoría de su flota en el puerto. La única opción que les quedaba era escapar por tierra.

Sin embargo, en lugar de huir de inmediato aquella misma noche, aprovechando que los siracusanos celebraban su victoria, Nicias y Demóstenes convinieron en esperar tres días antes de emprender la marcha hacia el interior, en busca de una ciudad amiga que les prestase ayuda para lograr el retorno a Atenas. Ese retraso resultaría fatal, como lo fue la decisión de quedarse en la vecindad de la ciudad asediada a causa del eclipse de luna, días atrás, al comienzo de la gran batalla. Los caudillos Hermócrates y Gilipo, sabedores otra vez de los planes atenienses, bloquearon todos los caminos de la comarca y dispusieron tropas en los vados y riachuelos para impedir la huida de sus enemigos.

El ejército derrotado emprendió la dolorosa marcha. Cuenta Tucídides:

> El abandono del campamento producía sensaciones dolorosas a la vista y a los sentimientos de todos. Como estaban insepultos los cadáveres, cada vez que se veía tendido el de un amigo embargaba una pena mezclada de miedo. Los que se quedaban atrás con vida, heridos o enfermos, causaban en los vivos más aflicción y compasión que los muertos, ya que con sus súplicas y lamentos les ponían en un aprieto, pidiéndoles que los llevasen o llamando a gritos a todo el que veían pasar de sus compañeros o familiares..., de modo que no resultaba fácil que partiese el ejército, en su totalidad inundado de lágrimas... Predominaban el decaimiento y los reproches contra sí mismos. Realmente no parecían otra cosa que una ciudad, y ésta no pequeña, tomada por asedio y en desbandada, ya que el total de la masa puesta en camino no era inferior a cuarenta mil personas...

Los que huían se habían dividido en dos grupos: uno comandado por Nicias y el otro por Demóstenes, y el primero iba unos cuantos kilómetros por delante. Al día siguiente del inicio de la retirada, empezaron los ataques de los siracusanos sobre los soldados en fuga. Les lanzaban piedras, lanzas y flechas a los flancos y los acosaban con la caballería en la retaguardia. Al cruzar los vados de ríos como el Anapo, se abalanzaban sobre los hombres y los acuchillaban mientras trataban de nadar y salvarse. Nunca les presentaban batalla franca, sino que los acometían sin cesar en acciones rápidas, y luego escapaban cuando sus adversarios intentaban responder a los asaltos. La comida, además, comenzaba a escasear entre los atenienses, que iban dejando abandonados por el camino a los heridos y los enfermos.

La partida de Demóstenes, que componían unos seis mil hombres, fue la primera en rendirse, tras varias jornadas de huida. Llegaron al acuerdo de que no serían asesinados allí mismo si se entregaban, y todos fueron conducidos a la ciudad.

Nicias y los suyos llegaron a alcanzar el río Erineo. Allí, sus adversarios los conminaron a entregarse, pero los de Atenas no aceptaron las condiciones que ofrecieron y huyeron de nuevo hasta alcanzar el río Asínaro, unos treinta kilómetros al sur de Siracusa.

El relato del fin de la expedición es patético. Escribe Tucídides:

> Tan pronto como llegaron [los atenienses] se arrojaron al río sin orden alguno, todo el mundo con el deseo de ser el primero; además, el acoso del enemigo hacía de por sí más difícil cruzar la corriente, pues, como se veían obligados a marchar agrupados, caían unos sobre otros y se pisoteaban. Y mientras unos perecían enredados en sus lanzas y equipos, otros eran arrastrados por la corriente [...]. Los siracusanos, colocados a lo largo de la ribera, que era escarpada, tiraban flechas desde arriba contra los atenienses, la mayoría de éstos ansiosos por beber y estorbándose entre sí en la vaguada que formaba el río. Entonces los peloponesos [espartanos] bajaron y degollaron sobre todo a los que estaban en el cauce; de inmediato el agua se volvió turbia, pero no se bebía menos a pesar de estar impregnada de sangre y barro...

Unos diecisiete mil hombres de la tropa de Nicias perecieron en aquellas jornadas. Rodeado de cadáveres, éste se rindió a Gilipo. Muchos de los que se encontraban cercados fueron ejecutados sobre el terreno y apenas unos cuantos cientos lograron escapar, para refugiarse más tarde en Catana. Tan sólo unos pocos, al cabo de unos meses, lograrían regresar a Atenas para dar cuenta del desastre.

Los prisioneros, alrededor de siete mil, fueron enviados a trabajar en las canteras de Latomías. Poco tiempo después, la mayor parte de ellos fueron vendidos como esclavos.

«Fue la ruina total», concluye Tucídides.

La literatura entra ahora en acción, sustituyendo a la historia. Diodoro de Sicilia recoge en el Libro XIII de su *Biblioteca histórica* el debate que los siracusanos entablaron para determinar si había que ejecutar a Nicias y a Demóstenes. El texto, que recuerda los mejores párrafos de las tragedias del siglo v a.C., constituye, por una parte, un monumento a la misericordia y el perdón y, por otra, se significa como una llamada a la crueldad y el rencor.

En la Asamblea de ciudadanos en la que se iba a decidir la suerte de Nicias y Demóstenes, un tal Diocles propuso su inmediato ajusticiamiento, entre el clamor aprobatorio de la multitud. Tras él subió al estrado Hermócrates, quien habló a favor del respeto de sus vidas, ya que, en su opinión, «más que el hecho de vencer, era hermoso un uso humano de la victoria». Los siracusanos le hicieron callar con sonoros abucheos. Entonces, sostenido por sus servidores, subió al estrado un hombre de edad avanzada llamado Nicolao, que había perdido a dos de sus hijos en la batalla. Rescato algunos de los párrafos del discurso que Diodoro recreó en sus labios:

> Es natural que yo odie a los atenienses, ya que ellos son la causa de que yo haya sido conducido aquí, no por mis hijos, muertos en la guerra, sino, como veis, por mis sirvientes [...]. El pueblo ateniense ha recibido el justo castigo a su locura, en primer lugar de parte de los dioses, pero también de nosotros mismos, que hemos sido víctimas de su insolencia [...]. ¿Quién habría esperado que los atenienses, con doscientos trirremes enviadas a Sicilia y con un ejército de más de cuarenta mil hombres, pudieran caer en un desastre de tal envergadura? De un dispositivo militar tan imponente ni una nave, ni un solo hombre han regresado a la patria, de modo que ni siquiera ha quedado quien pueda anunciar el descalabro a sus ciudadanos... Así pues, siracusanos, no hagáis nada que sobrepase los límites de la condición humana. ¿Qué nobleza hay en dar muerte a quien ya está postrado a vuestros pies?, ¿qué gloria os proporcionará saciaros de venganza? [...]. Se entregaron a vosotros con sus armas, confiados en la magnanimidad de los vencedores. No es justo, pues, que se vean defraudados respecto a nuestra humanidad. Aquellos que alimentaban un odio pertinaz hacia nosotros han muerto combatiendo, pero los que se han puesto en nuestras manos ya no son enemigos, sino suplicantes [...]. No nos mostremos brutales e implacables ante la desventura humana [...]. En consecuencia, no privéis a la patria la posibilidad de ser famosa entre todas las gentes por haber superado a los atenienses, no sólo en las armas, sino también en humanidad [...]. Es hermoso, siracusanos, establecer las bases de una amistad y poner fin a la discordia, mostrando misericordia con quienes han sufrido un infortunio; y la enemistad hacia nuestros ad-

versarios debe de ser perecedera [...]. Por otra parte, si hay
un pueblo que sea merecedor de que se tomen en cuenta los
méritos de su ciudad, y que se tribute gratitud a sus ciudadanos por los beneficios dispensados a la humanidad, este pueblo no es otro que el de los atenienses. Ellos fueron los primeros que hicieron partícipes a los griegos del cultivo del
alimento [el trigo], que habían aprendido de los dioses para
su propio provecho y que compartieron con todo el mundo.
También ellos fueron los que descubrieron las leyes, con
cuya aplicación la vida común, de una existencia salvaje e
injusta, ha pasado a ser una convivencia civilizada y justa.
Fueron ellos asimismo los primeros que, tutelando a quienes
se refugiaban en su ciudad, hicieron que las leyes a favor de
los suplicantes estuvieran en vigor entre todas las gentes [...].
¡Vosotros, todos los que en esta ciudad disfrutáis de los beneficios de la elocuencia y de la cultura, tened misericordia de
quienes han ofrecido su patria como escuela común de toda
la humanidad!

Según Diodoro, el discurso de Nicolao ganó la simpatía
del auditorio. Pero quedaba por hablar el espartano Gilipo;
él sabía que perdonar a los generales atenienses podía, en el
futuro, reforzar a sus enemigos en la guerra que se libraba en
la lejana Hélade. Éstas fueron algunas de sus razones:

¿Cómo no considerar absurdo, siracusanos, que los caídos hayan elegido voluntariamente la muerte mirando por
vosotros y que vosotros, por el contrario, en su recuerdo, no
queráis tomar el desquite de la agresión de vuestros más acé-
rrimos? ¿Y no es asimismo absurdo que por una parte exaltéis
a aquellos que han dado su vida por la libertad de todos y

que, por otra, os preocupéis más de la salvación de los asesinos que del honor de los caídos? [...]. ¿Y en qué categoría
colocaremos a los prisioneros, en la de las víctimas del Destino? ¿Y qué Destino les forzó, sin haber sido provocados, a
emprender la guerra contra los siracusanos, a renunciar a la
paz y presentarse aquí con la idea de destruir vuestra ciudad?
En consecuencia, dado que han elegido voluntariamente el
camino de una guerra injusta, que soporten con valor las terribles consecuencias de su decisión; que aquellos que, en el
caso de vencer, os hubieran tratado con una crueldad implacable, ahora, cuando han sido derrotados, no recurran a
vuestra humanidad hacia los suplicantes a fin de evitar el
castigo [...]. Y antes de poner el pie en Sicilia, aprobaron la
resolución de reducir a la esclavitud a los siracusanos y a los
selinuntios y de obligar a los otros a pagar un tributo [...].
¿Cómo se comportaron los atenienses con los mitileneos?
Después de haber sometido a aquel pueblo, que no tenía intención de causarles perjuicio, sino que sólo deseaba la libertad, decretaron exterminar a todos los habitantes de la ciudad. Fue un hecho cruel y bárbaro [...]. ¿Y qué decir de los
melios, a quienes redujeron mediante un asedio y dieron
muerte a toda su juventud? [...]. No es por tanto justa la piedad destinada a ellos: pues ciertamente la han hecho imposible [...]. Así pues, yo, en nombre de Zeus, os pido solemnemente a todos vosotros que no salvéis a los enemigos, que no
abandonéis a los aliados, poniendo de nuevo en peligro a
vuestra patria.

Gilipo ganó con su discurso la voluntad de los reunidos
en la Asamblea, y Nicias y Demóstenes fueron condenados a
morir. Ni Diodoro ni Tucídides dicen nada sobre la ejecución;
sin embargo, Plutarco afirma en sus *Vidas paralelas* que, sien-

do advertidos por Hermócrates de la decisión de la Asamblea, los dos caudillos atenienses se quitaron la vida antes de sufrir la lapidación, que era entonces la forma más común y humillante de acabar con la vida de los reos de muerte.

Atenas, muy debilitada tras el desastre de Siracusa, perdió la guerra del Peloponeso en el 404 a.C. y ya nunca volvió a gozar del esplendor y el poder que alcanzó en los días de Pericles. Siracusa comenzó en tierra siciliana su ascensión hasta convertirse en una gran potencia mediterránea durante los dos siglos siguientes. Los cartagineses rindieron la mayoría de las ciudades griegas de la isla, entre ellas la riquísima Agrigento; pero Siracusa mantuvo una astuta política de alianzas ocasionales con Roma en los tiempos de las Guerras Púnicas y llegó a ser particularmente poderosa durante las tiranías de Dionisio I (405-367), Dionisio II (367-343) y el gran Hierón II, el mejor de todos sus monarcas, que reinó durante cincuenta y cinco años (270-215) y murió en el trono a la edad de noventa.

De aquellos días es la famosa leyenda de Damocles, un noble adulador de Dionisio I que, al tiempo, manifestaba en los mentideros su repulsa a los dispendios y lujos del rey. Éste, enterado de ello, le invitó a cambiar sus papeles por una noche y Damocles, a los pocos días, disfrutaba de una suntuosa cena rodeado de mujeres hermosas, mientras una orquesta tocaba dulces melodías para su deleite. Pero en un momento del banquete, el cortesano alzó la mirada y vio que, sobre su cabeza, pendía una afilada espada sujeta tan sólo por un pelo de la crin de un caballo. Y perdió el apetito, tanto el de comer como el lujurioso. «Ahora ya sabes cómo es mi vida», le dijo Dionisio.

En el 212 a.C., tras dos años de asedio, Siracusa cayó en manos romanas. Una de las víctimas del asalto fue el gran científico Arquímedes, natural de la ciudad. El sabio había ideado máquinas, como catapultas y rezones, y también estrategias defensivas, juegos de espejos que provocaban incendios en las naves enemigas y otros ingenios, que sirvieron no poco a la resistencia de los defensores. Y aunque el general que conquistó la urbe, Marco Claudio Marcelo, había dado orden de respetar la vida de aquel hombre admirable, un legionario no le reconoció durante el último y definitivo ataque y lo mató de un espadazo. Fue enterrado, con todos los honores, en el cementerio de la puerta llamada de Agrigento. Luego cayó en el olvido, hasta que Cicerón, cuando ejercía como juez temporal («cuestor») en Sicilia, logró encontrar su tumba en el año 75 a.C. Después, hacia el siglo IV d.C., de nuevo su figura se diluyó entre las humaredas de la Historia. Los siracusanos afirman que se encuentra en los subterráneos de un centro comercial de la villa actual, de nombre I Papiri. Así es el destino: la Historia encumbra a la fama a algunos hombres de ciencia cuyos huesos, a la postre, van a reposar bajo una pescadería.

Siracusa, por entonces «posiblemente la ciudad más bella del mundo», según juzgó el historiador Tito Livio, fue vencida, sus soldados rendidos y los pobladores sometidos al poder de Roma.

Y cuenta también Tito Livio que Marcelo, acabada la batalla, se detuvo en una altura desde la que se dominaba la hermosa urbe: «Y allí dicen que lloró, en parte de alegría por el logro de tan grande empresa y, en parte, de pena por la antigua gloria de la ciudad». Y continúa: «Mientras los recuerdos [del pasado glorioso de Siracusa] se agolpaban en su cabeza y concebía la idea de que quizá todo lo que veía podría estar en una hora reducido a llamas y cenizas, decidió realizar un último esfuerzo por salvarla».

No lo logró. Sus hombres se dieron al pillaje, la incendiaron y las riquezas rescatadas del saqueo incontrolado de los soldados fueron llevadas a Roma como botín de guerra.

Con la caída de Siracusa se extinguió la presencia política griega en la isla más grande del Mediterráneo.

Casi a medianoche, mis pasos me llevaron hasta la plaza del Duomo, después de una estupenda cena de pasta *alla Norma* en un pequeño restaurante de extraño nombre: Spizzuliamu. Se habían apagado las luces de las farolas y la bellísima catedral del barroco siciliano parecía un gigante dormido. Las blancas columnas dóricas del siglo v a.C. que sustentaron el templo de Atenea, y sobre cuyos pilares se construyó siglos después el templo cristiano, eran apenas perceptibles bajo la oscuridad de un cielo sin luna.

Siracusa... Hay ocasiones en que los nombres de las ciudades de antaño resuenan en el vacío, como si el tiempo hubiera dejado de correr para siempre. «En Siracusa está escrita —nos dice Vincenzo Consolo—, como en cualquier urbe de antigua gloria, la historia de la civilización humana y su ocaso.»

Saqué mi cuaderno para tomar algunas notas. Sólo acerté a dejar dos frases: «Noche serena. No se oyen gritos de batalla».

5

Honorables asesinos y bandidos guapos

Alquilé un coche y salí a eso de las diez de la mañana de Ortigia, por la autovía que lleva hasta las cercanías de Catania, luego tuerce al oeste y, algo más adelante, sigue rumbo al sur. Era una carretera en construcción o quién sabe si en reconstrucción. A cada rato encontraba tramos de obras que hacían desfilar a los vehículos en lentas caravanas; pero, al poco, la vía se ensanchaba y mi automóvil corría sobre el piso como si volara, sin apenas tráfico alrededor. El cielo se mostraba amarillento y enjabonado como la piel de los limones tempranos, invadido por una lozanía uniforme. Al dejar atrás Siracusa, mi alma volvió inopinadamente la vista hacia la juventud mientras me llegaba un leve aroma de pinares. No quise analizar por qué.

Viajaba sobre una autopista zarandeada por el sol, en paralelo al Jónico; al fondo se alzaba entre la bruma el cono del Etna, cubierto el cráneo por la chapela de una nube oscura. Cuando giró a la izquierda, el Jónico y el volcán se esfumaron y, al dejar atrás la ciudad de Caltanissetta, me adentré en el corazón de la Sicilia rural. A través de la ventanilla abierta del auto, el aire fresco del otoño me alborotaba los cabellos.

Era un súbito cambio de geografía, como si saltase de un planeta a otro. La carretera se estrechaba, el asfalto se convertía en un terreno vacilante repleto de baches, que se hacían notar tan sólo cuando ya rodaba sobre ellos; alrededor, la tierra ceñuda parecía un océano rebelde, de olas agrestes que semejaban roquedales móviles, sobre campos que se tendían yermos a un lado y a otro del camino. ¿Cómo describir con justeza ese territorio singular donde la llanura parece un mar sereno y la piedra, una marejada desabrida?

En su *Sicilia paseada*, Vincenzo Consolo habla así de ese paisaje del interior siciliano:

> Una extensión infinita de cimas, crestas, altiplanicies, colinas, llanuras, desfiladeros, todo áspero, desértico, desolado [...]. Poco a poco, las curvas de las calvas lomas se despliegan en pendientes, en vaguadas, se quiebran, se encrespan, se solapan, se hacen duras y ásperas; desde terrenos oscuros o grises, paso a paso, se alzan recortaduras de rocas calcáreas; las laderas de las lomas, escarpadas ahora, muestran las raíces de esas rocas, sus estratos; los barrancos han cercenado esas laderas, han excavado, entre una loma y otra, profundos surcos. Y esas rocas blancuzcas, a lo largo de las laderas, sobre los perfiles de las alturas, parecen residuos de huesos calcinados de dinosaurios, de cualesquiera de los gigantescos animales prehistóricos. En sus laderas, en las quebradas, crecen el espino, el agave, la cortadera, el cardo, el palmito, la retama espinosa, la hierba mora... Y, sobre ellas, revolotean negros cuervos. Parecen, éstos, lugares de maldición bíblica.

Mientras conducía el coche por aquellos territorios diabólicos, me preguntaba: ¿y qué demonios pinta aquí el hombre?

El escritor comunista y siciliano Elio Vittorini, en su obra *Coloquio en Sicilia*, lo explica así:

> Mi madre me dijo que era terrible vivir allí. Quería decir con esto que no podía hallarse más que un hilo de agua entre todos aquellos torrentes, separados por cientos de kilómetros. La vista no encontraba otra cosa que rastrojos por donde el sol salía y rastrojos por donde se ponía luego. Sólo se encontraban casas a veinte, a treinta kilómetros, excepto la del guardabarrera junto a la vía, aplastada sobre la tierra solitaria. Aquella vida terrible también significaba no poder encontrar una pequeña sombra en toda aquella extensión; sólo cigarras que cantaban al sol, conchas de caracoles vacías, cada cosa del mundo convertida tan sólo en sol.

Sí, el sol, «el verdadero soberano de Sicilia», como lo nominó Lampedusa en su *Gatopardo*.

Sin embargo, alrededor de las dos de la tarde, Agrigento me recibió con lluvia. Y la tormenta otoñal continuó el resto del día y la mañana siguiente, en que se convirtió en aguacero.

Busqué alojamiento en la vía principal, que lleva el nombre de Atenea, la diosa de la sabiduría de la antigua Hélade. Y di con un B&B tranquilo, barato y cómodo en una plazuela vecina. Comí algo ligero en una pizzería cercana y, armado de paraguas e impermeable, traté de dar un paseo por la ciudad para hacerme una primera idea de dónde me encontraba. No había nadie en la calle, y con buen juicio, puesto que caía agua a mares. Sentado en un café de la ajardinada glorieta de Aldo Moro, esperé a que amainara el chaparrón. Los ficus y las palmeras, con las hojas empapadas, parecían soldados rendidos y humillados bajo el temporal. De modo que regresé al hotel y pasé la tarde leyendo sobre Agrigento.

La patria de Empédocles y de Pirandello, la antigua Acagras, fue fundada por colonos llegados de Creta en el 580 a.C. y muy pronto se convirtió en una rica y poderosa urbe, sobre todo bajo el gobierno del tirano Falaris y gracias al comercio y a la feracidad de sus campos. Se decía que sus habitantes vivían con tanto dispendio y lujo que dormían en camas construidas con marfil. Y su pasión por los caballos era tal que a los más bellos o veloces se los enterraba en un sepulcro propio, como si fueran humanos. Hasta la dictadura de Therón (alrededor del 480 a.C.) no cesó de engrandecerse y de aquellos días permanecen en pie los famosos templos dóricos del sur de la población actual, quizá los mejor conservados de toda la civilización griega junto con el de Segesta, al norte de la isla, y los de Paestum, cerca de Salerno, en el continente; todos ellos, pues, en lo que se llamó la Magna Grecia. El poeta Píndaro, que visitó Agrigento en esa época dorada, la definió como «la ciudad más bella del mundo».

Pero su riqueza fue su perdición. Los soldados acagrenses, muchos de los cuales se hacían acompañar por servidores a las campañas bélicas, se acostumbraron a una vida muelle y perdieron su ánimo bélico, de modo que los cartagineses derribaron sus fortificaciones e invadieron sus territorios con extrema facilidad. Agrigento fue arrasada y saqueada en el año 406 a.C. y nunca volvió a ser la misma.

En el 261 a.C., durante la Primera Guerra Púnica entre

Cartago y Roma, las legiones de la segunda la sitiaron, conquistaron y esclavizaron a sus 25.000 habitantes. En el 212 a.C., tras la caída de Siracusa, toda la isla quedó en manos romanas, convertida ya en la gran potencia del Mediterráneo.

Hoy, Agrigento, alzada en una colina un poco más al norte de donde estuvo la antigua urbe griega, es una tranquila localidad de 60.000 almas que vive de la agricultura y el turismo.

No tenía un gran interés en visitarla, excepto por asomarme a sus famosos templos, que sólo pueden admirarse en el curso de una larga caminata. Así que decidí quedarme y esperar a que escampara. Pero durante la mañana siguiente continuó lloviendo como si el cielo fuera una catarata y empecé a considerar la oportunidad de largarme.

Por fortuna, a la hora de comer cesó la tormenta, y el cielo se tiñó de azul, cabalgado por nubes de un blancor angelical.

En el parque arqueológico, el llamado Valle de los Templos, al sur de la ciudad, cerca de las orillas del mar que mira a África, había pocos turistas aquella tarde. Paseé un buen rato entre las columnas, los bosquecillos de olivos y de chaparras encinas, los cientos de pedruscos tallados y diseminados en los lugares donde se alzaron edificios hoy derruidos. Es un lugar insólito: allí está Grecia, sin duda, acaso más todavía que en la propia Grecia. Y sobre todos los otros destaca el santuario de la Concordia, el mejor conservado, que incluso mantiene incólume su antiguo techo sustentado en 38 columnas que miden casi siete metros de altura. Fue levantado alrededor del año 440 a.C., en pleno esplendor del período clásico, cuando en Atenas gobernaba el preclaro Pericles y en Agrigento, por influencia ateniense, había triunfado la democracia sobre la tiranía.

Sin embargo, hay algo peculiar en estos templos de la vieja Acagras. Y es el hecho de que no fueron construidos con mármol, la pulida y dúctil materia que singulariza la cultura arquitectónica clásica —junto con la escultura—, sino con una suerte de piedra calcárea de tonos dorados casi rojizos. Quizá la causa sea la inexistencia del mármol en esta zona de la isla; o tal vez los helenos del sur siciliano buscaban otra cosa: que sus lugares sagrados brillasen como el oro. Los santuarios de Agrigento tienen el color de la piel de los melocotones y, a la caída del sol, refulgen con una luz oscura y aurífera. Maupassant los describe así: «Parecen erigirse en el aire, en medio de un paisaje magnífico y desolado. Alrededor de ellos, delante de ellos, detrás de ellos, todo es inerte, árido y amarillo. El sol ha quemado, corroído la tierra... En los alrededores de Agrigento se extiende la singular región de las minas de azufre. Aquí todo es de azufre, la tierra, las piedras, la arena, todo».

Los griegos de Sicilia alzaron edificios sacros que transmiten una cierta sensualidad misteriosa en su urdimbre, mientras que sus hermanos de otros lugares lo hicieron buscando la delicadeza y la majestuosidad del mármol. Tal vez, por esa causa, la Magna Grecia nos parece más voluptuosa que la lejana Hélade.

Antes de que se esfumara el día, trepé a los altos del casco medieval de la urbe. Las nubes se habían retirado del cielo de Agrigento pero el suelo brillaba sobre los charcos dejados por la lluvia de la mañana. Venía un viento fresco del mar, y en el enredo de callejuelas y de empinadas cuestas apenas se encontraban gentes. Visité algunas iglesias; entre ellas me llamó la atención la que acogía el Monasterio Cisterciense, cuyo altar presidía un retablo de imágenes esculpidas en una piedra blanquísima. Recordaba, saltando el tiempo y el espacio, a algunas obras de Bernini, pero sin la voluptuosidad con que éste dotaba a sus creaciones. Era como un surtido de figuras de santos asustados, cincelados en un merengue a la francesa. Daban ganas de lamerlo.

A la noche, la ciudad pareció animarse un poco y pequeños y escasos grupos de turistas trasegaban vino recio y pizzas requemadas en los restaurantes de la Via Atenea. Agrigento me dio la impresión de ser una localidad vencida por un ejército extranjero que hubiera huido después de saquearla.

La mañana siguiente partí hacia el interior de la isla, en dirección norte.

«Paisajes maléficos, sierras malditas, llanuras perezosas», escribe el siciliano Vincenzo Consolo, y añade: «Un cielo lívido, como las *Crucifixiones* de Antonello de Mesina; llanos, lomas, montes privados de sombras, de matices, de una insoportable evidencia; un tiempo inmóvil, suspendido; y un silencio atónito, roto por aullidos de perros, chillidos de pájaros, relinchos de caballos; un mundo que parece aguardar de un momento a otro su fin; que empuja al hombre a entregarse ineluctablemente a la última certeza».

Así era el panorama camino de Prizzi y de Corleone. Bajo el aire plomizo, en la carretera sin apenas tráfico, el coche subía y bajaba, trotaba sobre el maltratado asfalto de la angosta carretera, cruzando junto a cauces de ríos muertos, montañas descarnadas, serranías cadavéricas, campos infelices, muchos de ellos roturados en espera de la siembra, y roquedales como osarios, ermitas cual palomas blancas que descansaran en un otero después de un largo vuelo, caserones de olvidados terratenientes ahora con los techos hundidos, las vigas carcomidas y las ventanas vacías..., pueblos perdidos y silentes... De cuando en cuando, un rebaño de ovejas, que me hacía sentir rodeado por «el inmemorial silencio de la Sicilia pastoril», como lo describió Lampedusa.

Podía imaginar a veces que viajaba por los rijosos pedregales y los *wadis* sedientos del norte de África. Y no me hubiera extrañado encontrarme un camello a la vuelta de una curva.

En aquella tierra infecunda, carente tan a menudo de agua, estéril y baldía como un verso de Eliot, parecía cobrar sentido un refrán siciliano que había leído en alguna parte días antes: «El estiércol obra más milagros que los santos».

Pero a mí, en aquellos territorios desérticos y por algún capricho del destino, me atacaban frecuentes chaparrones.

Llovía de nuevo cuando, a media mañana, Prizzi asomó en un altivo cerro como una suerte de racimo de nidos de pájaro tejedor coronado por una iglesia. Bajo la oscuridad del cielo, ofrecía un aspecto algo tenebroso. O quizá era mi ánimo el que le daba esa apariencia, ya que entrábamos en territorios históricamente mafiosos. El cineasta John Huston eligió el nombre de este pueblo de 5.000 habitantes como el origen siciliano de una familia imaginaria de Brooklyn, en su película sobre la Cosa Nostra estadounidense, *El honor de los Prizzi*, rodada en 1985 y nominada para varios premios Óscar. Pero la ficción responde a una realidad: la de una población que, como la cercana Corleone, fue cuna de personajes históricos del crimen organizado, que es lo mismo que decir de notorios asesinos.

Tenía la intención de detenerme allí y dar una vuelta por sus calles, pero el chaparrón arreciaba, soplaba un vigoroso ventarrón, la vía que trepaba hacia la cima del pueblo era estrecha y de una sola dirección y temía verme atrapado en una curva por la fuerza del agua y la angostura de la apretada callejuela.

No obstante, subí con el coche entre las afiladas esquinas, con miedo de sufrir constantes rasponazos, sacudido por los sopapos del agua y el viento, sobre el suelo escurridizo. En algunas ventanas colgaba ropa tendida, sorprendida por la tormenta y, en consecuencia, empapada. No se veía a nadie tras los postigos entornados. La localidad era fea, grandullona, vieja, y el camino parecía interminable sobre los adoquines, a menudo partidos como la dentadura deteriorada de un gran fósil de otras edades.

Alcancé la parte más alta del pueblo. El callejón iba a morir en una plazuela donde se alzaban un canijo castillo, una iglesia sin gracia alguna y un bar cerrado con aparatosos candados. Detrás se abría una terraza que daba al valle agrisado por el temporal y al que, probablemente, esperaba una rara feracidad en la siguiente primavera. En las arboledas batía la lluvia y el aire arrancaba de las ramas multitud de hojas, que semejaban volar, vistas desde arriba, igual que nubes de estorninos.

Apenas me bajé del coche unos minutos y luego descendí por la falda opuesta de la montaña, cuyo deteriorado asfalto corría —contrariamente al de subida, flanqueado por viviendas humildes— por una zona de jardines solitarios. Cuando alcancé de nuevo la base de la colina, seguí sin detenerme hasta un cruce donde una flecha indicaba la dirección y la distancia a Corleone.

De Prizzi guardo el recuerdo de un lugar triste y de luz mezquina...

La carretera era casi un sendero de cabras y el paisaje se tendía atroz a los lados de mi vehículo, como si transitara por un escenario sin sombra de vida, ni humana ni animal. No tardé mucho, sin embargo, en alcanzar mi destino, pasado ya el mediodía. Y entré en el hosco poblachón, azotado por un sirimiri pertinaz.

No hay mucho que ver en Corleone. A pesar de que cuenta con unos 11.000 habitantes, es poco más que una larga calle atestada de automóviles añejos, que descansa de cuando en cuando en glorietas escuálidas, con frecuentes iglesias, algunos bares y escasas *trattorie*. Pero la historia pesa en la localidad con una sombra siniestra: la Mafia. Y no es de extrañar que precisamente su nombre, Corleone, se identifique con el más famoso de todos los «capos», don Vito Corleone, que nunca existió, que nació como fruto de una ficción del novelista Mario Puzzo y cuya inventada biografía fue inmortalizada por Francis Ford Coppola en *El Padrino*. A veces la imaginación persigue a la realidad, y viceversa.

El lugar más interesante se encuentra en un callejón que

da a la plaza de la catedral. Se trata del CIDMA, cuyas siglas se identifican como Centro Internacional de Documentación de la Mafia, y que contiene miles de archivos con la historia de la organización criminal, además de las espeluznantes imágenes sobre la actividad de la «Cosa Nostra», tomadas durante décadas por una fotógrafa de Palermo, Leticia Battaglia, la más beligerante periodista gráfica en la lucha contra la Cosa Nostra.

Y allí dentro me pasé dos horas tratando de entender un poco qué significa ese entramado perverso que ha sido y sigue siendo modélico para tantos delincuentes, sean de guante blanco o de guante rojo.

Fuera no paraba de llover, como si algún malévolo espíritu corleonés me empujara a irme de allí cuanto antes.

Las claves que explican la Cosa Nostra son, en mi opinión, el desdén de otros códigos que no sean los propios de una casta, los estrechos lazos de parentesco, el amiguismo y la codicia. Y esas características, algunas en apariencia poco dañinas, pueden derivar en escenarios terribles en casos frecuentes, como el asesinato, los odios seculares y la corrupción endémica. Muchos países del mundo las padecen, quizá porque habitan desde siempre en la naturaleza humana. Pero en Italia el fenómeno es más agudo. Como escribe Alexander Stille: «La italiana es una sociedad en la que los vínculos familiares son mucho más importantes que la lealtad al Estado y la nación. En Sicilia, con la Mafia, la fidelidad de clan alcanza su forma más extrema y letal».

Mafia hay en toda Sicilia, pero el fenómeno se ha afianzado en las últimas décadas en el continente, principalmente en Calabria y Campania, donde existen entramados de un enorme vigor: la 'Ndrangheta calabresa y la antiquísima Camorra napolitana, respectivamente. Incluso, en su momento, la siniestra organización siciliana saltó el océano para convertirse en una poderosa fuerza delictiva en Estados Unidos, en particular en grandes ciudades como Chicago y Nueva York. Y aunque Corleone, en Sicilia, como digo, no es la patria única del fenómeno, ni tampoco la suya es ahora la más poderosa de las estructuras mafiosas, esta pequeña localidad reúne las características principales, fundacionales casi, de la Cosa Nostra y cuenta con uno de los historiales más cruentos. Corleone es un mito y, en cierto modo, un paradigma, agrandado además por el cine y por su sanguinaria biografía.

«Quizá toda Italia se está convirtiendo en Sicilia...», lamentaba, premonitorio, el novelista siciliano Leonardo Sciascia.

Almorcé en una *trattoria* cercana al CIDMA en hora algo tardía. Y luego me detuve en un bar de la Piazza Garibaldi, a beber un chupito de amaro Il Padrino, en cuya vitola aparece una efigie de Marlon Brando, tal y como lo vemos en la película de Coppola. Una pareja de viajeros australianos, a mi lado, compró una caja de seis botellas.

El crimen organizado puede convertirse también, a veces, en un fenómeno turístico.

Sus orígenes se difuminan en el tiempo, lo mismo que su etimología. Unos afirman que procede de un vocablo árabe, *mayha*, que significa «bravuconería, jactancia», y otros que el término deriva del también árabe *mu'afah*, que quiere decir «protección del débil». Para el británico John Dickie, probablemente el mejor historiador de la organización, en el viejo argot siciliano significaba «orgulloso, atrevido, seguro de sí mismo». De todo hay en ella e, incluso, sus miembros la califican con altanería como «honorable sociedad». Es cierto que sus reglas son muy estrictas, tanto para la lealtad como para el asesinato, y los lazos familiares en el interior de los clanes, muy estrechos, lo mismo a la hora de exaltar la figura de la madre como de asesinar a un hermano si burla las rigurosas normas de la organización. Pero también se considera cuestión de honor ejecutar a un niño si con ello se consigue doblegar la voluntad de su padre. Su historia, en cualquier caso, es un catálogo de horrores imposible de cuantificar si se contempla su actividad y su evolución a lo largo del tiempo. Hoy nadie duda en Sicilia que, lisa y llanamente, como señala Dickie en su libro *Cosa Nostra*, es «una sociedad secreta sometida a juramento que busca el poder y el dinero cultivando el arte de matar gente y salir impune».

Hasta la última década del siglo XX mucha gente consideraba que la estructura de la organización fue modelándose y cambiando con el paso del tiempo, que correspondía a características particulares del carácter siciliano y que en largos períodos de su existencia pudo ser, en cierta forma, considerada defensora de los oprimidos. Tanto es así que el ex primer ministro Vittorio Emanuele Orlando, natural de Palermo y tachado a menudo de mafioso, que representó a Italia en las conversaciones del Tratado de Versalles con las que se cerraba el conflicto de la Gran Guerra, dijo lo siguiente ante el Senado italiano en 1924:

Si por la palabra «Mafia» entendemos un sentido del honor tomado en su más alto grado; un rechazo a tolerar la preminencia de nadie sobre los otros o un comportamiento despótico..., una generosidad de espíritu que exhibe indulgencia con los débiles y muestra lealtad a los amigos... Si tales sentimientos y tal comportamiento es lo que la gente entiende por Mafia..., entonces hablamos de las especiales características del alma siciliana; y yo declaro que soy un mafioso y estoy orgulloso de serlo.

Sin embargo, merced a las revelaciones de muchos «arrepentidos», gracias a la tenacidad y el valor de jueces como Falcone y Borsellino —asesinados por la Cosa Nostra— y al coraje de numerosos periodistas y policías, hoy se sabe que la organización nació en Sicilia con el proceso de la unidad italiana desatado por Garibaldi en 1860, que encontró su caldo de cultivo en el sistema medieval de explotación de clases que reinaba en la isla desde siglos atrás, que expandió su primer gran negocio en los ricos cultivos de cítricos que cubrían la Concha de Oro —en los alrededores y el sur de Palermo— y que se dotó de nuevos mecanismos de poder gracias a la endémica corrupción de los políticos sicilianos y sus virreyes extranjeros, con la tolerancia de la Iglesia católica y la colaboración de los ricos terratenientes y aristócratas.

Norman Lewis, el reconocido escritor de viajes inglés, que sirvió en el ejército británico como oficial de inteligencia durante la invasión de Sicilia de 1943, arranca su novela *El especialista siciliano* con la historia que aquí resumo:

Tres semanas después del desembarco, un contingente de once soldados marroquíes, integrados en la fuerza anglo-canadiense, asesinaron a su jefe y desertaron, llevándose con ellos sus armas y cuatro jeeps. Se dirigieron al oeste de la isla y eligieron como base de sus operaciones el pueblo de Campamaro, desde donde partían sus incursiones de pillaje a las granjas de los alrededores. Robaban, violaban y asesinaban sin piedad, y sus víctimas eran lo mismo los hombres que las mujeres o los niños.

A Marco Riccione, un joven de diecisiete años, su madre le había escondido en el sótano cuando los africanos aparecieron. Pero el chico decidió actuar: al tercer día escapó de su casa y se dirigió a las montañas en busca de «un hombre de honor». En San Stefan, finalmente, encontró a un mafioso que había pasado varios años en América, una tal Tagliaferri, quien le brindó de inmediato su ayuda.

Pero Tagliaferri sólo contaba con tres socios de su confianza y apenas tenían armas, pues durante los años anteriores a la guerra el dictador Benito Mussolini había emprendido una dura campaña contra la Cosa Nostra que la había llevado al borde de la desaparición.

Riccione informó a Tagliaferri de que el principal problema de los marroquíes era la escasez de alimentos. No había pan en Campamaro y los asaltantes habían degollado, para comérselos, a todos los animales con que contaban, a excepción de los cerdos, ya que a los mahometanos no les está permitido consumir esa carne.

Tagliaferri recorrió las granjas de San Stefan y logró hacerse con nueve pollos. Los sacrificó y les inyectó una buena dosis de arsénico. Luego el joven Marco los colgó de la barra de una bicicleta y regresó pedaleando a Campamaro.

Cuando llegó, los musulmanes le capturaron y le condujeron a una tienda de campaña en la que fue violado por varios de ellos, mientras las aves se cocían en un gran caldero.

Una hora y media más tarde de dar cuenta de ellas, el veneno comenzó a hacer efecto. Todos los componentes del grupo armado perecieron lentamente, entre grandes sufrimientos: uno de ellos, el último en expirar, se alejó gritando de Campamaro y murió ocho horas después de la francachela, comiendo tierra para intentar paliar sus dolores.

Temerosos de que los Aliados, cuando alcanzasen el pueblo, tomaran represalias por la muerte de algunos de los suyos, los habitantes de Campamaro ametrallaron los cadáveres con una máquina alemana que los nazis habían abandonado al retirarse unos días antes de la llegada de los marroquíes. Y los colocaron en posiciones de combate que podían hacer creer que cayeron luchando.

Pasó casi una semana antes de que la tropa invasora llegara a Campamaro. Y mientras tanto, los restos de los africanos se pudrían por el calor y alimentaban a los cuervos. Sin embargo, cuando las avanzadillas aliadas entraron en la localidad, no hicieron mucho caso de aquellos cuerpos apestosos y fueron finalmente enterrados.

Marco Riccione se convirtió en un héroe. El cura le homenajeó en la misa, el latifundista de la localidad le ofreció a su hija en matrimonio —era una chica algo subnormal, pero muy rica— y el muchacho ingresó en la Honorable Sociedad apadrinado por Tagliaferri. Poco después emigró a Estados Unidos, donde haría fortuna en las filas de la organización criminal americana, extorsionando a gente honesta y matando a algún que otro honrado ciudadano de cuando en cuando.

¿Una historia verdadera o el fruto de la imaginación de

Lewis? Quién sabe... En todo caso, es un retrato bastante paradigmático y jugoso de la Cosa Nostra: el mafioso heroico, defensor del oprimido, hombre de palabra, cínico y astuto, asesino, alabado por el clero, respetado por el terrateniente, celebrado por el pueblo, vengador, buen hijo..., un cóctel muy siciliano.

El propio Norman Lewis, en su libro *La Honorable Sociedad* (no se trata en este caso de ficción, sino de historia), resumió así lo que significaba pertenecer a la organización: «Aquel que era admitido por la Mafia se veía a sí mismo como miembro de una elite, de un poder caballeresco, y la confianza que esto le infundía emanaba de él como una corriente vital».

Todas las investigaciones posteriores al libro de Lewis vienen sin embargo a demostrar que esto no es así. Uno de los grandes esfuerzos de la sociedad se ha centrado en hacer que crezca esa leyenda sobre sí misma. Y para ello ha usado uno de los pilares que practican ciegamente sus miembros: la *omertá*, el silencio, la norma esencial de sus principales mandamientos. La finalidad ha sido, durante mucho tiempo, hacer creer a los demás que la Cosa Nostra no existe como organización. «La mejor palabra es la que no se pronuncia», dice uno de sus lemas. Pero ese objetivo ha fracasado.

Sus inicios hay que buscarlos, como ya he dicho, en la ocupación garibaldina de la isla, y tiene sus raíces en el sistema feudal que dominaba en todo el territorio insular y que condenaba al hambre a miles de peones. En los primeros años del siglo XIX había surgido la figura de los *gabellotti*, especie de capataces que administraban los feudos de los latifundistas

—muchos poseían miles de hectáreas—, por lo general nobles residentes en Palermo. Estos apoderados se llevaban un
porcentaje de los beneficios de los finqueros y, a su vez, arren-
daban pequeños terrenos a los campesinos, quienes también
les pagaban con una parte de sus ganancias. En poco tiempo,
de intermediarios más o menos honestos, pasaron a ser hombres acaudalados enfangados hasta los codos en la corrupción
y con una tropa de fieles a su servicio. Y entre ellos nació la
Cosa Nostra, alentada por los lazos de la sangre, tan importantes tradicionalmente en Sicilia y, en buena medida, en todo el
sur italiano. Su sistema de enriquecimiento consistía, esencialmente, en una suerte de cuotas que tanto el dueño como el
arrendatario de las tierras debían pagar al *gabellotto* para mantener en orden y en producción sus propiedades e, incluso,
contar con cierta protección: lo llamaban *pizzi* («pellizco»).

Giuseppe Tomasi di Lampedusa, en su *Gatopardo*, nos
retrata a este personaje en dos tipos: el administrador honrado en sus orígenes, en la figura del fiel don Onofrio Rotolo, y
el adinerado y encumbrado *gabellotto* que ya no está en otro
servicio que el de sus propios intereses: don Calogero Sedàra,
el padre de la bella Angélica, que acabará casándose con Tancredi, el sobrino del príncipe de Salina, lo que simboliza con
justeza la alianza que, a finales del siglo XIX y comienzos del XX,
acabaría produciéndose entre los aristócratas terratenientes y
los capos de la Cosa Nostra.

Cuando Garibaldi y sus «camisas rojas» desembarcaron
en Marsala, en mayo de 1860 y, de victoria en victoria sobre
el ejército Borbón, fueron apoderándose de Sicilia, para acabar proclamando la adhesión de la isla al proyecto de la unidad italiana, el *Risorgimento*, la nobleza y la Mafia permane-

cieron expectantes, en tanto que la mayoría de la población, empobrecida y explotada, centraba todas sus esperanzas en el movimiento liberador. No obstante, a la postre, ambos decidieron apoyar la causa garibaldina. Aquella opción, de nuevo, la expresó mejor que nadie el propio Lampedusa, cuando, en la novela, el joven Tancredi le dice a su tío el príncipe de Salina esa frase tantas veces repetida que impregna todo el cinismo contenido en el arte de la política: «Si queremos que todo siga como está, es preciso que todo cambie».

Los nuevos señores de la isla aceptaron que todo continuara de la misma manera bajo la apariencia de una gran transformación. Y la Cosa Nostra fue expandiéndose y haciéndose más y más poderosa, en tanto que la aristocracia comenzó una cuesta abajo irreversible.

En los años posteriores, bajo un gobierno local conservador, la miseria se disparó en Sicilia y, con ella, la delincuencia. Hubo varias sublevaciones y, en 1867, una comisión del gobierno partió desde Roma hacia la isla para investigar lo que sucedía. Entre otras conclusiones, señalaba:

> La Mafia es poderosa, quizá mucho más de lo que la gente cree. Sólo quienes tienen su protección pueden moverse libremente en la isla. Y todo el que quiere trasladarse al campo y vivir allí tiene que convertirse en un hampón. No hay alternativa. Para defenderse uno o defender su propiedad debe obtener la protección de los criminales y aliarse con ellos de alguna manera [...]. La Ucciardone [la cárcel de Palermo] es una suerte de gobierno. Desde allí parten las leyes y las órdenes y allí están sus capos. En el campo de alrededor de Palermo, se expanden las bandas criminales y tiene diferentes jefes, pero a menudo llegan a acuerdos los

unos con los otros. Y siempre acatan el liderazgo de Ucciardone.

Este presidio llegó a ser una verdadera institución delictiva durante el último tercio del siglo XIX y casi todo el siglo XX. Los guardias obedecían a la Cosa Nostra, que incluso llegaba a cambiar a los directores del centro penitenciario cuando alguno no era de su gusto, moviendo influencias políticas. Algunos jerarcas del crimen organizado incluso elegían una de sus celdas, pactando con los jueces y el gobierno una sentencia más larga, para pasar sus últimos días, ya que fuera contaban con demasiados enemigos y podían ser objeto de *vendettas*. En el mundillo de la criminalidad, la prisión era conocida como el Gran Hotel Ucciardone. Allí dentro vivían en cómodas y amplias mazmorras y se hacían llevar la comida de los mejores restaurantes de Palermo. Además, recibían a sus esposas, amantes y prostitutas cuantas veces quisieran. Desde el interior dirigían sus negocios, repartiendo comisiones entre los guardias. Incluso, en muchas ocasiones, se ausentaban por temporadas para ocuparse de cerca de sus empresas ilegales. Tal era el control sobre el presidio de la Cosa Nostra que, en cierta ocasión, al enterarse algunos de sus capos encarcelados de que existía una conducción de petróleo que pasaba bajo Ucciardone, entre el puerto marítimo y una refinería, ordenaron excavar un túnel y colocar en el tubo una máquina de bombeo: la gasolina que robaban se vendía en el mercado negro.

A la conclusión de que la Cosa Nostra era una única y jerárquica asociación llegarían los jueces de la Corte Suprema de Italia en 1986, durante el gran juicio contra la organización criminal, entre ellos Giovanni Falcone y Paolo Borsellino, ambos asesinados por la rama corleonesa después de que, en 1992, el mismo Alto Tribunal confirmara el veredicto de la Corte de Palermo. «Fue la peor derrota jurídica que haya sufrido jamás la Mafia siciliana», sentencia John Dickie.

En las décadas finales del siglo XIX, la trama de la Cosa Nostra comenzó a infiltrarse en el Estado, llegando a acuerdos secretos con los sectores más conservadores de la sociedad para contener la pujanza naciente de la izquierda política. La represión se extendió en Sicilia y miles de isleños emigraron a América, principalmente a Argentina y Estados Unidos. Y así como las tripulaciones de los barcos de los siglos XVII y XVIII transportaban la peste y el tifus y otras enfermedades desde Europa hasta puertos lejanos, los sicilianos exportaron a América las prácticas mafiosas. En los años veinte del siglo XX, las bandas delictivas americanas de origen italiano controlaban todo el comercio ilegal del alcohol desatado tras la promulgación de la llamada «Ley Seca» (1920-1933). Mientras Al Capone se hacía famoso en Chicago, el jefe más notorio de la Cosa Nostra de Nueva York llegaría a ser «Lucky» Luciano, nacido en Lercara Friddi, a medio centenar de kilómetros de Corleone.

La organización vivió sus horas más bajas a partir del ascenso del fascismo en Italia, en el año 1922. Sicilia nunca había sido un territorio objeto de los planes de expansión de Mussolini, pero los afines al *fascio* y los *gangs* organizados por el Duce comenzaron, en 1924, a hacerse con el control de la isla, y este último, tras proclamarse dictador un año más tarde, decidió entrar en guerra contra la Honorable Sociedad.

No lo hizo por razones morales, sino porque el territorio insular era demasiado pequeño para albergar dos ambiciones tan desmesuradas como el Fascio y la Cosa Nostra.

En octubre de 1925, Mussolini nombró prefecto de Palermo a un hombre duro curtido en la lucha contra el crimen, el comisario Cesare Mori, dándole carta blanca para actuar según su criterio en el restablecimiento del poder del Estado. «Si las leyes le impiden actuar —le dijo el Duce—, no habrá problema: cambiaremos esas leyes.»

Mori no se anduvo con remilgos. En los dos primeros meses de su mandato procedió a efectuar más de quinientos arrestos y, a comienzos de 1926, llevó a cabo su operación más espectacular: rodeó el pequeño pueblo montañoso de Gangi, refugio de mafiosos, detuvo a 450 sospechosos y sacrificó todo el ganado de la población en la plaza principal. Aquello pareció más una operación de signo genocida que una actuación policial. El «Prefecto de Hierro», como se le conoció desde entonces, no dudaba en secuestrar a mujeres e hijos de miembros de la Honorable Sociedad para provocar que éstos se entregaran. Y echó mano de la tortura de los detenidos —con métodos aprendidos en antiguos manuales de la Inquisición, como el aplastamiento de genitales— cuando lo consideró necesario.

En mayo de 1927, ante la Cámara de Diputados reunida en Roma, Mussolini proclamó que la asociación estaba a punto de ser erradicada de la isla. «La lucha contra ella —señaló— no terminará hasta que los sicilianos ya no recuerden qué era la Mafia.»

Mori fue relevado en 1929, después de haber realizado más de once mil arrestos y puesto en marcha centenares de juicios que no concluyeron hasta 1932. Proclamó en sus memorias la derrota total de la Cosa Nostra y fue nombrado senador del Reino de Italia.

La Cosa Nostra agonizaba, en verdad; muchos de sus capos se habían escondido en lugares recónditos de la isla o emigrado a Estados Unidos. Pero estalló la Segunda Guerra Mundial y los alemanes acudieron con tropas en ayuda de los italianos que defendían la provincia. Tras la debacle del Eje en el norte de África, los Aliados comenzaron a preparar la invasión.

Ya he hablado de esa campaña, que comenzó el 10 de julio de 1943 y finalizó el siguiente 17 de agosto con la caída de Sicilia. Pero no me he detenido a relatar cómo las tropas del general Patton contribuyeron decisivamente a que la Mafia se recuperase e, incluso, ampliara su fuerza y su presencia pública.

En ese año, 1943, en América vivían dos millones de sicilianos de primera y segunda generación, y de los 80.000 soldados desplazados por Washington para la invasión, el quince por ciento eran naturales de la isla o hijos de sus primeros emigrantes. La mayoría de ellos hablaban el dialecto siciliano.

Apenas cuatro días después de iniciada la batalla, un aeroplano americano, que llevaba ondeando en su cabina una bandera amarilla con la letra L pintada en negro, dejó caer en el pueblo de Villalba, en el centro occidental de Sicilia, dos paquetes en dos jornadas sucesivas. Ambos contenían lo mismo: réplicas de la enseña amarilla con la ele mayúscula. Y los dos bultos fueron a parar a manos de don Calogero Vizzini, «don Calò», por entonces *capo di tutti capi* de la Mafia.

No muy lejos de la localidad, en la zona del monte Cammarata, se había establecido el núcleo principal de la resistencia a la invasión, dirigido por el coronel Salemi, un experimentado militar mussoliniano. En las horas siguientes a la aparición del avión, mensajeros de don Calò partieron hacia las posiciones italianas y entraron en contacto con los oficiales y la tropa de los fascistas. La mañana del 21 de julio, dos tercios de los defensores de Cammarata habían desertado y, esa misma tarde, el coronel Salemi era detenido en una operación sorpresa por hampones de la Cosa Nostra y encerrado en el ayuntamiento de Mussomeli, población vecina de Villalba.

De inmediato, don Calò recibió un uniforme estadounidense y, ataviado de tal guisa, marchó con las tropas invasoras hacia el norte a bordo de un jeep. Enarbolaba en su vehículo la banderola amarilla y los soldados yanquis le apodaban ya «General Mafia». Por el camino iba recibiendo informaciones de hombres de la Honorable Sociedad sobre los movimientos de las fuerzas adversarias y convenciendo a numerosos contingentes italianos de que se rindieran al enemigo.

Así, con una oleada de pañuelos y banderas amarillos, los Aliados llegaron a la costa norte casi sin disparar un tiro. Entretanto, en el lado oriental de la isla, sin la ayuda de la Mafia, las fuerzas inglesas iban dejando detrás miles de bajas, ante la dura resistencia de los ejércitos del Eje.

¿Y qué significaba aquel gallardete? Era una suerte de contraseña y la L respondía a las siglas del nombre del gran capo siciliano de la Cosa Nostra en Nueva York, Salvatore Lucania, apodado «Lucky», natural de Lercara, un pueblo muy próximo a Villalba. Lucky había sido condenado poco antes de la invasión a cincuenta años de prisión en Estados Unidos, por sesenta y dos cargos de proxenetismo, y el gobierno de Washington negoció con él la libertad a cambio de que ayudase con sus contactos en Sicilia a sus tropas y de que impidiese que se produjeran huelgas en los muelles de Nueva York, donde dominaba la Mafia, durante la guerra. El gánster cumplió con el acuerdo y, en 1945, fue liberado y deportado a Italia.

Mientras tanto, don Calò se convertía en un héroe. Nombrado coronel honorario por el ejército de Estados Unidos, fue también escogido por Patton como alcalde de Villalba. Muchos otros miembros de la Honorable Sociedad, por su recomendación y con la vitola de «antifascistas» —en realidad eran delincuentes de la Cosa Nostra—, pasaron a su vez a ocupar los cargos civiles abandonados por los hombres de Mussolini y la Mafia quedó con las manos libres para hacer de Sicilia, de nuevo, su feudo. El mercado negro que siguió a la guerra sería su primera creación y su gran negocio; después, la expansión inmobiliaria, la prostitución y las drogas. Y don Calò, cuando murió en 1954 de un ataque al corazón, era ya algo más que un hampón local: se había convertido en una leyenda. Sus últimas palabras fueron: «¡Qué bella es la vida!»..., él, que había ordenado quitar tantas.

Por miles, gentes de toda condición asistieron a su entierro. Su necrológica decía así: «Calogero Vizzini. Aumentó la fortuna de su distinguido hogar: sabio, dinámico, incansable, fue benefactor de los trabajadores de la tierra y de las minas de sulfuro. Siempre hizo el bien, por lo que se ganó una amplia reputación en Italia y en el extranjero. Grande ante la persecución, aún más grande ante la adversidad, nunca perdió la sonrisa. Y hoy, con la paz de Cristo en la majestad de su muerte, recibe de sus amigos y enemigos por igual el más hermoso tributo: fue un caballero». Un periodista escribió en su obituario: «En cualquier sociedad debe de existir una categoría de personas que se ajusta a las situaciones cuando se vuelven demasiado complicadas [...]. Con sólo coger el teléfono, podía hablar con el cardenal, el prefecto, el general, el presidente de la región, el alcalde o cualquier diputado. Don Calò resultaba distante e inaccesible, como un samurái o un mariscal de campo alemán en el ejercicio de sus funciones».

Lucky Luciano, por su parte, falleció a causa de un infarto de miocardio en el restaurante del aeropuerto de Nápoles. Hubo rumores que afirmaban que le envenenaron los servicios secretos norteamericanos porque sabía demasiado; otros apuntaron que fueron sus adversarios de la propia Mafia quienes pusieron cianuro en el café que había pedido al camarero. Su cadáver, unos días después, fue llevado en un coche tirado por caballos negros a través de las avenidas del centro de la ciudad.

Paró de llover y opté por caminar hasta el cementerio siguiendo la calle principal hacia el este. Como la mayoría de las poblaciones del interior siciliano, Corleone es una localidad de casas bajas y en buena parte decrépitas, con techos de tejas árabes ennegrecidas por el tiempo, callejones turbios y un aire algo siniestro, quizá debido a que el peso de su historia no abandona la memoria del visitante. En el centro se alza una roca oscura y pelada alrededor de la cual se enroscan las viviendas humildes, en cuyas alturas algunos bandos de cuervos tienen sus guaridas.

Fuera, los campos se tienden yermos al encuentro de un círculo de hoscas montañas calcáreas, repletos de quebradas, cuevas, zanjas y barrancos donde la Mafia, durante décadas, ha arrojado los cuerpos de sus víctimas para no dejar pruebas de su criminal actividad.

No había nadie en aquella hora en el camposanto salvo el vigilante, apoyado en la puerta, con un impermeable cubriendo su uniforme azul. Al verme llegar, me soltó de sopetón los nombres de tres de los más conocidos mafiosos de Corleone:

—¿Navarra..., Riina..., Leggio?

Yo me encogí de hombros, y él me indicó que le siguiera. Había una pareja de grajos parloteando sobre la valla.

Caminamos entre setos sombreados por cipreses y sobrios mausoleos. Estatuas de ángeles y vírgenes asomaban sobre los sepulcros. Unos minutos después, me encontraba ante la tumba de Salvatore «Totò» Riina, quizá el más brutal de todos los capos de la historia de la Mafia. El guardián me dejó solo, alejándose por donde habíamos venido.

La lápida de mármol que llevaba su nombre era sólida, pulida y sin duda costosa, y había varios ramilletes de flores frescas sobre la piedra. Al recordar el historial de aquel «hombre de honor», casi llegué a percibir una viva sensación de asco.

Pero luego me pregunté: ¿estarían en verdad allí los restos del Riina? Yo había leído que, durante años, la Cosa Nostra, para burlar las investigaciones policiales, enterraba los cuerpos de algunas de sus víctimas en las sepulturas de otros ciudadanos. Más aún: muchas les servían para esconder sus armas y explosivos, entre ellos la famosa *lupara*, la escopeta recortada tan utilizada por la Cosa Nostra. Pensé que al siniestro Riina le encantaría descansar eternamente al calor de una metralleta.

Chispeaba. Decidí irme sin ver nada más. Sé que en el cementerio de Corleone abundan los panteones de numerosos asesinos y siempre hay ramos floridos en su recuerdo, pero ya tenía bastante con Riina. Los dos grajos habían escapado de la llovizna.

Cuando los estadounidenses dejaron el interior de Sicilia al finalizar la Segunda Guerra Mundial, la sociedad criminal recobró su vigor y se puso manos a la obra para reorganizar su entramado, ampliando su campo a la rama de la construcción. La capital había sufrido terribles bombardeos y la Mafia movió sus hilos. Los palacios, iglesias y conventos destruidos por los ataques aéreos aliados no fueron reconstruidos y la especulación del terreno se disparó. Surgieron barrios nuevos, con feas viviendas de muchas alturas e, incluso, los campos de cítricos que rodeaban la ciudad fueron arrasados: aquel período aún se conoce en Sicilia como «el saqueo de Palermo».

Pero algunas de las características de la asociación habían cambiado. Muchos sicilianos emigrados a Estados Unidos en las décadas anteriores al conflicto habían vuelto, entre ellos numerosos hampones de Chicago y Nueva York. Y sus criterios chocaban con la vieja organización y sus estrictos, aunque siempre siniestros, códigos de honor.

Los «americanos» no le hacían ascos al control de la prostitución, algo impensable para un capo chapado a la antigua.

Y lo mismo sucedía con el tráfico de drogas. Los capos tradicionales, por otra parte, provocaban la risa de los recién llegados con su afición, por ejemplo, al siempre lucrativo negocio de la manufactura de reliquias. Con la complicidad de los párrocos de los pueblos, la Honorable Sociedad vendía desde mucho tiempo atrás todo tipo de falsos amuletos sagrados: un cabello de un santo, una uña de una santa, una urna con cenizas de algún apóstol, e incluso las raspas de alguno de los peces multiplicados por Cristo. En un estudio de 1962 realizado por el periódico *Le Ore*, se detallaban los siguientes hallazgos: diecisiete brazos de san Andrés, trece de san Esteban, doce de san Felipe, diez de san Vicente, otros diez de santa Tecla, dieciséis dedos de san Juan Bautista y catorce cabezas de distintos santos, entre ellas la de san Julián. Al mismo tiempo, la organización criminal había exportado a Estados Unidos veinte armaduras de Juana de Arco, veinte sayas utilizadas por san Francisco de Asís, cincuenta rosarios de Bernadette y el mismísimo báculo que llevaba Moisés cuando condujo a su tribu hacia la Tierra Prometida.

Pero la comicidad de este tipo de trapicheos chocaba con la realidad del plomo, desatada por la rivalidad entre los viejos y los nuevos líderes. Entre 1944 y 1948, en Corleone se produjeron 143 muertes violentas, en ese momento el mayor porcentaje de crímenes de cualquier población del mundo. Y dos hombres nacidos en Corleone iban a protagonizar los diferentes estilos de la Mafia: Michele Navarra, la organización tradicional, y Luciano Leggio, la modernizadora.

Navarra era un personaje curioso dentro de la red de la sociedad. Hijo de una familia acomodada de Corleone, estudió y se licenció en Medicina en Palermo, antes de regresar a su pueblo; allí instaló su consulta y fue alcanzando los más importantes cargos médicos locales, además de ostentar la presidencia de la Democracia Cristiana (DC) y la de la Asociación de Agricultores. Entretanto, su influencia crecía dentro de la Cosa Nostra corleonesa, a la que se adhirió nada más volver de la capital siciliana. Se dice, aunque no está probado, que él mismo mató al doctor Nicolosi, que había copado hasta que él llegó todos los puestos de honor de Corleone destinados a los galenos. Navarra siempre contó con el apoyo del *capo di tutti capi*, don Calogero Vizzini, hasta el fallecimiento de éste en 1954.

Un general de los *carabinieri*, Carlo Alberto dalla Chiesa, del que hablaré más adelante, describió así a Navarra: «Astuto, culto, orador desenvuelto aunque cuidadoso..., informal en el vestir, corpulento y rubicundo, buen jugador de cartas y cazador entusiasta [...], ha conseguido crearse una atmósfera de consideración que le ha valido el respeto y la gratitud de la gente, especialmente de los más pobres».

Todo un hombre de honor a la vieja usanza.

En 1945, Navarra contrató a varios jóvenes violentos a los que encargaba los trabajos «sucios», mientras él se ocupaba de los «limpios». Ellos eran Luciano Leggio, Bernardo Provenzano y Salvatore Riina. Unos y otro tenían tareas precisas: los primeros sembraban las calles de Corleone de cadáveres mientras Navarra desplegaba su ingenio, por ejemplo, en manipulaciones electorales, como aquella en la que emitió cientos de certificados de ceguera a mujeres del pueblo para que las acompañaran a las urnas, como lazarillos, hombres de la Honorable Sociedad, que se aseguraban así de que su voto iba a parar a la DC.

A comienzos de 1948, un socialista corleonés, Placido Rizzotto, encabezó un movimiento de protesta campesina contra el poder de la Cosa Nostra y sus aliados políticos, ofreciendo un programa de colectivización de la tierra que de inmediato encontró un gran eco entre la empobrecida población agraria. Rizzotto era un hombre tranquilo, corajudo y poco dado a actuar bajo el impulso de la pasión. Pero un día, ante varios campesinos, ridiculizó a Luciano Leggio —apodado «el Profesor»— con alguna frase brillante que éste, quizá, no entendió bien, pero que le hizo sentirse humillado. En ese instante, Rizzotto firmó, probablemente, su sentencia de muerte: las ironías ingeniosas con los criminales no solían dar en ese tiempo un buen resultado en Sicilia, aunque el público presente las aplaudiera.

El 10 de marzo de ese año, Rizzotto desapareció mientras paseaba por Corleone a la caída de la tarde y no volvió a saberse de él. Dos años después, un mafioso declaró ante un tribunal que había sido asesinado a tiros por Luciano Leggio y su cadáver arrojado a una sima de la Rocca Busambra. La policía buscó en el lugar, una suerte de montaña de 1.613 metros de altura situada unos kilómetros al norte de Corleone, junto al denso bosque de la Ficuzza, llena de cuevas, zanjas y estrechos cañones; y de las honduras de la piedra rescató numerosos huesos, zapatos, ropas..., algunos de ellos pertenecientes a Rizzotto. Era una suerte de cementerio de la Mafia. Más adelante se recuperaron nuevos restos del socialista y, en el 2012 (sesenta y cuatro años más tarde), fueron enterrados en Corleone en una ceremonia de Estado a la que asistió el presidente de la República italiana.

En 1952, otro de los hombres del Profesor corroboró el

testimonio del primer gánster sobre la muerte de Rizzotto. Pero ambos las retiraron más tarde, alegando haberlas realizado bajo presiones de la policía, y Leggio fue absuelto por falta de pruebas. El crimen, sin embargo, siguió sembrado de dudas. El día después de su desaparición, un pastor de trece años, el niño Giuseppe Letizia, fue ingresado en el hospital donde trabajaba Navarra con un fuerte ataque de nervios, diciendo que había visto cómo, en la Rocca Busambra, dos hombres ahorcaban a un tercero y que uno de los ejecutores era Leggio. Navarra se ocupó del chaval: le aplicó un «sedante» que resultó ser una inyección letal y el posible testigo pereció. Nadie podía ya implicar a Leggio en el asesinato. Y por si acaso quedaba algún cabo suelto, los dos cómplices que habían declarado como testigos y, más tarde, retirado las primeras acusaciones contra el gánster, fueron ejecutados a balazos en las calles de Corleone.

Por cierto que, no muy lejos del lugar donde fue arrojado el cuerpo de Rizzotto, en otra formación montañosa de Roccamena, al oeste de Busambra, se encontró un nuevo «camposanto» mafioso en el 2017, con doce cuerpos en sus cuevas —diez adultos y dos niños— desaparecidos entre los años sesenta y ochenta del pasado siglo. Y poco después, en el interior de otra sima, apareció un Fiat 1 con los cadáveres de dos mafiosos en su interior, muertos en 1999. Como no sabían qué hacer con el automóvil, los criminales lo echaron a la fosa con sus víctimas dentro.

En los años siguientes, Navarra y Leggio comenzaron a sentir que sus intereses chocaban, y el primero decidió librarse del segundo. En mayo de 1958, sus hombres le tendieron una emboscada, pero logró escapar con una ligera herida. En agosto devolvió la pelota al hasta entonces «padrino» de Corleone: junto con sus cómplices Bernardo Provenzano y Salvatore Riina, ametralló el coche en el que viajaba Navarra hacia la cercana población de Lercara Friddi, con un amigo médico; ambos murieron. La policía encontró en el lugar 124 casquillos de bala de diversos calibres y 94 proyectiles alojados en el cuerpo del capo. Los asesinos abandonaron en el lugar tres pistolas automáticas, una ametralladora y un subfusil. En Corleone se decretó un día de luto oficial por la muerte de tan distinguido ciudadano.

Entre 1958 y 1962, pisando charcos de sangre, Leggio ascendió los peldaños que le llevaron al poder supremo de la Cosa Nostra corleonesa. En ese tiempo, unos ciento cuarenta hombres fueron liquidados a tiro limpio, en tanto que las desapariciones resultaron casi incontables. Entre sus criminales favoritos, Leggio llevaba «en el corazón» a «Totò» Riina, que le había salvado la vida en el atentado que Navarra organizó contra él.

Luciano Leggio, veinte años más joven que Navarra y corleonese como él, era vehemente y presuntuoso, vestía trajes muy caros, conducía espléndidos automóviles y le gustaba alardear de cultura, razón por la que, a pesar de ser casi analfabeto, estaba encantado con el apodo de «el Profesor». Era muy locuaz y adoraba exhibir su riqueza, al contrario que los viejos líderes de la Cosa Nostra, a quienes, como dice Peter Robb, «el poder les importaba más que el lujo». Desde los dieciocho años no cesó de matar y, por causa de ello, visitó con frecuencia las cárceles sicilianas, donde estableció una estrecha amistad con Salvatore Riina y Bernardo Provenzano.

Comenzó a expandir sus negocios en los años sesenta del pasado siglo, implicándose en el tráfico de heroína y en la especulación inmobiliaria. Perseguido por la policía, hubo de pasar a la clandestinidad, pero fue detenido a menudo. Procesado en numerosas ocasiones entre los sesenta y los setenta, en todos los casos resultó absuelto por falta de pruebas y después de que los jueces y los abogados contrarios recibieran cartas anónimas amenazándolos de muerte.

Entre 1969 y 1973 permaneció huido de la justicia, burlando constantemente a los *carabinieri*. Al fin abandonó Sicilia y se estableció en Milán, donde montó una lucrativa trama de secuestros.

Sin embargo, en 1974 fue capturado y juzgado de nuevo por el asesinato de Navarra. Esta vez no pudo eludir la condena, que fue cadena perpetua. Murió en un presidio de alta seguridad de Cerdeña de un ataque al corazón, en noviembre de 1993. Su cuerpo fue trasladado a Corleone, donde está enterrado.

Su principal compinche, Bernardo Provenzano, once años más joven, comenzó su carrera como pistolero y pronto se distinguió por su determinación y frialdad en el oficio, por lo que fue apodado «el Tractor». Leggio decía de él que «disparaba como un ángel, pero tenía un cerebro de gallina». No era verdad: los años revelaron que era bastante más inteligente que sus jefes.

Al quedar Leggio encerrado de por vida en la cárcel sarda, Provenzano y su compañero Totò Riina pasaron a dominar la Cosa Nostra. Riina se alzó como su máximo líder y Provenzano como su segundo en el mando. Cuando Riina fue detenido en 1993, Provenzano tomó el control de la organización y siempre se mantuvo oculto, al punto de ser conocido como «el invisible». Fue considerado por un tribunal —en su ausencia— responsable o cómplice de 127 crímenes y condenado por ello a cadena perpetua. Según señala Andrea Camilleri en su libro *Vosotros no sabéis*, Provenzano, con el paso de los años, había moderado sus posiciones y, al contrario que Riina, solía oponerse a echar mano del asesinato, salvo en casos que considerara excepcionales.

Finalmente, en abril del 2006, el escondrijo del elusivo gánster fue descubierto en el mismo pueblo de Corleone, para sorpresa de la propia policía. Se le sacó de la población entre grandes medidas de seguridad y le encerraron en la prisión de Terni, en la región de Umbría, totalmente incomunicado con el exterior y con las comidas estrictamente controladas por si intentaban envenenarle. Murió en junio del 2016 de una infección pulmonar.

Y, en fin, nos queda Riina, probablemente el más salvaje de todos los capos de la historia de Sicilia.

Hay apodos que resultan raros o apenas identificables con quienes los llevan, pero otros son radicalmente exactos. Y así sucede con el que, desde el principio de su carrera, distinguió al gánster Salvatore «Totò» Riina, nacido en Corleone en 1930: *la Belva*, («la Bestia»).

Era bajo de estatura (1,58), por lo que también le llamaban a veces «el Corto», pero muy fornido. «Nunca lo vi enfadado —señalaba uno de sus hombres, según cuenta Peter

Robb en su libro *Medianoche en Sicilia*—; un poco excitado a veces, pero nunca agresivo y grosero.» Otro de sus pistoleros lo describía de este modo: «Parecía un campesino, sí; pero era un gran diplomático y Dios sabe lo mucho que cuenta la diplomacia en la Cosa Nostra. Tenía un gran poder de convicción y, cuando lo necesitaba, sabía cómo volver loco a cualquiera». Y un tercero remataba: «Era astuto y feroz, una combinación poco frecuente en la Mafia».

A los dieciocho años inició su carrera de matarife, ejecutando a un comerciante corleonés, lo que le permitió ingresar en la organización criminal. Y se ve que le cogió gusto al gatillo, porque al año siguiente se cobró una nueva víctima en un tiroteo y fue a parar a la cárcel durante seis años. Se dice que, a lo largo de su vida, decretó la muerte de unos mil adversarios, de los cuales él mismo se ocupó de más de cuarenta. Organizó innumerables secuestros y desapariciones y no reparó en asesinar a mujeres y niños cuando lo creía necesario. Entre otros hechos siniestros, destaca su orden de amputar el brazo a Salvatore Inzerillo, de quince años; Riina había liquidado a su padre, un gánster famoso de Palermo, y en el entierro el muchacho juró que lo mataría en cuanto fuera mayor. Tras cortarle el miembro, acabó con la vida del chico.

Durante el período de «guerra» entre las organizaciones criminales corleonesa y palermitana por hacerse con todo el poder en Sicilia, en una escondida estancia, la llamada «habitación de la muerte», Riina participó de forma activa en la tortura de sus enemigos para obtener información. Cuentan que le complacía estrangularlos —a sus vigorosas manos las víctimas le duraban una media de tres minutos— y después sus matones se ocupaban de disolver los cuerpos en ácido, o en cal viva, o los troceaban para arrojarlos al mar.

Debía de tener, no obstante, un corazón romántico, porque se enamoró como un adolescente, pasados los cuarenta, de la hermana de uno de sus hombres: Antonia «Ninetta» Bagarella, que era profesora y presumía de haber leído a Maquiavelo. Al parecer, según contaba uno de sus leales, parte de la familia de ella se opuso al matrimonio. Y Totò dijo: «No amo a otra mujer que no sea mi Ninetta. Y si algunos de los suyos no me dejan casarme con ella, tendré que matar a unos cuantos». Naturalmente, obtuvo el permiso y la desposó en 1974. De la unión nacerían cuatro hijos, dos varones y dos hembras. Los chicos seguirían la brillante carrera de su padre, con crímenes incluidos, y ambos permanecieron encarcelados durante años.

Los capos palermitanos no habían hecho demasiado caso de los corleoneses, a los que llamaban despectivamente «campesinos» (i viddani). Pero se inquietaron después de que Riina, como hombre de Leggio, tomara todo el poder en su pueblo, Corleone, y decidiera dar el salto a Palermo para hacerse con el liderazgo de la Cosa Nostra en toda Sicilia, sin dejar de serle fiel nunca al Profesor. Cuando Leggio, juzgado en 1974, fue a parar para siempre a la cárcel, Riina se aplicó a la tarea de planificar la «campaña de Palermo». Y lo hizo como sabía: a sangre y fuego.

Pocas veces se vieron tantos cadáveres en las calles de la capital insular como en aquella década de los ochenta (se calcula que perecieron alrededor de mil setecientos gánsteres, cómplices y familiares). Los pistoleros de Riina acabaron con las bandas de Bontate, Inzerillo y Badalamenti, entre otros, y el capo se ocupó personalmente de matar con un fusil ametrallador kalashnikov a sus principales jefes. «En Palermo no hubo una guerra entre mafiosos —declaró un hampón durante un juicio—. Hubo una masacre.» Como señala el periodista español Íñigo Domínguez en su espléndido trabajo *Paletos salvajes*: «En España suelo decir, para que se entienda, que ETA ha asesinado a más de 800 personas en cuarenta años, una cifra que se superó ampliamente en sólo dos años por la guerra de la mafia de Palermo en los ochenta».

Los crímenes siguieron con el paso de la década y se extendieron a policías, jueces y fiscales. Todo el que se oponía a Riina era eliminado de inmediato, y sus adversarios se tomaban también cumplidas venganzas. Mientras tanto, el capo corleonés, que había pasado a la clandestinidad en 1979, se enriquecía más y más con la especulación inmobiliaria y los secuestros. En su día llegó a decirse que estaba implicado con su colega Leggio —por ese tiempo establecido en el continente— en el rapto en Roma de Jean Paul Getty III, el nieto del multimillonario norteamericano, por cuyo rescate su abuelo pagó tres millones de dólares a la mafia calabresa, la 'Ndrangheta, después de recibir una oreja de la víctima cortada por sus captores.

Quizá el exceso de poder enloquece y hace a los hombres temerosos incluso de su entorno. Y Riina comenzó a sospechar de todos cuantos le rodeaban, a excepción de un grupo reducido de fieles, como Provenzano. A Pino Greco, apodado *Scarpuzzedda* («Zapatito»), uno de sus pistoleros favoritos, le encargó el asesinato de Filippo Marchese, que había sido su guardaespaldas, porque le veía alentar ambiciones excesivas; cuando éste fue ejecutado, Riina ordenó acabar con Greco, lo que se cumplió en el año 1985. Su cadáver fue disuelto en cal viva y Riina hizo correr el rumor de que había huido a Estados Unidos.

Greco y Marchese eran supuestamente muy amigos y, según el testimonio de un mafioso arrepentido, gustaban de matar juntos, por el sistema de rodear el cuello de sus víctimas con una soga y tirar al mismo tiempo cada uno de ellos de un extremo. En el Macroproceso de Palermo contra la Mafia de 1986-1987, a pesar de estar muerto, Greco fue juzgado *in absentia,* acusado de cincuenta y ocho asesinatos, aunque se piensa que superó la cifra de ochenta, y condenado a cadena perpetua. Entre otros, en 1981 exterminó casi por completo al clan palermitano de los Inzerillo, que controlaba el tráfico de heroína. Al último que ajustició fue al hijo del capo de la familia, Salvatore.

Antes de ello, en mayo de 1982, el gobierno de Roma nombró al general Carlo Alberto dalla Chiesa prefecto de Palermo, con el encargo de pacificar la isla y poner fin a la violencia gansteril. El jefe *carabiniere* había derrotado a las temibles Brigadas Rojas y era un héroe en toda Italia. Empezó su tarea con brío, deteniendo a muchos pistoleros y a algunos capos. Pero en septiembre, en la puerta de su casa, él y su mujer fueron ametrallados por Pino Greco con su AK-47 mientras se encontraban en el interior de su automóvil. Dalla Chiesa había vaticinado semanas antes su fin: «Soy un muerto viviente», le dijo a su esposa. Meses atrás, en abril, Greco había acabado también con la vida de Pio La Torre, un dirigente comunista que había impulsado las leyes antimafia que condujeron al Macroproceso y que había logrado desvelar una buena parte de las conexiones entre la DC y la Cosa Nostra en el negocio de la especulación inmobiliaria, el famoso «saqueo de Palermo».

Nada detenía a Totò. Incluso tenía trato directo con Giulio Andreotti, el gran líder de la DC, la aliada permanente de la Cosa Nostra. Pero su poder comenzó a verse amenazado por aquellos que, entre los suyos, temían sus impredecibles y sangrientas decisiones, pues cada vez eran más los delincuentes que acudían a la justicia en calidad de «arrepentidos» para declarar contra él y evitar que los asesinaran. Provenzano intentó contenerle, detener la espiral de su violencia criminal, pero Riina no le escuchó.

Como era de esperar, sus enemigos aumentaron y buscaron formas de vengarse. Uno de ellos era el mafioso palermitano Tommaso Buscetta, que en la campaña desatada por Riina había perdido a dos hijos, un hermano, un sobrino y un yerno. Buscetta huyó a Brasil, pero fue extraditado y, al regresar a Sicilia en 1982, sumido en la desesperación, intentó suicidarse ingiriendo veneno. No obstante, los médicos le salvaron. Entonces tomó una decisión que sería capital en la lucha del Estado contra la Mafia: contarlo todo. Sólo puso un requisito: hacerlo ante el juez Giovanni Falcone, al que conocía desde niño porque habían nacido en el mismo barrio de la Kalsa, en Palermo. Y así se hizo.

Buscetta reveló con extrema minuciosidad todo el entramado de la Mafia, comenzando por su estructura de mando, sus métodos, su mentalidad, su concepción del «honor», su sistema de poder interno piramidal, su ceremonia de iniciación —que incluía el deber de cometer un crimen antes de ingresar en la asociación— e incluso el nombre que se daba a sí misma: Cosa Nostra, algo desconocido hasta ese momento.

Falcone calculó que, para entonces, la organización siciliana contaba con unos cinco mil miembros en los diversos territorios de la isla.

Otros mafiosos, aterrados por las razias de los «escuadrones de la muerte» de Riina, que alfombraban las calles de Palermo de cadáveres, se acogieron a la condición de «arrepentidos» y las informaciones aportadas llegaron ocupar más de ocho mil páginas de testimonios directos. Giovanni Falcone y su más estrecho colaborador y amigo, Paolo Borsellino, trabajaron día y noche durante meses para preparar el sumario del macrojuicio contra la Cosa Nostra.

Entre el 10 de febrero de 1986 y el 16 de diciembre de 1987 (esto es, durante veintidós meses), 474 acusados de pertenencia a la Mafia y de sus delitos desfilaron ante el juez en un búnker construido para la ocasión con extremas medidas de seguridad: 342 criminales fueron condenados a un total de 2.665 años de cárcel, excluidos los de cadena perpetua. Las sentencias fueron confirmadas, como ya he contado, por el Tribunal de Casación de Roma en 1992.

Entonces Riina cometió el gran error de su carrera, al decidir que atacaría al propio Estado italiano segando la vida de los dos prestigiosos magistrados que le acosaban: Falcone y Borsellino.

Volví al centro del pueblo ya de anochecida. No llovía. Sentía —falsamente, claro— que decenas de ojos, ocultos tras las ventanas de las casas, me observaban. Me detuve en una plazuela unos instantes para contemplar un busto de Bernardino Verro, un regidor socialista asesinado por la Mafia en 1915.

Sicilia no sólo ha parido delincuentes, sino también gentes honradas y valientes como él o como los muchos jueces, periodistas y policías caídos en la lucha contra el crimen organizado. A Verro le metieron en el cuerpo once balazos cuando regresaba a su casa. Apenas llevaba dirigiendo la alcaldía cinco meses, pero su memoria sigue viva entre los ciudadanos respetables de Corleone. También ha sido y es recordado entre sus ejecutores y sus descendientes: en 1917, la talla fue robada y no volvió a ponerse en su lugar una nueva hasta 1992; poco después, ésta fue destruida y, de nuevo, hubo de cincelarse otra para sustituirla.

Busqué una pensión cerca de la plaza de Falcone y Borsellino, nombrada así en homenaje a los dos heroicos togados asesinados por orden de Salvatore Riina. Y luego me senté en un café a tomar una pizza con un refresco.

La noche se tendía lúgubre sobre la población. Corleone es tétrica por lo que la memoria nos dice de ella. Y yo lo sentía en el alma.

¿Quedan rastros de la Mafia en Corleone? Sin duda. De otro modo, ¿por qué hay flores frescas en las tumbas de los siniestros capos? Todavía en el 2016, el primer ministro Renzi ordenó disolver el gobierno municipal de la localidad, controlado por la Cosa Nostra.

Corleone no merece ser amada, pero muchos de sus habitantes han peleado y todavía pelean por devolverle su dignidad.

Amigos desde la infancia, Giovanni Falcone y Paolo Borsellino nacieron y crecieron en lo que fuera el barrio árabe de la

Kalsa, entre el centro de Palermo y la Cala de Oro que se abre al mar. Se criaron con chicos que en el futuro llegarían a convertirse en importantes miembros de la Cosa Nostra, como Tommaso Buscetta, pero ellos escogieron un camino distinto. No obstante, su conocimiento de la psicología de los delincuentes les allanó bastante el camino para combatir a la siniestra asociación.

Hombro con hombro, emprendieron en los ochenta la tarea de acabar con el poder de la Honorable Sociedad y aplicaron, entre otras cosas, una ingeniosa estrategia: crear un grupo de jueces en el que todos conociesen todos los datos que hubiera sobre la organización criminal, asegurándose así que, si algunos morían, siempre quedaran representantes de la ley que pudieran seguir actuando. Una de las novedades que introdujeron en sus investigaciones fue el estudio de las grandes cuentas corrientes de los bancos y el fluir del dinero, con la convicción de que la Mafia actuaba allí donde había ganancias.

Gracias a su paciencia y determinación, también pusieron en solfa al partido de la DC, íntimamente emparentado por aquellos años a la Honorable Sociedad. Tampoco la Iglesia católica salió librada en sus pesquisas, e incluso en el gran juicio de Palermo se mencionaron casos de complicidad del clero con los acusados. El cardenal Salvatore Pappalardo llegó a calificar el *macroprocesso* como «un espectáculo opresivo», señalando que el aborto segaba más vidas que la Mafia. Al concluir las sesiones del búnker palermitano, algunos importantes capos huyeron de la ciudad o cesaron en sus actividades, temerosos de la acción de los jueces. No así Riina.

Los dos jueces sabían lo que se jugaban. Falcone, un año antes de que estallara la bomba que puso fin a su vida, señaló a sus más cercanos: «Sigo teniendo una cuenta pendiente con la Cosa Nostra. La saldaré con mi muerte, natural o no». Premonitoriamente, publicó un libro que tituló *Yo tenía que ser el próximo*. Borsellino, a su vez, sentenció sobre Falcone: «Primero le matarán a él. Y luego me matarán a mí». Y añadió: «Soy un cadáver andando».

Pero siguieron adelante. Y Riina, pese a la opinión contraria de algunos de sus adláteres, decidió actuar en la misma línea que tantos éxitos le había proporcionado: asesinando.

A eso añadió un elemento nuevo: la falta de discreción. La Mafia siempre había procurado evitar llamar mucho la atención y preferido, por ejemplo, el estrangulamiento a los balazos, el revólver al fusil ametrallador. Riina no se anduvo con exquisiteces y en su venganza contra los magistrados escogió la trilita (TNT, trinitrotolueno).

El día 23 de mayo de 1992, con Italia sumida en una honda crisis política e institucional tras las elecciones del mes de abril anterior, Giovanni Falcone y su esposa, la también togada Francesca Morvillo, volaron hacia Palermo desde Roma. Lo hacían casi todos los fines de semana y siempre en secreto, sin que lo supieran más que unos cuantos próximos. Alguien se enteró, sin embargo, probablemente en las filas de la DC, un partido al que las investigaciones del juez estaban dañando profundamente y, en particular, a Giulio Andreotti.

Desde unos días antes, en el desvío al pueblo de Capaci, dos chicos, montados en sendas bicicletas, habían ido dejando, con discreción y poco a poco, kilos y kilos de trilita en un canal de desagüe bajo la autopista que iba a Palermo. También instalaron un detonador que podía ser activado con un mando a distancia. La tarde de aquel sábado en que Falcone y su mujer llegaron al aeropuerto de Punta Raisi, a eso de las seis, había ya alrededor de cuatrocientos kilos de explosivo bajo la carretera.

Tres coches y siete guardaespaldas esperaban a Falcone en el aeropuerto. Y unos kilómetros más allá, unos treinta antes de llegar a Palermo, cinco hombres de la Cosa Nostra aguardaban el paso del convoy en una caseta blanca situada en lo alto de la colina Raffo Rosso, con un dispositivo de control remoto listo para hacer estallar la carga colocada en el canalón. El jefe del grupo era Giovanni Brusca, un asesino de confianza a las órdenes de Riina.

Cuando el primer automóvil con guardaespaldas cruzó sobre el lugar, Brusca accionó el dispositivo. El coche de Falcone, que iba detrás, conducido por el propio magistrado, fue alcanzado de pleno por la explosión. Él y su mujer perecieron poco después en el hospital, junto con tres de los escoltas. Varios cientos de metros de asfalto fueron arrancados de cuajo por el estallido de la bomba.

Borsellino llegó a tiempo al centro hospitalario para ver morir a su amigo de toda la vida. Lloró como un niño y sólo fue capaz de decir: «Giovanni era mi escudo; yo seré el próximo».

No se equivocaba. El 19 de julio siguiente, domingo, fue a visitar su madre a su domicilio de la Via D'Amelio, un edificio de apartamentos. En la explanada delantera había un coche aparcado. Ni el magistrado ni sus cinco escoltas, armados con metralletas, le prestaron atención. Cuando Borsellino tocó el timbre de la vivienda de su progenitora, el automóvil, que ocultaba cien kilos de trilita, explotó. El juez y sus cinco guardaespaldas murieron al instante.

La reconstrucción de los hechos que costaron la vida a Falcone pudo llevarse a cabo gracias a las declaraciones de Brusca, quien, después de ser detenido en mayo de 1996, aceptó colaborar con la justicia. Brusca, apodado *Lo Scanna-cristiani* («el Matacristianos»), uno de los pistoleros favoritos de Riina, tiene quizá el más negro currículum de toda la historia del crimen en Sicilia.

Él mismo decía que no era capaz de recordar en detalle todos los asesinatos que había cometido y que, con toda seguridad, había matado a más de cien personas, «pero menos de doscientas». De modo que se le atribuyen alrededor de ciento cincuenta.

Durante la sangrienta década de los ochenta en Palermo, cuando era el jefe de uno de los «escuadrones de la muerte» a las órdenes directas de Riina, acabó con una mujer embarazada de varios meses, después de haber terminado con la vida de su amante, un capo palermitano enemigo de los corleoneses.

Tras el fin de Falcone, un «arrepentido» que había sido amigo de Brusca, Santino Di Matteo, reveló en 1994 a la policía los primeros datos del atentado que costó la vida al juez en 1992 y que señalaban a Brusca como autor material. En represalia, el Matacristianos secuestró a su hijo Giuseppe, de doce años, y lo mantuvo encerrado durante dos. En enero de 1996 decidió eliminarlo: lo estranguló —o hizo que lo estrangulara uno de sus hombres— y mandó disolver su cuerpo en ácido. John Dickie recoge en su libro el testimonio que Brusca dio a la policía sobre la muerte del niño: «Si hubiera tenido un momento para reflexionar, un poco más de calma para pensar, como hice con otros crímenes, quizá habría habido una posibilidad entre mil, entre un millón, de que hoy el chico estuviera vivo. Pero ahora sería inútil tratar de justificarlo. Sencillamente en aquel momento no lo pensé detenidamente».

Cuando Brusca visitaba la casa de Di Matteo, durante los días que fueron amigos, jugaba a menudo con el pequeño Giuseppe en el jardín. Le gustaban los críos.

En la Cosa Nostra nadie consideró que Brusca faltara al sentido mafioso del honor por matar a un chico de catorce años. Pero sí perdió la honorabilidad, para la organización, cuando empezó a colaborar con la policía. Así son las leyes de la Mafia.

Condenado a 26 años de cárcel, Brusca será liberado en 2022, con sesenta y tres años de edad, tiempo sobrado para seguir asesinando, o para recibir un tiro como venganza.

En cuanto a Totò Riina, parecía haber ganado la partida con la desaparición de los dos jueces. Pero no era así. La ola de indignación popular creció en toda Italia, los «arrepentidos» llegaron por decenas a las comisarías para pedir protección a cambio de información, la policía afinó sus pesquisas, los tribunales impulsaron nuevos juicios, muchos secuaces de Riina le abandonaron, la vieja mafia le volvió la espalda y sus cómplices de la DC, hondamente debilitada y dividida, esta vez no pudieron echar una mano al gánster.

Detenido en Palermo en enero de 1993 y juzgado por numerosos delitos, Riina fue condenado a cadena perpetua. Murió incomunicado en el 2017 en una cárcel de Parma, de cáncer, a los ochenta y siete años de edad.

Pero, como ya he contado, en su tumba había flores aquel día en que visité el cementerio de Corleone.

Riina había ganado la batalla, pero perdido la guerra, pues la Mafia corleonesa vio esfumarse su poder en Palermo durante los años siguientes y, con ella, en toda Sicilia. La organización tuvo que resignarse a pasar a un segundo plano en el liderazgo de las sociedades criminales del país, a favor de los calabreses y los napolitanos. Hoy en día, pese a que sigue extorsionando a numerosos comerciantes y propietarios con el famoso *pizzo* —el impuesto de supuesta protección—, ya son muchos los que se niegan a pagarlo e, incluso, existe una asociación cívica que se llama Addiopizzo («Adiós *pizzo*»). Las represalias sobre ellos son cada vez más escasas y la asociación ha preferido acomodarse al más rentable y menos sangriento negocio de la droga.*

Más todavía: hoy cualquier escritor puede tocar el tema de la Mafia casi con la total seguridad de que no va a costarle la vida —no así en Nápoles, con la Camorra—, mientras que a finales del siglo xx todavía era un tema tabú. Leonardo Sciascia afirmaba en 1961, cuando publicó su famoso *El día de la lechuza*, que era el primer autor siciliano en hablar de la Cosa Nostra en una obra de ficción, olvidando al personaje de don Calogero Sedàra, de *El Gatopardo*, la monumental obra de Lampedusa editada en 1958.

Es importante también, a la hora de hablar de la decadencia de la organización siciliana, el papel jugado por la Iglesia católica. Esta institución, tan poderosa en Italia, nunca juzgó a la organización criminal como su gran enemigo, al contra-

---

* Sobre el *pizzo* también señala el periodista Íñigo Domínguez algo muy significativo: «Es aún la base de la economía doméstica de los clanes, basada en una cínica paradoja: págueme, que yo le protejo de mí mismo; de lo contrario, no le puedo garantizar que no le queme el garito».

rio que a los masones o los comunistas. En los años de la posguerra, el Partido Comunista de Italia (PCI) era un partido muy fuerte, hondamente enclavado en la sociedad italiana, tanto en el campo como en la ciudad, y prestigiada en la lucha de la Resistencia contra Mussolini. Pero en plena Guerra Fría se convirtió para Occidente en un adversario a tener en cuenta. De modo que se formó casi un frente de repulsa al comunismo italiano en el que participaban la OTAN, la DC y el Vaticano, a cuyo servicio se puso de inmediato la Mafia. En las grandes ceremonias religiosas y, en especial, durante las procesiones de Semana Santa, el capo de la localidad siempre ocupaba un sitial destacado junto a la autoridad eclesial.

A su vez, todos los grandes jefes de la Cosa Nostra han sido fervorosos creyentes. No es de extrañar que, durante sus varias visitas oficiales a la isla —estuvo cinco veces—, el papa Juan Pablo II no pronunciase una sola palabra condenatoria nada más que en una ocasión, en 1993, durante su tercer viaje cuando afirmó que «ningún hombre, ninguna asociación humana, ninguna mafia» tiene el derecho de matar.

No obstante, en el 2014, el papa Francisco tomó partido definitivo contra las organizaciones criminales siciliana, calabresa y napolitana, en un discurso dedicado a ellas, en el que les pidió: «¡Por favor, cambiad de vida, convertíos, dejad de hacer el mal!».

Igual que en Corleone, toda Italia, de norte a sur, de este a oeste, está llena de calles, avenidas, plazas, colegios, universidades, jardines, aeropuertos e instituciones públicas y privadas que llevan el nombre de Falcone-Borsellino. Pocos son los que han olvidado en el país aquello que dijo una vez el primero de los dos: «Los hombres pasan, pero las ideas quedan y continúan caminando en las piernas de otros hombres». También proclamó un año antes de su asesinato: «Yo no tengo miedo a morir, soy siciliano».

No obstante, aunque la Cosa Nostra viva uno de los peores momentos de su historia y pueda decirse que se encuentra realmente «tocada», la organización sigue ahí, agazapada, esperando el momento oportuno para restablecer su poder. Lo peor, como dice Íñigo Domínguez en *Paletos salvajes*, es que «Italia se ha acostumbrado al ruido de fondo de la Mafia, como al del tráfico».

Me esperaba un camino largo y extraño, y, en consecuencia, madrugué. Al bajar en busca del desayuno, en el solitario comedor de mi pensión, volví a notar cómo crecía en mi interior una profunda desolación. Subí a mi automóvil y me alejé despacio hacia la salida de Corleone, sabiendo que jamás volvería a aquel lugar si no me llevaban atado.

Antes de recalar en Palermo, quería visitar el pueblo de Montelepre, la patria del bandolero Salvatore Giuliano. La mejor ruta pasaba por llegar a la capital y tomar desde allí una carretera secundaria que se dirige hacia el oeste. Pero me atraía la idea de continuar por el interior de la isla, seguir percibiendo lo que de irreductible tiene Sicilia, su atadura indisoluble con el pasado, su desvinculación con cualquier idea de felicidad. Viajar optando por la primera de las opciones podría llevarme dos horas; por la segunda, tal vez cinco, en un dédalo de pequeñas calzadas en el que, visto mi mapa, quedaba claro que era fácil extraviarse. Sin embargo, como dijo en cierta ocasión Paul Bowles, «siempre me han atraído las cosas que pueden terminar mal», así que escogí la segunda alternativa.

Era un día de cielo extraño, grisáceo, polvoriento, que de cuando en cuando derramaba goterones de agua terrosa sobre el parabrisas de mi vehículo y otras veces daba paso a un sol desnudo de fulgor. Los días del otoño, en las llanuras secas del sur, suelen ser feos y desabridos: el calor del verano ha agostado la tierra, ha abierto hendiduras en su piel costrosa y no hay rastro de alegría en el paisaje. El color dominante es el pardo, las montañas sin vegetación parecen exentas de cualquier rastro de vida y el cielo se tiñe de una palidez cadavérica. Y más aún en Sicilia, donde el fuego del estío ha arrasado semanas antes todo resto de feracidad.

Seguí la carretera que va hacia Palermo, recorrí las cercanías del bosque de la Ficuzza, donde el mafioso Navarra solía guardar el ganado robado, y pasé no muy lejos de la Rocca Busambra, el tétrico cementerio de las víctimas de la Mafia corleonesa. Y poco más adelante, tomé la dirección de Piana degli Albanesi. A partir de allí, el camino se convirtió casi en un juego de los despropósitos: retrocesos, extravíos, cruces en los que no sabía hacia dónde tirar, indicaciones de algunos campesinos, en lengua siciliana, que no podía comprender. Atravesé pueblos en apariencia deshabitados, sobre pistas donde desaparecía el asfalto durante varios kilómetros, junto a cauces de riachuelos sedientos, montañas descarnadas y de pellejo pétreo, campos de naranjas cuyos frutos se pudrían en árboles escuálidos, roquedales sin brillo, cerros pelones, huertas cansadas, lagunas secas y parcheadas de costras de cieno... No había rastros de personas, animales o vehículos, y el páramo siciliano se ofrecía ante mi mirada tal y como debieron de verlo los cartagineses, romanos y árabes cuando lo pisaron por primera vez, llegando desde el mar. O quién sabe: quizá entonces crecían los bosques en aquel desierto en donde ahora señorean las adelfas y ruedan, formando pelotas pajizas, los matorrales muertos. Como dice Norman Lewis, era «una paisaje africano, óseo, quemado por el sol, con cimas espectrales y el aullido del siroco».

Me perdí varias veces, pero a eso de la una del mediodía, un cartel me avisó de la cercanía del pueblo. Al fondo de la carretera, una empinada cuesta se abría entre las casas, que se apretaban las unas a las otras, dejando espacio apenas suficiente para el paso del coche. El cielo seguía turbio. Llegué a una plaza desierta en la que pude aparcar el auto y maté el hambre con una pizza que parecía cocida el día anterior.

Luego, tras lograr comprender a duras penas las indicaciones del tabernero, subí de nuevo a mi vehículo y me dirigí al cementerio.

Salvatore Giuliano (1922-1950) era mucho más guapo que el actor que le interpretó en la memorable película de Francesco Rosi, el americano Frank Wolff, y seguramente habría sido igual de buen artista, o quién sabe si mejor, de haberse dedicado al cine en lugar de hacerse bandolero. Era atractivo, de frente ancha, gruesos labios y mirada irónica, delgado, musculoso, de elevada estatura para un siciliano medio y sabía posar con apostura ante las cámaras que tantas veces le fotografiaron. Enamoraba a las mujeres con facilidad, aunque alguna le reprochó estar demasiado «enmadrado». Su fama de valiente hombre de acción, de poco respeto a la ley y, sin embargo, amigo de la causa de los más desfavorecidos, le hizo ganar no pocas voluntades. Vivió sus veintisiete años rodeado por una orla heroica, al estilo de un moderno Dick Turpin; pero murió como un perro.

Hijo de una familia muy pobre, apenas fue a la escuela en Montelepre y aprendió malamente a leer. La región donde creció, el noroeste de Sicilia, había sido muy rica en tiempos de los romanos, que transformaron los valles baldíos en huertos y campos en los que abundaban los frutos y, sobre todo, los cereales. Los árabes engrandecieron aún más la zona, con sofisticados sistemas de regadío, un fuerte impulso a la parcelación y al reparto de tierras y el cultivo de nuevos vegetales traídos de África y casi desconocidos en Europa, como los cítricos. Pero con el paso de los siglos, sobre todo por la dictadura de los grandes latifundistas locales y los abusos de la Cosa Nostra, el abandono se expandió por los territorios agrícolas, las acequias se vaciaron de agua, los canales de riego quedaron cegados por el barro y la miseria se adueñó de las gentes. La emigración, el contrabando, el alistamiento a la Mafia y el bandidaje aparecieron como algunas de las pocas alternativas que se ofrecían a los jóvenes para escapar del hambre. El chaval Salvatore Giuliano estaba en el lado de los menesterosos y decidió ganarse la vida con el trapicheo de mercancías.

Las grandes operaciones de tráfico ilegal de productos las llevaba a cabo la Cosa Nostra con la complicidad de la policía. Los pequeños delincuentes se quedaban con los restos, pero eran perseguidos implacablemente por los *carabinieri*, que así pretendían ganar crédito como agentes honrados de la ley. Un día, dos guardias descubrieron a Giuliano con un

saco de harina robado y trataron de detenerle. El muchacho
les hizo frente, sacó una pistola y mató a uno de ellos. El otro
le hirió, pero el chico pudo huir al monte. Cuando se repuso,
organizó a un grupo de amigos y atacó por sorpresa la cárcel
de Montelepre, liberando a varios detenidos. Con ellos formó
su primera partida de bandoleros, y se especializó en asaltos
súbitos a cuarteles de la policía y en el secuestro de personas
adineradas, por cuyo rescate cobraba sustanciosas cantidades
de dinero. Otro de los negocios que le proporcionó buenos
ingresos fue la compraventa de armamento, pues en Sicilia se
encontraba gran cantidad de material de guerra abandonado
o perdido por los ejércitos que libraban el gran enfrentamiento del verano de 1943 en la isla. El propio Giuliano estaba
mejor pertrechado de armas que los agentes de la ley cuando
la invasión llegó a su término. Durante el mes que duró la
batalla, colaboró activamente con los servicios secretos estadounidenses, como hizo la Mafia.

Cultivaba una imagen de generoso forajido y, a menudo,
tras una operación dirigida contra ricos propietarios, repartía
parte del botín entre los pobres, procurando siempre que su
gesto fuese acompañado de gran publicidad. Al tiempo, se
proclamaba enemigo del comunismo y también de la Mafia,
que, como dice Norman Lewis, «le miraba con sonrisa de
reptil, esperando que llegara su momento».

Al término de la contienda era el malhechor más famoso
de Sicilia. Envanecido, siempre se presentaba de esta guisa,
como un césar: «Mi nombre es Giuliano». Y ya alentaba un
proyecto político del que se veía pieza fundamental: la independencia de Sicilia. Por otra parte, era el rey indiscutido de
Montelepre. Pese a la presencia en el pueblo de un contingen-

te de *carabinieri*, que tenía contra él una orden de busca y captura, se permitía el lujo de dormir a menudo en su casa, sin que ningún agente se atreviera a ir a detenerle.

El Partido Separatista, formado por aristócratas —con el duque de Carcacci y el barón La Motta a la cabeza— y con una cierta aquiescencia de la Mafia desde la sombra, le conectó. El jefe militar de la formación, un tal Concetto Gallo, había organizado al sudoeste de la isla una red de partidas armadas que iban a operar como guerrillas en el levantamiento en favor de la ruptura con Italia, y pretendía que Giuliano uniera su experimentada partida al intento de rebelión. Pero éste se negó a trasladar su fuerza desde Montelepre y propuso operar en su zona coordinadamente con Gallo para mantener abierto un doble frente contra el gobierno. Su punto de vista fue aceptado a regañadientes.

No obstante, las fechas para el alzamiento se retrasaban una y otra vez. Gallo no lograba reclutar voluntarios suficientes y los que llegaban no tenían ni la menor idea de lo que significaba combatir, pues eran en su mayoría jóvenes soñadores salidos de las universidades. No había caballos, necesarios para la lucha en las sierras, y ni siquiera jinetes que supieran montarlos. Y los víveres escaseaban.

De modo que las deserciones comenzaron. A finales de 1945, el ejército separatista contaba tan sólo con 58 hombres. Después de tres días de combates, Gallo cayó herido y fue hecho prisionero. El resto de los alzados lograron huir y se dispersaron por el interior de la isla durante meses. Ya sólo quedaban 20 combatientes en la tropa. Al entrar el verano, únicamente eran dos: los demás habían abjurado o muerto. La guerra por la independencia de Sicilia terminaba en comedia, y los nobles y los capos hicieron las paces con el gobierno.

Giuliano se quedó solo en su bastión de las montañas, pero siguió alentando su sueño de una Sicilia escindida de Italia. Continuó la lucha por su cuenta, asaltando estaciones de policía y matando guardias. Su último intento político resultó ridículo, pues escribió una carta al presidente de Estados Unidos, Harry Truman, proponiéndole que aceptara a Sicilia como un nuevo estado de la Unión. Nunca obtuvo respuesta de la Casa Blanca.

Entretanto, la Cosa Nostra volvió a sus negocios, los aristócratas renunciaron a sus ideas separatistas a cambio de la autonomía de la isla y la DC comenzó a preparar sus alianzas —con la Iglesia, Estados Unidos y la Mafia— para derrotar la fuerza pujante del comunismo.

En la primavera de 1946, a Giuliano le propusieron un pacto: hacer valer su influencia entre el electorado campesino para que votara a la DC, eliminar a las partidas rivales que operaban en la cordillera del oeste siciliano y dejar en paz a los terratenientes. A cambio, prometían la amnistía para él y sus hombres e, incluso, salvoconductos para irse a vivir a Brasil.

Giuliano aceptó y operó con presteza, ayudado en su empresa por el tenaz *capo di tutti capi* don Calò Vizzini. En un juicio masivo, 292 bandidos fueron enviados a la prisión de Ucciardone y no quedó con vida un solo cabecilla salteador, salvó él. Y a finales de 1946, el campo estaba «pacificado» casi al completo. Giuliano volvía a ser útil, aunque él ya no era el líder supremo ni quien tomaba las decisiones más importantes.

Quedaba la tarea de frenar al comunismo, y el 1 de mayo de 1947 recibió la orden de actuar. En Portella della Ginestra, un descampado a medio camino de los pueblos Piana degli Albanesi y San Giuseppe Jato, la izquierda iba a celebrar un gran acto multitudinario, mezclado con una suerte de festejo tradicional religioso, pues en esa misma fecha se conmemora en Sicilia la festividad de la Santa Crucifixión. Doce días antes, el Bloque del Pueblo había derrotado en los dos distritos a los representantes de la derecha y de los terratenientes en las elecciones constituyentes del parlamento autónomo de Sicilia. Los comunistas y socialistas que formaban la coalición de izquierdas querían aprovechar el festejo popular para reclamar, una vez más, la posesión de las tierras no cultivadas para los campesinos pobres.

Aquella mañana, unas nueve mil personas, en una buena parte niños, se congregaban en la explanada de Portella. Sobre ella dominaba un otero formado por piedras blancas y arrimado a las faldas del monte Pizzota. Cuando el primer secretario del PCI de Piana subió a la plataforma e inició su discurso, una lluvia de disparos cayó sobre la multitud desde las rocas y el pánico se desató. Durante diez minutos, la granizada de balas alcanzó a la gente que huía en desbandada, empavorecida. Once personas murieron ese día, incluidos cuatro menores de edad, y veintisiete resultaron heridas, algunas de las cuales fallecieron poco después.

Giuliano y once de sus hombres fueron los autores de la matanza y algunos testimonios convinieron en que el bandido había recibido órdenes de líderes de los terratenientes y miembros de la DC y de la Mafia. «Quieren tierra, ¿no? —se cuenta que dijo un bandolero—. Entonces le daremos dos metros a cada uno.»

En los meses siguientes, centros sindicales y sedes de partidos de izquierda del occidente siciliano fueron atacados con dinamita y cócteles Molotov, y numerosos militantes y afiliados, asesinados a tiros. Aliado con los finqueros, Giuliano era un ciclón en su campaña anticomunista. Nada quedaba de aquel heroico forajido que robaba a los ricos para dárselo a los pobres. Muy al contrario: ahora aterrorizaba a los pobres para asegurar la tranquilidad de los ricos.

En 1948, en unas nuevas elecciones, la derrota del Bloque del Pueblo fue estrepitosa. Giuliano había cumplido sobradamente con su parte del acuerdo, pero ya no era útil para los otros, y peor aún: sabía demasiado.

Con el paso de los meses, la presión policial, las maquinaciones de la mafia y la DC e, incluso, la complicidad de la Iglesia católica fueron aislando al bandolero. Sus hombres desertaban, otros morían cazados a balazos por los *carabinieri* y el propio Giuliano se ocupaba de ejecutar a los que consideraba posibles traidores. Pero él seguía convencido de su poder, había llegado a creerse invencible, e incluso se atrevió a ordenar el secuestro de don Calò y el del obispo de Montreale, monseñor Filippi, que por supuesto no se tomaron nada a broma las amenazas del bandido y se ocultaron durante un tiempo en lugares seguros.

A comienzos de 1950, a Giuliano tan sólo le quedaba un hombre al lado, su segundo en el mando, Gaspare Pisciotta. Se habían criado juntos en Montelepre, como si fueran hermanos, y no había nadie en quien el forajido confiara tanto, a excepción de su madre. Curiosamente, ella le había advertido de que tuviese cuidado con Pisciotta, pero Giuliano no hizo caso. Y sucedió lo que en tantas tragedias reales o imaginarias acontece a menudo, desde Jesucristo hasta Jesse James, pasando por Julio César: que su mejor amigo o uno de sus discípulos favoritos se transformó en el principal traidor.

Los mafiosos se ocuparon de convencer al lugarteniente y el Estado puso el dinero para comprarle, además de comprometerse a pagar los gastos de su juicio cuando Pisciotta se hubiera deshecho de Giuliano. Se habló entonces de veinticinco millones de liras de recompensa, aunque la cantidad nunca quedó clara. El coronel Luca, al parecer con el visto bueno del ministro del Interior, el democristiano Mario Scelba, estableció un plan para el crimen: aunque su hombre de confianza se ocupara personalmente de dar muerte a Giuliano, la «hazaña» debería atribuirse a la policía, tanto para lavar la imagen del gobierno en los turbios asuntos sicilianos, como para que la ley ganara crédito entre los ciudadanos de Sicilia.

Giuliano se había refugiado en casa de un abogado mafioso, un tal De Maria, en el pueblo de Castelvetrano, unos ochenta kilómetros al sur de Montelepre. Muy pocos lo sabían, pero entre ellos estaba Pisciotta. La noche del 4 de julio de 1950, alrededor de las nueve, dos automóviles llegaron a las cercanías de la casa. En uno de ellos viajaba el bandido con un conductor; en el otro, el capitán Perenze con dos *carabinieri*. Pisciotta dio orden de detenerse a los dos coches a unos cincuenta metros de la entrada de la vivienda y continuó solo, caminando, hasta la puerta. A través del ojo de la mirilla, estuvo un buen rato dialogando con De Maria, y éste, al fin, le permitió pasar. Él y Giuliano se encontraron y se enfrascaron en una larga charla que duró horas. Pisciotta señaló que se quedaría a dormir y subió a la habitación que otras veces había compartido con su jefe. Giuliano, nervioso, siguió hablando desde su cama mientras Pisciotta aguardaba a que el sueño le venciera.

Fuera, los policías esperaban inquietos. Pero a las tres y diecinueve de la madrugada, cuando llevaban en el lugar más de seis horas, se escucharon dos disparos. Y al poco Pisciotta apareció en la calle, sin apenas ropa, medio descalzo, con una pistola en una mano y un zapato en la otra. Subió a su coche a toda prisa, apartó al chófer del volante y se alejó del lugar como llevado por el diablo.

El capitán Perenze y sus dos hombres corrieron hacia la casa. Di Maria los dejó entrar. Subieron la escalera y encontraron en la habitación a Giuliano, que yacía sin vida en su cama con dos balazos bajo la axila izquierda.

Los agentes despertaron a la criada y le ordenaron limpiar toda la sangre de la habitación y lavar las sábanas. Arrastraron el cuerpo hasta el piso principal, lo sacaron al exterior y lo tumbaron boca abajo, colocando a su lado las armas del propio bandido. Perenze le ametralló entonces con su subfusil. Y como la sangre que brotó de sus nuevas heridas era muy poca, los *carabinieri* degollaron varios pollos y extendieron la de los animales sobre el muerto. Pocas veces se ha visto un escenario de un crimen tan chapucero como el de aquella noche en Castelvetrano.

El drama casi devino en tragicomedia. Al día siguiente, la prensa llegó en riadas al pueblo. Y después de que los restos de Giuliano fuesen llevados al depósito de cadáveres, la madre del bandido fue captada por varias cámaras, vestida de negro y de rodillas, besando la sangre seca de las losas del patio de la casa de De Maria. Nadie le advirtió que era la de un ave de corral y no la de su amado Giuliano. Cuando la desconsolada mujer se marchó, una plañidera ocupó su lugar, ofreciéndose a interpretar la escena, para los fotógrafos que llegaban tarde, a cambio de dinero.

Los policías y el gobierno elaboraron su particular versión sobre la forma en que murió Giuliano, pero no se sostuvo. Fue el abogado De Maria quien acabó por contar lo realmente sucedido, en una confesión ante un juez de instrucción que pronto sería confirmada por el propio Ministerio del Interior italiano. De todas formas, el capitán Perenze fue ascendido a comandante, y el coronel Luca, a general. En cuanto al político de la DC Mario Scelba, llegó a ser primer ministro entre 1954 y 1955 y alcanzó el cargo de presidente de la Comunidad Europea entre 1969 y 1971. Los pecados de juventud se olvidaban en poco tiempo en Italia.

Gaspare Pisciotta anduvo ocultándose durante cinco meses, hasta que al fin se entregó a la autoridad y le encerraron en la cárcel de Viterbo, cerca de Roma. En su primera declaración afirmó: «Yo maté a Giuliano por un acuerdo personal con el ministro Mario Scelba», y en el juicio que se siguió contra él, cargó todas las responsabilidades de la masacre de Portella sobre los políticos de la DC y la policía. Fue condenado a cadena perpetua y enviado al presidio de Ucciardone de Palermo mientras esperaba otro proceso, en el que se le había prometido de todo a cambio de que no hablara de casi nada.

Ucciardone era un lugar dominado por la Mafia, desde la dirección hasta el último calabozo. No era el mejor sitio para Pisciotta, y él lo sabía. Vivía en su celda como si fuera una guarida rodeada de fieras, y tomaba sus precauciones, como la de hacer probar su comida por quienes se la traían. También había obtenido el derecho a prepararse personalmente su propio café, del que controlaba el agua, el concentrado e incluso el azúcar.

Sin embargo, dos días antes del comienzo de su nuevo juicio, en el que Pisciotta había anunciado que iba a revelar un buen puñado de cuestiones que implicaban a la DC en asuntos turbios que llegaban al asesinato, añadió a su *espresso* una cucharada de concentrado de vitaminas prescrito por el doctor del centro penitenciario, como alivio de un malestar pulmonar que sufría. En el remedio viajaba la estricnina.

Norman Lewis, en su libro *La Honorable Sociedad*, lo cuenta así:

> Dos minutos después [Pisciotta] caía al suelo y, en un intento de evitar que el veneno camuflado en el medicamento tuviera tiempo de aplastarle bajo la contracción de sus propios músculos, llegó a rastras hasta la jarra de aceite de oliva y bebió con la esperanza de vomitar el veneno. Era demasiado tarde. Se había mordido la lengua, babeaba sangre, y sus gritos retumbaban por toda la prisión. Le llevaron a toda prisa a la enfermería, donde le pusieron al cuidado del mismo hombre que había envenenado su medicamento. Tras media hora de agonía, la más atroz que puede conocer el cuerpo humano, Pisciotta murió.

En las semanas y meses siguientes, la Mafia acabó con las vidas de todos los actores menores de aquella tragedia, y la historia de Salvatore Giuliano quedó en manos de Francesco Rossi, que realizó una maravillosa película sobre el guapo bandolero.

El cementerio de Montelepre se encuentra a la salida del pueblo, en la carretera que se dirige hacia Palermo. Lucía un sol tímido cuando llegué. En la puerta, unos obreros reparaban un trozo de muro y el guardia los contemplaba con indolencia, fumando un cigarrillo. Cuando me acerqué, se levantó y apagó el pitillo cegándolo con la suela del zapato.

—Giuliano, ¿no? —dijo adelantándose.

—¿Cómo lo sabe?

—¿Para qué otra cosa puede acercarse un extraño a este lugar? Venga conmigo.

Me condujo por estrechos y silenciosos callejones flanqueados por espigados cipreses de verdor ceniciento y mausoleos de piedra. Y al poco me señaló uno de ellos. Sobre la entrada, bajo un relieve en mármol de la Virgen con el Niño, se leía: «Famiglia Giuliano». El guardia me hizo señas de que le esperara y se marchó en busca de la llave.

Cuando entré en el estrecho recinto de unos nueve o diez metros cuadrados, el lugar me pareció el panteón de un emperador o de un papa. La tumba de Salvatore Giuliano era un gran féretro de mármol en cuyo frente estaban grabados su nombre y su apellido y la foto del rostro del bandido en la que aparece como un actor de Hollywood; al lado figuraban las fechas de su nacimiento y muerte: 16-11-1922 y 5-7-1950. Había también cincelados en la piedra dos escudos de la Trinacria, el viejo símbolo de la Medusa de cabellos de serpiente, con tres piernas dobladas por las rodillas, que representa a la isla desde los días de la Magna Grecia. Las flores frescas abundaban alrededor de la caja, y sobre su tapa se extendía una bandera independentista siciliana, formada por barras amarillas y rojas y un cuadro azul en el extremo superior donde, de

nuevo, aparecía dibujada la Medusa de Trinacria. Era un diseño modelo USA que, lejanamente, me recordaba a la *estela-
da* separatista catalana. En los nichos superiores de la cripta
reposaban los restos de los padres del bandolero, fallecidos
en 1955.

Nada evocaba allí la memoria de un bandido, sino que
todo remitía al recuerdo de un patriota. De haber sido yo cre-
yente, habría rezado una breve oración por los muertos de
Portella della Ginestra.

¿Por qué los grandes criminales sicilianos tienen sepulcros tan suntuosos y los monumentos y sepulturas de los
mártires de la Mafia son a menudo mancillados?

Tomé la carretera hacia Palermo. No estaba lejos. Pero la
vía era de nuevo una pequeña tortura: rota, zigzagueante,
mezquina..., cercada por campos paupérrimos, con ocasionales bosquecillos, con ordenadas filas de raquíticos olivos y
viñedos humildes. Recordé de nuevo al siciliano Vincenzo
Consolo: «Isla de naturaleza desasosegada, isla del caos y de la
amenaza: tierra de magma y de calígine, de margas y de azu-
fres; tierra de mares inquietos, de insidiosos escollos, de islas
humeantes; tierra de pedriscal, de baldíos, de míseras exten-
siones desoladoras».

6

El país que nunca existió

Llovía, no a mares, sino oceánicamente cuando entré en Palermo. La ciudad parecía un pajarraco humillado bajo la tormenta, sumida en un atasco de tráfico imponente y con un berreo de bocinas lejanamente parecido a la algarabía que se escucha en los montes toledanos durante la época de celo de los ciervos. No era una bella visión de la urbe que tantos años había soñado con visitar, si es que lograba distinguir algo bajo el aguacero. No obstante, mal que bien, con la ayuda de un plano, di con el barrio en el que se encontraba mi hotel y, tras aparcar mi coche donde pude, caminé bajo el chaparrón hasta el portal del hospedaje que tenía reservado.

En realidad se trataba de un capricho, ya que el hospedaje adonde iba, en el centro de la antigua Palermo, se encontraba en un moderno edificio de apartamentos de clase alta y estilo pijo, alzado sobre el solar en que quedó convertido el antiguo palacio de los Lampedusa tras un tremebundo bombardeo estadounidense en la primavera de 1943. El apartamento era un dúplex de lujo que, por supuesto, se llamaba Lampedusa, y la calle donde se levantaba llevaba el mismo nombre. Alojarme allí me costaba un buen dinero, pero como soy un mitómano literario y mi objetivo primordial para acercarme a Sicilia era seguir las huellas del último dueño de aquel apellido, quería empezar por ahí, a sabiendas de que, en el fondo, se trataba de una pretensión inútil. De la antigua y esplendorosa residencia no quedaba ni rastro y lo único a lo que podía aspirar era a colocarme sobre el punto exacto donde vivió el autor de *El Gatopardo*. ¿Quién podía ser testigo de mi paso? Tan sólo el cielo, naturalmente.

En su relato «Los lugares de mi primera infancia», escrito después de concluir *El Gatopardo*, Lampedusa recuerda aquel hogar en donde vino al mundo y señalaba que hasta pocos meses antes de su destrucción (el 5 de abril de 1943), dormía en la misma habitación en que nació el 23 de diciembre de 1896 y en la que esperaba morir. La describía luego con detalle, con sus medidas, mil seiscientos metros cuadrados, y anotaba la distribución de las habitaciones para la familia: en un ala, él y sus padres; los abuelos paternos en la otra, y sus tíos solteros en el segundo piso. Tenía tres patios, cuatro terrazas, jardín, caballerizas, cuartos para el servicio y la administración. «Un verdadero reino para un muchacho solo —escribe en sus memorias—, un reino vacío o, a veces, poblado por figuras muy entrañables [...]. Yo era su dueño absoluto y recorría constantemente sus vastos espacios, subiendo desde el patio, por la escalera grande, hasta la galería situada sobre el tejado, desde el que se veía el mar y el monte Pellegrino, y toda la ciudad hasta Porta Nuova y Monreale...» El parque le fascinaba por sus olores y su diseño desordenado. De este último lugar, leo en *El Gatopardo*, «trascendía un deseo de belleza agotado pronto por la pereza», y añade: «Era un jardín para ciegos: la vista era ofendida constantemente, pero el olfato podía extraer de todo él un placer fuerte, aunque no delicado».

De todo aquello, nada queda. Así que, durante esa mi primera noche en Palermo, dormí bajo el cielo de Lampedusa, que, por cierto, no cesó de arrojar agua por miles de litros.

Todo está en Palermo. Y sin Palermo no se explica Sicilia. Y sin Sicilia no puede comprenderse Italia, porque la isla es la llave de todo el país, según acertó a señalar Goethe. Por mi parte, no eludo los riesgos que supone el decir que, en cierta manera, quien no ha estado en esta tierra del *mezzogiorno* no conoce el mundo.

¿Cómo explicarlo? Pasaba junto a un palacio barroco y, un poco más adelante, asomaba delante una iglesia medieval. Después, un arco árabe, una torre normanda, un pórtico español, una fachada bizantina..., el olor de las especias de Oriente, el gusto empalagoso de un dulce moruno, un aroma a guiso de cordero catalán, una *caponata* con sabor a pisto de llanura manchega..., el tomate de huerto soleado, la berenjena griega, la naranja magrebí, el aceite serrano, el amargor de la aceituna, el recio vino rojo..., el cielo claro de Andalucía, la solidez de las almenas germanas, el garboso meneo de las caderas de una hermosa mujer de aire napolitano, los arabescos de alambre en una jaula dentro de la que canta una calandria del Ática... y, al fondo, el mar, azul de hierro, azul nórdico, azul cobalto, el más azul de todos los azules...., el luminoso Tirreno de los romanos.

Y también vibra esa historia dislocada, repleta de matanzas, asedios, torturas y venganzas. Recordé de nuevo lo que escribió el inglés John Julius Norwich: «La historia de Sicilia es triste. Y para los no sicilianos, esta adorable isla siempre permanecerá como un enigma».

Agotada la Magna Grecia y tras terribles conflictos bélicos y crímenes masivos, Roma conquistó el territorio insular en su totalidad, después de tres sangrientas guerras con Cartago. *Carthago delenda est* («Cartago debe ser destruida»), clamaba Catón el Viejo al finalizar sus discursos. Y la realidad le hizo caso en el 149 a.C.: la mayoría de los civiles cartagineses, unos trescientos cincuenta mil, fueron asesinados; el resto, alrededor de cincuenta mil, vendidos como esclavos junto con los niños, y las mujeres acabaron en los prostíbulos del imperio.

Fue un período, el romano, lleno de crueldad. A la metrópoli sólo le interesaba cobrar impuestos a los ciudadanos de la isla, cuyos extensos campos fueron destinados al cultivo del trigo, hasta el punto de convertirse en el que se llamó entonces «granero del imperio». Para ello, se quemaron los inmensos bosques de robles que cubrían casi toda la superficie del territorio y se inició la desertización, al anegarse los ríos, que hoy afecta a una buena parte de su geografía. En esos días, también, comenzaron a formarse los primeros grandes latifundios que acabarían por ser una seña de identidad en la historia de Sicilia.

Las frecuentes rebeliones populares eran reprimidas con extrema dureza y los prisioneros, enviados a Roma para combatir con fieras salvajes en los espectáculos del circo. En el año 100 a.C., cientos de ellos se suicidaron en sus mazmorras, en el Coliseo, antes de enfrentarse a los leones y los tigres para entretener a la multitud. Particularmente cruel fue Gaius Licinius Verres, nombrado gobernador en el 73 a.C., que durante tres años llevó a Sicilia a una total degradación, torturando, confiscando, asesinando, violando y saqueando, no sólo a los naturales del lugar, sino incluso a los romanos establecidos allí. Llamado a la metrópoli, hubo de fletar un barco para llevarse con él todas las riquezas que había atesorado con sus robos. Fue juzgado por sus delitos y el propio Cicerón, que viajó a Sicilia para recabar información, fue su principal acusador. En el juicio le calificó como «el más atroz criminal en la memoria de la humanidad».

En el 20 a.C., la isla fue catalogada por Roma como «colonia» y sus habitantes recibieron la ciudadanía del imperio. Luego, durante casi cinco siglos, Sicilia pareció ocultarse al testimonio de los historiadores. Se sabe que, cuando Constantino el Grande trasladó su capital a Constantinopla y declaró el cristianismo religión oficial de su reino, en Sicilia se extendió con rapidez el nuevo credo: un hecho curioso, pues la influencia romana no pasó de ahí y la gran mayoría del pueblo siguió hablando en griego.

En el siglo v d.C., después de varios cientos de años de presencia latina, los bárbaros cruzaron por mar hasta el territorio siciliano. Primero fueron los godos, después los hunos y al fin los vándalos. Sólo los últimos parecieron interesarse por el lugar, que en el año 468 cayó por entero bajo su dominio. Pero el territorio no se vio afectado demasiado por su presencia.

En el 533, Justiniano inició desde Constantinopla su campaña por recuperar sus antiguos dominios del Imperio romano de Occidente. Para ello contó con un general soberbio: Belisario, un tracio romanizado. Dos años más tarde, Belisario conquistó Sicilia sin apenas esfuerzo, después de tomar el puerto de Palermo, por entonces una pequeña población. El dominio bizantino duraría casi tres siglos.

Un nuevo emperador, Constante II, decidió trasladar la capital del Imperio romano de Oriente —Bizancio— a Occidente, y en el año 663 eligió, sorprendentemente, a Siracusa. La decisión no supuso para la isla ningún privilegio, sino un aumento disparatado de los impuestos y una política de extremados abusos por parte de los funcionarios reales. Por suerte para los sicilianos, Constante II fue asesinado en la bañera en el 668 por un sirviente, y su sucesor, Constantino IV, se llevó otra vez la sede imperial a Constantinopla.

No hay mucho que contar sobre el siglo siguiente, salvo que los árabes comenzaron su expansión por el Mediterráneo. En el año 719, casi toda Hispania había sido ocupada por ellos, después de su desembarco en la Península en el 711, y había pasado a llamarse al-Ándalus, quedando bajo la soberanía del califato de Damasco.

Sicilia sufrió en ese tiempo numerosas *razias* de piratas musulmanes. Pero no fue hasta el año 827 cuando la invasión comenzó a hacerse efectiva, con el envío de una poderosa fuerza naval que alcanzó las playas de Mazzara, viniendo desde Túnez. La conquista fue lenta. En el 831 caía Palermo, que fue elegida como sede principal de los asaltantes. Mesina se rendía en el 843 y Siracusa padeció un terrible asedio, que duró hasta el 878, y en el que sus habitantes llegaron a recurrir al canibalismo para poder subsistir. La caída de esta ciudad se considera el acontecimiento final de la conquista árabe, aunque todavía se producirían pequeños levantamientos bizantinos en algunos lugares de la isla, siempre fracasados.

Bajo el islam, Sicilia vivió un período de gran prosperidad durante casi siglo y medio. A pesar de ser ciudadanos de menor rango y de quedar fuera de cualquier asunto relacionado con la política, sus pobladores cristianos gozaban de gran libertad y tolerancia, sobre todo de culto. No tenían las obligaciones de pesados impuestos y del servicio militar de los días de Roma; sencillamente, pagaban un tributo anual a los contables del emir. El sistema de enseñanza de las escuelas seguía siendo el helenístico y las artes vivían un gran momento, en especial mediante un fluido intercambio cultural con la no muy lejana y próspera al-Ándalus.

En la agricultura siciliana, la presencia árabe supuso toda una revolución. Muchas tierras se repartieron entre pequeños propietarios, al contrario de lo que habían hecho los romanos y lo que harían más tarde los señores medievales. Además, según anota Norwich, trajeron al campo insular técnicas de cultivo en terrazas, de canalización de aguas y de irrigación. Introdujeron nuevos productos vegetales, como el papiro, el algodón, el melón, el pistacho, la palma de aceite, la caña de azúcar y los cítricos. Y en pocos años, sus exportaciones reportaban ya grandes beneficios. En los mercados de las ciudades, sobre todo en Palermo, los comerciantes musulmanes negociaban en armonía con los cristianos y los judíos.

Los magrebíes sentaron las bases de buen gobierno que los primeros soberanos normandos harían suyas, convirtiendo la isla en un reino ejemplar.

La mañana siguiente a mi llegada lucía un sol primoroso y la brisa corría lozana, lavado el cielo por el agua de los chaparrones nocturnos. Busqué un nuevo hotel y luego eché a andar por el centro de la ciudad, un poco dejándome ir, hacia la Via Maqueda y, más adelante, Vittorio Emanuele arriba. Las edades parecían sucederse a mi paso y yo creía reconocerlas y sentirlas pasar a mi lado. Sicilia posee la energía y la capacidad de transmitirte la sensación de que el pasado es real, que revive en el presente y que tú mismo, al tiempo, eres parte de tal emoción. Quizá el secreto íntimo de la isla sea esa especie de milagro: la presencia súbita en tu propia realidad de que nada de lo que fue ha desaparecido, de que lo que creías muerto está vivo y palpita a tu lado e, incluso, dentro de ti mismo.

En la Piazza Vincenzo Bellini no me hubiera extrañado escuchar el canto de un almuédano. Y más arriba, en la catedral, imaginé que el asfalto temblaba bajo las pisadas de las botas de cuero normandas. Y en la fortaleza que fue sede de unos y de otros creí oír el tañido de las campanadas de la concordia.

No hay en el mundo una sala medieval semejante a la Capilla Palatina de ese palacio cristiano de origen musulmán. Es la expresión suprema de la tolerancia, del acuerdo, de la armonía entre los credos y las culturas distintas..., todo ello reflejado en el sueño de Virgilio: un orden supranacional político y espiritual que estuvo a punto de cumplirse aquí, precisamente aquí, en Palermo.

¿Cómo no sentirse, de inmediato, seducido por esa ciudad? Esa primera mañana me enamoré para siempre de Sicilia y, en particular, de su capital.

Antes de disfrutar del asombro de contemplar el bellísimo Pantocrátor de la sala, me había asomado brevemente a la catedral. Es un extraño edificio que parece salido de los caprichos de varios arquitectos enfrentados los unos con los otros. Como ha sido retocada una y otra vez a lo largo de los siglos (su construcción original es de 1185), tiene rasgos de estilo árabe, otros de gusto normando, algunos del gótico catalán e, incluso, toques renacentistas. Cuando se contemplan, desde la fachada sur, sus cúpulas, arcos y torreones, uno no sabe si se encuentra en Roma, en Marrakech, en Barcelona, e incluso en Venecia.

Dentro, en algunas de sus capillas, hay tumbas de reyes medievales; entre ellas, la del que fuera sin duda el mejor de todos los soberanos sicilianos: el normando Roger II.

Pero el gran santuario huye de cualquier pretensión de circunscribirle a un papel monumental y que lo limite a ser el escenario de las visitas turísticas o a las celebraciones más rimbombantes. Al salir a la calle tras visitar sus estancias, comenzaron a sonar las campanas tocando a muerto y un coche funerario se detuvo cerca del pórtico. Entre varios hombres bajaron un ataúd y lo condujeron dentro. Y al poco, en la explanada que se abre ante el templo, apareció un cortejo de gentes alegres que acompañaban a una novia vestida de blanco —que, por cierto, caminaba relajada y fumando un cigarrillo— al encuentro de quien iba a ser en breve su marido, que esperaba en la puerta y se había santiguado al paso del féretro del muerto. De modo que teníamos, al mismo tiempo, una boda y una misa de difuntos. Ignoro con cuál de las dos ceremonias comenzaría el clérigo responsable su jornada laboral.

En Sicilia, insisto, el pasado nunca perece.

El dominio árabe de la isla entró en un período de decadencia a poco de iniciarse el siglo XI. Un clan de nobles normandos descendientes de los vikingos y asentados en el norte de Francia, los Hauteville, cuyas tropas encabezaba Tancredo Guiscard, conquistó en el año 1060 Reggio, en el sur de la bota italiana; y el joven Roger, el menor de sus doce vástagos, rindió poco después la ciudad de Palermo, el centro del poder del sultán. En 1085, Roger acabó con los últimos focos de resistencia magrebí y toda Sicilia quedó en su poder. Murió en el año 1101.

Durante su gobierno, en lugar de poner en marcha una política de mano dura, mostró una tolerancia inusitada para su tiempo. Respetó las mezquitas, declaró lengua oficial el árabe junto con el latín, el griego y el franco-normando, dejó en sus puestos de gobernadores locales a los emires y devolvió sus propiedades agrícolas a muchos de sus antiguos dueños musulmanes.

Su hijo siguió su obra. Logró ser coronado rey por el antipapa Anacleto II en el año 1130 con el nombre de Roger II. Y respetando el recuerdo de su padre, le proclamó por su cuenta Roger I. El segundo soberano normando hablaba árabe, griego, latín y francés. Hizo almirante de la flota a un griego, obispo a un siracusano y jefe de la iglesia de Agrigento a un húngaro.

Para muchos historiadores, el suyo fue el período más brillante de la historia de la isla. Roger II convirtió Palermo en un importante centro cultural y atrajo a numerosos intelectuales y sabios de Europa y de al-Ándalus, entre ellos al ceutí Muhammad al-Idrisi, autor de la llamada *Tabula Rogeriana*, o *Libro de Roger*, que por mucho tiempo fue el estudio más avanzado del continente euroasiático. El monarca murió en 1154.

Con los descendientes de los dos Roger comenzó la decadencia de su linaje y, en 1194, el hijo de Barbarroja, emperador del Sacro Imperio Germánico, conquistó Palermo y se proclamó rey de Sicilia. Su primogénito, Federico II, heredó el trono del imperio y sus posesiones. Fue un rey ilustrado, como Roger II, y un gran militar, como Barbarroja. En el año 1224 fundó la Universidad de Nápoles, que aún lleva su nombre. Era tal su prestigio que fue apodado *Stupor Mundi* («asombro del mundo»). Su tutor, el inglés Michael Scot, tradujo a Aristóteles y Averroes.

A su muerte comenzó el declive germano en Sicilia. Y un príncipe francés, Carlos de Anjou, hermano de Luis IX, el futuro san Luis, era coronado como soberano de la isla en 1266. Se iniciaba con él un período en la historia siciliana significado por la opresión sobre sus súbditos de los angevinos de Carlos llegados de las orillas del Loira. Carlos, además, persiguió con saña a todos los descendientes de la dinastía germana, para exterminar su estirpe.

En la novela *El Gatopardo*, el protagonista de obra, el príncipe Fabrizio de Salina, le dice a Aimone Chevalley di Monterzuolo, un delegado del gobierno de la nueva Italia, enviado a Sicilia en noviembre de 1860 para convencer al príncipe de que acepte un puesto de senador, a lo que el de Salina se niega:

> Somos viejos, Chevalley, viejísimos [los sicilianos]. Hace por lo menos veinticinco siglos que llevamos sobre los hombros el peso de unas civilizaciones tan magníficas como heterogéneas; todas ellas nos llegaron de fuera; ya completas y perfeccionadas, ninguna germinó entre nosotros, a ninguna le dimos nuestra impronta.

Giuseppe Tomasi di Lampedusa sabía de qué hablaba. Y es probable que alentase, con su avidez cultural y su ánimo cosmopolita, un alma mitad normanda y mitad germana.

Me gustaba, durante las jornadas que siguieron, recorrer las calles y las plazas por las que Lampedusa transitaba a diario, comprando pasteles y deteniéndose en los cafés para desarrollar los capítulos de su novela. Disfrutaba caminando desde la cercanía de las orillas del mar, allí en la Via Butera, donde tuvo su última morada, siguiendo hacia el sudoeste por la Via Vittorio Emanuele. Es probable que, mientras paseaba, el último príncipe de su larga estirpe reflexionara a menudo sobre el discurrir del tiempo en su querida Palermo, sobre las edades pretéritas, y sobre su propio espacio vital en aquella urbe tan suya y tan ajena, tan siciliana y tan extraña al mismo tiempo. ¿Cómo escribir sobre ella? Él pertenecía a una clase social que se iba diluyendo en el pasado y, a la vez, marcaba hondamente la historia de su patria. Era un aristócrata sin futuro, orgulloso de los días pretéritos, consciente al tiempo de la injusticia social de aquellas edades, perplejo ante el presente en buena medida irreconocible y seducido por la verdad íntima a que se aboca irremediablemente la gran literatura. Al llegar a la confluencia de Vittorio Emanuele con Maqueda, en los Quattro Canti, los espectros de un mundo de árabes saltaban a su paso y, al poco, los de los normandos. Y él era uno de ellos, al menos de los últimos, un viejo cacique crecido en la riqueza de los latifundios creados por la dinastía de los Hauteville y alentados por los germanos y todos los nobles medievales que los siguieron. Era un señor feudal que adivinaba la fatalidad de su futuro, el fin ineluctable de su mundo, y que al mismo tiempo desdeñaba la tosquedad de un presente exento de belleza y de ética. Era el más siciliano de todos los sicilianos y el más extranjero de todos ellos. Un escritor siempre está solo.

Decía don Fabrizio, protagonista de su gran obra, al caballero Chevalley:

> Estos monumentos del pasado, magníficos pero incomprensibles, porque no los hemos edificado nosotros, que nos rodean como bellísimos fantasmas mudos; todos estos gobiernos que llegaron con sus armas desde lugares desconocidos para encontrarse con nuestro sometimiento un día, nuestro desdén al siguiente y nuestra incomprensión todo el tiempo, y que sólo se expresaron a través de unas obras de arte cuyo sentido se nos escapa y de unos eficaces recaudadores de impuestos, gastados luego en otros sitios.

La abrumadora historia de Sicilia caía sobre las espaldas de aquel hombre grande y entristecido... al que podía imaginar encaminándose ya hacia el Círculo Bellini, uno de los lugares donde le gustaba escribir, vencido por la mala salud y con la carga de su sabiduría, inclinado por el peso de otras edades sobre sus hombros, rodeado por la belleza monumental de su amada ciudad, importada siempre de otras culturas.

Durante los años que siguieron a la proclamación de Carlos de Anjou como soberano de los angevinos, los franceses camparon en la isla a su capricho, empobreciendo a sus habitantes con onerosos impuestos y humillándolos con su arrogancia.

Pero el 30 de marzo de 1282, un pequeño incidente desató la tempestad. En la plaza, junto a la iglesia del Espíritu Santo de Palermo, un sargento galo que andaba de guardia en la zona con un pelotón de guardias, y que según se dijo iba borracho, comenzó a importunar a una mujer siciliana mientras las campanas del templo tocaban a Vísperas, una popular celebración religiosa del orbe católico. El marido intervino y apuñaló al suboficial. Los agentes se abalanzaron sobre el hombre, tratando de acabar con su vida, pero la multitud que se agolpaba en la plaza reaccionó de inmediato con vehemencia. Alguien gritó: «¡Muerte a los franceses!» y se desató un verdadero motín que pronto se extendió a toda la ciudad. A la mañana siguiente, más de 2.000 ciudadanos angevinos, incluidos mujeres y niños, habían muerto y los rebeldes controlaban Palermo. En pocos días, la revuelta se extendió por otros lugares de la isla y 8.000 franceses perdieron la vida a manos de las turbas.

Carlos no supo reaccionar a tiempo y se refugió con sus hombres en Mesina. Un monarca catalano-aragonés, Pedro III, casado con la princesa Constanza, la última pariente de la dinastía germana de Sicilia masacrada por el de Anjou, desembarcó con su ejército en Trapani. Tres días más tarde entraba en Palermo, donde se proclamó soberano de Sicilia haciendo valer sus vínculos matrimoniales con la dinastía germana. De inmediato hizo un llamamiento a los palermitanos, pidiéndoles unirse a él para marchar a la conquista de Mesina, prometiéndoles devolverles todos sus derechos y libertades. Su propuesta fue recibida con entusiasmo por los palermitanos, que odiaban por igual a los franceses que a los habitantes de la ciudad donde el monarca depuesto había buscado protección.

Carlos decidió retirar sus tropas de Mesina, cruzó el Estrecho y Pedro conquistó el último bastión de la isla sin derramar una gota de sangre en septiembre de 1282. Por supuesto que el galo no había renunciado a Sicilia, sino que esperaba reunir más fuerzas y atacar a Pedro. Pero la audacia del rey catalano-aragonés y la fortuna de contar en su ejército con un marino excepcional al que nombró almirante de su armada, el siciliano Roger de Lauria, inclinaron la balanza en su favor. El 14 de octubre, la armada del nuevo monarca derrotó a la de Anjou en Nicotera, cerca de Reggio Calabria, capturando un buen puñado de naves. Y dos años después, frente a Castellammare, los barcos de Roger de Lauria destrozaban la flota angevina, haciendo prisionero al príncipe heredero de Carlos.

El rey francés se negó a reconocer su derrota en Nicotera y, antes de la batalla de Castellammare, propuso a Pedro III un curioso desenlace para su enfrentamiento: decidir la suerte de Sicilia en un combate personal entre los dos soberanos en territorio neutral. Pedro aceptó encantado, pues tenía cuarenta años y el angevino, cincuenta y cinco. No obstante, Carlos se lo pensó dos veces y, tras nuevas negociaciones, acordaron que cada uno de los monarcas iría acompañado a la lid de cien de sus mejores caballeros. Establecieron el día 1 de junio de 1283 para el encuentro armado.

Con todo, no fijaron la hora. Y así, el día de la cita, los aragoneses se presentaron por la mañana temprano, pero no encontraron a nadie en el lugar donde debía celebrarse el combate. De modo que Pedro acusó de cobardía a su enemigo y se proclamó vencedor. Carlos, sin embargo, llegó por la tarde y declaró que era suya la victoria. En resumidas cuentas, que no hubo batalla. Los dos morirían el mismo año, 1285, con una diferencia de tiempo de tan sólo diez meses, sin haberse visto nunca las caras.

La guerra continuaría hasta el inicio del siglo siguiente, tanto en Sicilia, dominada por los aragoneses, como en el continente italiano, donde se hacían fuertes los angevinos. Finalmente, unos y otros sellaron una paz en Caltabellota, en 1302 (veinte años después de la revuelta de las Vísperas), que dejaba a la Corona de Aragón el dominio del reino de Sicilia, llamado en ese momento Reino de Trinacria (el antiguo nombre griego de la isla). El nuevo rey era Federico III, hermano de Jaime I, un gran soldado poseedor de una extensa cultura, hasta el punto de que escribía poesía en catalán.

Más de un siglo después, en 1412, tuvo lugar, en la lejana península Ibérica, un acontecimiento capital para la historia de la isla. Nueve delegados, representantes de los reinos de Aragón, Cataluña y Valencia, se reunieron en Caspe, no lejos de Zaragoza, para votar un soberano que uniera las tres coronas. Y fue elegido Fernando de Trastámara, hijo de Juan I de Castilla, quien, de inmediato, reclamó como parte de sus dominios Sicilia, Córcega y Cerdeña.

A su muerte, cuatro años más tarde, ocupó el trono Alfonso V, quien empuñó el cetro durante cuarenta y dos, los últimos quince desde Nápoles, reino que incorporó a sus posesiones en 1443. En 1458, su sitial lo heredó, como soberano de Aragón y de Sicilia, su hermano Juan II, que disfrutó del poder casi veinte años.

Cuando en 1479, Fernando, el hijo de Juan II y marido de

Isabel de Castilla, fue proclamado soberano de Sicilia y Aragón, pocos imaginaban que se inauguraba un largo y nuevo período en la historia isleña: el del dominio español, que duraría cuatrocientos años con breves interrupciones.

Y quizá ese largo período marcó el aspecto y el carácter de los isleños. Guy de Maupassant juzgaba: «Su irrenunciable orgullo [del siciliano], su amor por los títulos, la naturaleza de su porte e, incluso, su fisonomía le aproximan más al español que al italiano».

Las cosas no les fueron bien a los sicilianos con los Reyes Católicos y sus descendientes. Dos años después de la ascensión al trono de Fernando, la Inquisición desembarcó en Sicilia y musulmanes y judíos fueron obligados a convertirse al cristianismo si no querían acabar en la hoguera. Muchos, pues, hubieron de exiliarse, y la isla se empobreció intelectual y económicamente, entrando casi en bancarrota. Por otro lado, los barones locales comenzaron a mostrar su descontento por el rigor con que eran tratados y, en 1516, a la muerte de Fernando, sus huestes saquearon el palacio del virrey español y éste hubo de escapar a Mesina.

Al pasar el trono a Carlos V, se produjo una nueva revuelta y el gobernador hispano castró vivos a numerosos enemigos antes de arrojarlos al fuego. En 1523, una tercera rebelión también fracasada, sencillamente los descuartizó.

Las décadas siguientes, Sicilia sufrió constantes ataques de piratas argelinos y turcos que llegaron incluso a asaltar Palermo, en 1559 y 1574. En 1571, Mesina fue el punto de reunión de la flota cristiana que partió a Lepanto para enfrentarse a la armada del Imperio otomano. Dentro de la isla, en los campos, crecía el bandidaje; en las ciudades, las partidas de delincuentes asaltaban los comercios, y los habitantes del interior sobrevivían, en su inmensa mayoría, en una hambruna permanente. La corrupción era la norma entre los virreyes españoles y los altos clérigos, mientras que la Inquisición era cada día más poderosa y temible: las quemas públicas de herejes se celebraban a diario y los judíos eran obligados a llevar una insignia, como haría Hitler siglos después.

Los monarcas ibéricos, en la lejanía, se desentendían de Sicilia, que quedaba sometida al capricho de los virreyes. Pero hubo una excepción en aquel infierno en que los españoles habían convertido a la isla. Se llamaba Pedro Téllez-Girón y era III duque de Osuna. En 1611 llegó a Palermo con plenos poderes otorgados por Felipe III, y, escandalizado por lo que vio, se aplicó de inmediato a la tarea de sanear Sicilia. Limpió la capital de vagabundos y malhechores en apenas unos días, encarcelándolos o expulsándolos de la urbe. Derogó el derecho de asilo en más de trescientas iglesias palermitanas, un derecho utilizado como refugio por los forajidos. Prohibió portar armas en la calle y comprar la libertad de los encarcelados, una práctica muy común en la época. Combatió la corrupción y él mismo se negó a dejarse sobornar cuando se lo propuso un grupo de nobles de Mesina, a cambio de pagar menos impuestos: los detuvo a todos y los llevó encadenados hasta Palermo para ser juzgados. Se enfrentó a la Inquisición limitando el poder de sus tribunales. Protegió las artes, dejó que los teatros abrieran los domingos, permitió a las mujeres actuar en el escenario y fue un encendido defensor del carnaval y de las máscaras, frente a la oposición de las autoridades eclesiales. En dos años sentó las bases de una economía saneada y empezó a construir una flota de doce naves de guerra para hacer frente a los piratas.

Antes que un excelente virrey, el de Osuna hubiera sido un gran rey. Pero como sucede casi siempre en estos casos, bajo presiones de la Iglesia y de los poderosos aristócratas de la corte, fue relevado de su cargo en 1616 por Felipe III y transferido a Nápoles. De regreso a España en 1620, el conde duque de Olivares, celoso de su prestigio, lo encarceló. Murió en prisión en Madrid, reinando ya Felipe IV.

¡Qué vieja es la maldad!

Caminar por Palermo, como hacía a diario Lampedusa, produce una paradójica sensación en la que se mezclan lo palpable y lo idealizado. Y visto así, el paseo, por fuerza, se convierte en un acto literario, en la medida en que la imaginación se hace absolutamente necesaria para comprender el entorno, para explicarse la existencia. Porque la escritura creativa es eso en su sustancia: un intento por dar sentido y unidad al desorden de lo cotidiano y al caos dominante. O como escribió Fernando Pessoa: «La literatura no es más que un esfuerzo por hacer real la vida».

El encorvado y grueso Giuseppe Tomasi di Lampedusa tomaba a menudo, como yo hacía ahora, la Via Roma, camino de uno de los dos cafés, hoy desaparecidos, que le gustaba frecuentar: el Mazzara y el Caflisch, en la zona de la Via Ruggero Settimo. Allí, sentado en un velador, permanecería escribiendo durante un largo rato, delante de una taza de café, a mano, con letra precisa, pequeña y regular, su novela, la

única que compuso en su vida. Luego, al continuar su andadura, tal vez se detuviera un rato, junto al mercado de la
Vucciria, ante los templos de San Domenico y del Oratorio,
tan barrocos, tan sicilianos, tan españoles. Quizá iría, de nuevo, trazando las reflexiones que el príncipe de Salina ofrece a
Chevalley: «...a mí, [Sicilia] me parece una anciana centena-
ria a quien pasean en una silla de ruedas por la Exposición
Universal de Londres y no comprende nada y le importan un
comino las acerías de Sheffield y las hilanderías de Manches-
ter [...]. Las novedades sólo nos atraen cuando sentimos que
están muertas, que ya no pueden producir corrientes vitales
[...]..., el pasado nos atrae precisamente porque está muerto».

«¿No le parece que exagera un poco, príncipe?», objeta
Chevalley en la novela.

Y don Fabrizio concluye: «He dicho los sicilianos y hubie-
se debido de añadir "Sicilia, el ambiente, el clima, el paisaje"
[...], este paisaje que no conoce un término medio entre la
delicadeza lasciva y el rigor infernal [...]; este clima que nos
inflige seis meses de fiebre de cuarenta grados [...]. Este verano nuestro, largo y funesto como el invierno ruso, pero aún
más difícil de combatir [...] pues aquí puede decirse que nieva
fuego. Igual que sobre las ciudades malditas de la Biblia...».

Cielo e infierno, belleza y muerte... como en el Aschenbach de Mann, como en los ángeles de Rilke, como la carcajada áspera, obscena y descreída del Leopold Bloom de Joyce...

Caminando por Palermo, me parecía que el hombre que
más amó y mejor comprendió Sicilia fue, al mismo tiempo,
quien más la detestaba.

Cayó la peste negra sobre Sicilia y volvieron los conflictos bélicos a Europa. La isla hubo de pagar enormes impuestos para ayudar a España a sostener los gastos de la tremebunda guerra de los Treinta Años (1618-1648), lo que supuso su ruina económica, reactivó la corrupción y alentó las revueltas, la más importante de todas en Mesina, entre 1674 y 1676. Para rematar aquel período de desdichas, un apocalíptico terremoto, en enero de 1693, arrasó el oriente y el sur del territorio siciliano, provocando 60.000 víctimas, aproximadamente un cinco por ciento de la población de entonces.

La dinastía de los Borbones sucedió a la de los Austrias en el trono de Madrid, tras la guerra de Sucesión (1701-1713), y España perdió sus territorios italianos con la firma del Tratado de Utrecht. Sicilia pasó a los dominios del piamontés Víctor Amadeo de Saboya, pero en 1720 la isla se integró en el imperio germano cuando reinaba Carlos VI. Catorce años más tarde, Sicilia, junto con Nápoles, volvió a ser española y Carlos, un hijo de la noble italiana Isabel de Farnesio, esposa de Felipe V, fue proclamado rey en Palermo en 1735. De nuevo Nápoles y Sicilia volvían a ser una única corona. En cuanto al trono hispano, recayó en Fernando VI, un hijo bastardo de Felipe V.

Carlos se ocupó poco de Sicilia, mientras convertía Nápoles en una de las cortes más suntuosas de Europa. Pero el lugar continuaba siendo muy español, no sólo porque sus nobles poseyeran enormes latifundios y el lenguaje de las elites fuera el castellano, sino porque muchas de las costumbres y fiestas populares tenían el sello hispano, como las procesiones de Semana Santa, que aún se siguen celebrando, y las corridas de toros, que duraron hasta el siglo XIX.

Fernando VI murió y le sucedió Carlos III. Y para asegurarse el dominio de sus posesiones italianas dejó a su hijo Fernando como heredero de ellas, con los títulos de Fernando III de Sicilia y IV de Nápoles.

Tras la Revolución francesa, Napoleón conquistó la mayor parte de Italia y José Bonaparte I y el mariscal Murat fueron nombrados, sucesivamente, monarcas de Nápoles y Sicilia. Pero en julio de 1799, los ingleses, comandados por el almirante Nelson y en alianza con los reyes Borbones, reconquistaron esos territorios. Nelson apenas permaneció el tiempo justo en Sicilia y se cuenta que dijo poco antes de partir: «La miserable conducta de esta corte [la siciliana] no consigue enfriar mi temperamento irritable. Éste es un país de violinistas y poetas, de putas y de bribones». Por otra parte, el legendario marino aprovechó su estancia en Palermo para hacerse amante de Emma Hamilton, esposa del embajador inglés.

Repuesto en su trono, Fernando (III de Sicilia y IV de Nápoles) cambió el nombre de sus dominios en 1816, bautizándolos como el Reino de las Dos Sicilias y proclamándose monarca como Fernando I. Murió en 1825 a los setenta y cinco años de edad. Le sucedió su hijo Fernando II.

En el nuevo Estado siguió un período de anarquía, revueltas, abusos de los nobles terratenientes e ineficacia de los reyes Borbones. En 1848, una multitud asaltó el Palacio Real, liberó a los presos de las cárceles y obligó a Fernando II a huir a Nápoles, formándose un gobierno que se calificó como «patriótico». Pero un año después, las tropas reales regresaron y vencieron la resistencia rebelde tras bombardear Palermo y Mesina. Fernando II pasó a la Historia bautizado como «el Rey Bomba».

Francisco II, hijo de Fernando, fue el último Borbón de Sicilia. «Un seminarista con traje de general», lo describe Lampedusa en su novela. Apenas disfrutó del poder diez años. El 11 de mayo de 1860, «los Mil» comandados por Garibaldi, que se distinguían por sus camisas rojas, desembarcaron en Marsala, y en menos de tres meses conquistaban toda la isla. Era el comienzo del *Risorgimento* y Víctor Manuel II sería aclamado como rey de toda Italia en 1861. Los Mil, mientras avanzaban por los campos de Sicilia como el fuego en el bosque, cantaban un himno dedicado a los Borbones:

> *Va' fuori d'Italia,*
> *va' fuori ch'è l'ora!*
> *Va' fuori d'Italia,*
> *va' fuori, o stranier!*

El Gatopardo comienza precisamente en esas fechas del desembarco garibaldino. ¿Exalta la hazaña o añora el viejo orden? Ni una cosa ni otra. Lampedusa describe en la novela, con la precisión de un cirujano y la discreción de un notario, el estado de maquiavelismo y corruptelas en que ha caído Sicilia bajo el nuevo orden, al trazar el retrato del «premafioso» don Calogero; y, al tiempo, se burla del viejo mundo, al hacer que el último rey, Francisco II, diga cosas como ésta: «¡Qué grande y bella puede ser la ciencia cuando no le da por atacar a la religión!».

Imagino a Lampedusa llegando al café Mazzara poco antes del atardecer. ¡Cuánto peso de la historia siciliana sobre sus hombros! ¡Y cuánto peso de la sociedad palermitana en la que habitaba!

Paseas por Palermo y la ciudad te arrastra y transmite tanta vida que llegas a sentir casi que es una entidad animal y no un trazado urbano, que se trata de un ser con existencia propia que respira, suda y observa al extranjero.

7

El rugido del león

Cuando el león ruge en la sabana, dicen, crees oírlo como si estuviera a tu lado, aunque se encuentre a varios kilómetros de distancia; es un ronquido atávico, casi sobrenatural, que surge en la lejanía y brama en tu oreja. Así sucede con algunas obras literarias: parecen sonar a tu vera cuando, en realidad, llegan desde el fondo de tu yo más arcano y de los oscuros rincones de la Historia.

Y era un felino lleno de ambición artística quien atronaba el aire en una isla del Mediterráneo, allí en Sicilia.

El poeta francés Louis Aragon lo dijo con estas palabras: «Una enorme fiera aparece en el horizonte de la literatura». Y le atribuyó tres cualidades difícilmente reunidas en un solo creador: «Ojos para ver, alma para sentir e inteligencia para pensar».

Era «un hombre alto, corpulento, taciturno, de rostro pálido, con esa palidez grisácea de los meridionales de piel oscura», así le retrató el novelista italiano Giorgio Bassani, que le conoció en un encuentro de escritores en San Pellegrino Terme, al que Lampedusa acudió para acompañar a su primo Lucio Piccolo.

Su mejor biógrafo, el escocés David Gilmour, quien tan sólo vio fotos suyas y oyó las descripciones de sus seres más próximos, le pintaba así: «Un hombre grueso, de mediana estatura, de ojos grandes y movimientos pausados. Raramente bebía otra cosa que no fuera agua, de la que decía que siempre había sido su bebida favorita, pero comía bien y fumaba sin parar. Solía anotar su peso en su diario: durante 1965, osciló entre los 102 y 104 kilos».

Muy tímido, se relacionaba con unos pocos amigos y unos cuantos discípulos. Le gustaba escribir en algunos cafés de Palermo y en el elitista Círculo Bellini, a cualquier hora del día o de la tarde. Hablaba varias lenguas, y tan extensos, profundos y ricos eran sus conocimientos, que sus más cercanos, y en particular sus primos los Piccolo, le llamaban «el Monstruo».

Era profundamente agnóstico. La cultura que poseía le había convertido en un escéptico. Pero se sentía monárquico y rezumaba clasismo. No soportaba la ignorancia y, en consecuencia, no se dignaba a corregirla en público. Era ferozmente anticomunista y despreciaba el mal gusto del fascismo, aunque en algún momento creyó que era necesario para Italia.

La literatura era lo más importante para él, por encima de todo lo demás. Y era miembro de la Liga Nacional de Defensa de los Perros. Siempre le gustaron más que la mayoría de los hombres.

Su gran novela, casi lo único a que se aplicó con todas sus fuerzas a lo largo de su existencia, fue rechazada por dos grandes editoriales antes de ver la luz en noviembre de 1958, cuando ya había muerto. Pese a las críticas recibidas por un sector de la intelectualidad, en menos de un año se imprimieron cincuenta y dos ediciones. Hoy, pocos se atreven a poner en cuestión su valor artístico.

Provenía de una familia señorial de terratenientes y su árbol genealógico podía, según algunos, remontarse al Imperio romano. Era hijo único y no tuvo descendencia, aunque adoptó como heredero a un discípulo suyo y primo lejano, Gioacchino Lanza Tomasi: era la forma tradicional que tenía la aristocracia siciliana de perpetuar sus títulos si no contaba con herederos directos.

Vio esfumarse sus más amadas propiedades, pero no el orgullo de sus orígenes. Era duque de Palma, rango heredado de sus ancestros, y ostentaba el título de príncipe de Lampedusa.

La heráldica familiar se representa en un blasón de fondo azur cuyo centro ocupa un leopardo —o quizá un serval— que parece estar bailando, como si se burlara del mundo.

Una novelista palermitana, Simonetta Agnello Hornby, noble como él, que emigró a Londres, donde publicó una trilogía siciliana en la estela del autor de *El Gatopardo* —e incluso unas memorias de la infancia—, dijo de él, en una entrevista del año 2008, publicada por el diario *El País* y firmada por Guillermo Altares, que Lampedusa era un hombre muy desagradable, que despreciaba a todos los que no eran de su clase y que no trabajó en su vida. ¿Qué significa trabajar para un genio? Muchos hubiéramos pagado una suscripción para que el príncipe dedicase todo su tiempo a vaguear cuanto quisiera si ello le servía para escribir. Y en cuanto a si era o no amable en el trato, ¿qué más nos da si ya está muerto? Nunca la grandeza de los seres humanos se ha medido por su simpatía personal.

El león se llamaba Giuseppe Tomasi di Lampedusa y tituló su obra como *El Gatopardo*.

Alguien ha dicho que los orígenes de los Lampedusa se remontan a los días del Imperio romano. Pero lo cierto es que hay que buscarlos un poco más acá, según establece el hijo adoptivo del escritor, Gioacchino Lanza Tomasi, en concreto en un caballero italiano llamado Mario Tomasi, crecido en Nápoles, que se instaló en Sicilia al servicio de Marco Antonio Colonna, nombrado virrey por el monarca español Felipe II en 1577. El tal Tomasi era hombre de cierta fortuna; pero, en el ejercicio de las funciones que le encargó el virrey, no desdeñó el dinero público y, acusado de malversación, se le condenó al exilio, como prisionero, en España. No obstante, merced a sus influencias, fue liberado y regresó a Sicilia, donde se casó en 1583 con Francesca Caro, una aristócrata de Agrigento de origen catalano-aragonés que tenía sus raíces en los inicios del siglo xv. Uno de sus nietos, Carlo, fue nombrado duque de Palma por Felipe IV en 1640. Y su sucesor en la escala familiar, su hermano Giulio, obtuvo en 1667 el título de príncipe de Lampedusa —la pequeña isla al sur de Sicilia— por decisión de Mariana de Austria, regenta de España durante la minoría de edad de Carlos II.

La familia entró, a partir de ahí, en una suerte de período místico y fueron numerosos los Lampedusa que tomaron los hábitos, pasando a sus herederos sus honores y hacienda. A esa tendencia de exaltación religiosa le puso fin Ferdinando II Maria Tomasi, al que el emperador Carlos VI designó Grande de

España en 1743 y que ejerció en tres ocasiones como alcalde de Palermo.

Después, los Lampedusa fueron a menos, pues nadie parecía preocuparse entre ellos por el dinero, nada más que para gastarlo. Ya en el siglo XIX, la jefatura de la familia recayó en el príncipe Giulio Fabrizio Tomasi, bisabuelo del novelista, aficionado a la astronomía y su modelo en *El Gatopardo*.

A su muerte siguió la decadencia del linaje. Giulio Fabrizio había dejado nueve hijos, pero no hizo testamento o, al menos, no se encontró ninguno: e incluso se llegó a decir que lo destruyeron las hijas, ya que sus términos favorecían a los varones. Comenzó un largo proceso de juicios ante los principales tribunales de la ciudad que no hallarían solución hasta 1945 y que arruinarían casi por completo a la estirpe.

La abuela del autor de la novela vendió la isla de Lampedusa al rey Fernando III, el penúltimo de los Borbones sicilianos, por la entonces sustanciosa cantidad de doce mil ducados. Pero la familia conservó el título y el siguiente príncipe, don Giulio, padre del escritor, empleó el dinero en hacerse construir nuevas propiedades en Palermo para usarlas como residencias alternativas a su palacio.

Giulio, el mayor de cinco hermanos, escaparía de la crisis casándose en 1891 con una rica heredera, Beatrice Mastrogiovanni, una mujer de enorme curiosidad artística e intelectual. Gracias a este matrimonio, los Tomasi di Lampedusa volverían a establecerse como una de las familias de primer rango de la nobleza siciliana. Y ése fue el ambiente en el que nació y creció el niño Giuseppe, venido al mundo el 23 de diciembre de 1896, como sucesor y beneficiario de una renovada fortuna que siguió malgastándose. Beatrice no sólo aportó dinero, sino también el disfrute del hermoso palacio en Santa Margherita di Belice, al que, en su obra, el novelista lo nominaría como Donnafugata, y en sus salones transcurre una buena parte de *El Gatopardo*.

Giuseppe tuvo una hermana, Stefania, dos años mayor que él y que murió menos de un mes después de que él naciera. Casado en 1932 con una aristócrata y psicoanalista letona, Alexandra von Wolff-Stomersee, «Licy», el escritor no tuvo descendencia, aunque nombró heredero de sus títulos y su menguada hacienda a un lejano primo suyo mucho menor en edad, Gioacchino Lanza Tomasi, conde de Assaro, vástago de un caballero de gran abolengo siciliano y una marquesa española, musicólogo renombrado y el preferido entre los alumnos favoritos de Lampedusa que acudían a sus tertulias literarias. Gioacchino sería el modelo que inspiraría al narrador para el personaje de Tancredi Falconeri, el sobrino del príncipe de Salina en la novela.

Entre los parientes más cercanos, su tío Pietro Tomasi della Torretta sobrevivió cinco años al autor de *El Gatopardo*. Fue el último de los Lampedusa y el único que ejerció una profesión, la diplomacia. De convicciones liberales, había sido embajador en Londres entre 1921 y 1927 y mostrado siempre su oposición a Mussolini, lo que le supuso ser expulsado de la carrera. En 1944, con la liberación de Roma, el Senado italiano le eligió presidente.

Giuseppe, pues, nació y creció en una familia que «durante siglos», como señala él mismo en su gran obra, «fue incapaz [los Lampedusa son los Salina de la narración] de sumar sus propios gastos y restar sus propias deudas». No obstante, cuando Giuseppe vino al mundo, los padres poseían una notable fortuna en inmuebles: el palacio Lampedusa, cercano al Oratorio de Santa Zita, en el que se crio el escritor; el de Via Butera, junto al mar, próximo a la Cala; un chalet de verano en Monte Pellegrino, donde el bisabuelo de Giuseppe había instalado un pequeño observatorio astronómico; una mansión a pocos kilómetros de Palermo, en Piana dei Colli; una casa de campo en Raitano; otra vivienda en Palma, cerca de Agrigento; una villa en Bagheria, al oeste de Palermo, y un castillo en Montechiaro. Además de eso, disfrutaban a su capricho del palacio de Santa Magherita di Belice, cuyo dueño era Alessandro Tasca Filangeri di Cutò, el tío de Giuseppe. A Tasca le apodaban en Palermo «el Príncipe rojo», porque siendo como era un aristócrata cuyo árbol genealógico se remontaba al siglo XI, militaba con encendido ardor en el Partido Socialista, sufragando parte de su economía. En Sicilia le consideraban un personaje insólito, fuera de su clase y fuera de su época.

Los Lampedusa vivían los inviernos en Palermo y pasaban los meses del verano en Santa Margherita di Belice. Con el discurrir del tiempo y merced al enorme derroche de dinero de la familia, que superaba con creces a los ingresos producidos por sus campos, varias zonas del palacio de Palermo fueron alquiladas en los años veinte a la compañía municipal de gas: la mitad del primer piso, parte del segundo y algunos almacenes. Parece ser, aunque no es posible constatarlo, que en esos días Giuseppe se afilió al fascismo, como requisito necesario para poder arrendar parte de su residencia a un organismo oficial. Nunca fue, sin embargo, un entusiasta de

Mussolini, «pero su rechazo era más estético que real», según afirma David Gilmour en su libro *El último Gatopardo*, la mejor biografía de Lampedusa publicada hasta ahora. No obstante, apoyó la intervención italiana en la Guerra Civil de España de 1936-1939, que creía necesaria para salvar a Europa del comunismo.

La ruina se abatió sobre la que fuera una de las grandes estirpes sicilianas con el fallecimiento de su padre en 1934, quien había devorado también, en buena medida, con su desdén hacia el trabajo y su apego a los credos aristocráticos, la fortuna de su propia mujer. Pero, citando de nuevo a Gilmour, «hubo una persona que recordó y comprendió las tradiciones de la familia y que, además, fue capaz, en el último momento, de convertirlas en literatura».

Giuseppe heredó el título de príncipe de Lampedusa. Sobrevivió vendiendo posesiones y con el apoyo de su esposa. Y se sintió orgulloso de la sangre azul que regaba sus venas hasta que le alcanzó la muerte.

Tuvo una niñez feliz. «Para mí, la infancia es un paraíso perdido», escribió. Sobre todo, gracias a su madre Beatrice, que era culta, inteligente, voluntariosa y le adoraba. La influencia de ella sobre el hijo fue casi abrumadora, hasta el punto de convertirse en la principal causante de los problemas de su matrimonio con Licy. Entre 1932, fecha de sus esponsales, y 1946, año de la muerte de su madre, las relaciones entre los cónyuges fueron a menudo tormentosas, por causa en buena medida de las injerencias de Beatrice, que incluso forzaron separaciones temporales de la pareja.

Giuseppe fue un chico criado entre adultos, muchos de ellos sirvientes, que disfrutaba sobre todo leyendo, después de que aprendiera a hacerlo a los ocho años, durante un verano en Santa Margherita. En su relato «Los lugares de mi primera infancia» se describe a sí mismo como «un muchacho al que le gustaba la soledad, al que le gustaba estar más con las cosas que con las personas».

Hizo el bachillerato en el Liceo Gimnasio Garibaldi de Palermo y, por breve tiempo, en un colegio de Roma. Con diecisiete años accedió a los estudios universitarios. Quería cursar literatura, pero, por decisión de su padre, hubo de matricularse en Derecho. Aquel período de su vida lejos de Sicilia aparece en su biografía rodeado de cierta oscuridad: no está claro si llegó a sentarse en las aulas de la ciudad de Génova antes de ir a la Universidad de Roma. Sin embargo, en mayo de 1915, Italia entró en la Gran Guerra y el futuro escritor fue llamado a filas.

Como les sucediera a Mann, a Rilke y a Joyce, la participación de Lampedusa en el conflicto bélico fue muy peculiar. Aunque él sí que llegó a pisar el frente y a matar, al menos, a un hombre.

Antes de salir de España, tenía acordado dar una charla en la Universidad de Palermo para estudiantes de español, bajo el patrocinio del Instituto Cervantes, que dirigía Beatriz Hernanz, una poetisa encantadora y culta. Debía hablarles sobre mis trabajos, un tema al que no tengo mucho que añadir de todo cuanto ya he dicho en mis libros, que no es demasiado. Yo escribo por instinto, no por cálculo. Y unos cuarenta alumnos me escucharon con paciencia, imagino que poco interesados en lo que yo les contaba.

Me llamó la atención que en el aula hubiera al menos una decena de personas de edad avanzada. Entre ellos se encontraba una pareja en apariencia próxima a los setenta años. Se acercaron al término del coloquio y charlamos un rato. Ella había sido profesora durante un largo período de su vida en Latinoamérica y él un pequeño empresario de Castellammare, y hablaban un buen castellano, en particular la mujer. No eran pareja, sino sencillamente amigos que compartían gustos, aficiones y ocasionales viajes. Se ofrecieron a acompañarme a alguna parte al día siguiente, que caía en domingo.

—Tenemos tiempo sobrado para lo que le apetezca ver —dijo ella, que se presentó como Bettina—. Somos pensionistas.

—Y cuente usted con un coche —añadió Lorenzo—: anda todavía, aunque está próximo a la jubilación.

Les sugerí ir a Santa Margherita di Belice, el palacio en el que pasaba los veranos el niño Giuseppe Tomasi di Lampudusa. Y ellos se mostraron encantados de llevarme.

—La gasolina la pago yo —agregué.

—Como guste —contestó Lorenzo—. Pero le advierto que mi automóvil bebe mucho. Es gasoalcohólico.

Amaneció un día de aire suave y temperatura armoniosa. Lorenzo y Bettina me recogieron en la esquina de la Via Ruggero Settimo con la de Dante, a hora temprana. El vehículo era, ciertamente, un cascajo de otras edades, una berlina Opel que carraspeaba al arrancar, gruñía en plena marcha y tosía como un anciano tísico cuando su motor se apagaba.

Me parecía de pronto magnífico internarme de nuevo en las soledades del interior siciliano. El viaje, por muy corto que sea, me produce siempre una intensa sensación de vitalidad y vuelvo a percibir que mi espíritu se ensancha por debajo de mis costillas. Quizá, en esos momentos, vuelvo a ser un poco el niño ávido de curiosidad.

Yo ocupaba el asiento de al lado del conductor, con mi mapa de la isla desplegado sobre las rodillas, pero Lorenzo tenía el suyo en la cabeza. Tomó la autovía que, trazando un inmenso rodeo por la cercanía del mar, se inclina hacia el sudoeste en dirección a Mazzara, y que en Gibellina Nuova tuerce hacia el este, camino de Partanna. Sin duda, mi nuevo amigo trataba de evitar en lo posible las infernales carreteras de esa arrugada faz que es la carta de Sicilia, trazada por agrestes cerros, sierras inhabitables, pétreas soledades y campos doloridos. Pero en el último tramo de nuestra ruta, entre Partanna y Santa Margherita, se hacía imposible esquivar las incomodidades, pues el asfalto se estrechaba hasta el punto de que parecía imposible que dos coches pudieran ocuparlo al mismo tiempo viniendo en direcciones distintas.

A los lados, la tierra esperaba con los surcos abiertos, ya roturada, la hora de la siembra del cereal; y, en los huertos, el fulgor de los primeros frutos del invierno, naranjas y limones, coqueteaba con las lánguidas peras y manzanas del moribundo estío.

Nos perdimos en un par de ocasiones en desvíos mal señalizados, rodamos entre olivos de hojas que lucían verdes y plateadas, y llenamos de gasolina el tanque del vehículo con un viejo surtidor. Me pareció muy barato.

—¿No se habrán equivocado en el precio? —pregunté a Lorenzo.

—Puede que sea combustible de contrabando; pasa a veces.

—¿Mafia?

—No sé qué significa esa palabra —respondió sonriendo.

Los viñedos se tendían, ya descargados de uvas, a los pies de las colinas y el río Belice borboteaba menguado entre el espesor de los cañaverales. Pronto comenzamos a atravesar aldeas donde se mostraban aún los destrozos del terremoto de enero de 1968: casas derruidas, chimeneas de pequeñas fábricas partidas por la mitad, iglesias abandonadas con huellas de viejos fuegos en sus muros... La Sicilia de los desastres asomaba en nuestro entorno.

—El temblor llegó a sentirse en Palermo —me explicaba Bettina— y destruyó por completo varios pueblos de este valle, entre ellos Gibellina y Montevago. Hubo casi cuatrocientas víctimas mortales, la mitad de ellas en Montevago.

—¿Y Santa Margherita? —pregunté.

—Allí sólo murieron trece personas, pero el viejo palacio de Lampedusa se derrumbó casi por completo, sólo quedó indemne la fachada. La catedral sufrió también un gran deterioro: los terremotos no perdonan nunca en Sicilia, ni siquiera a las obras alzadas en nombre de Dios.

Llegábamos a nuestro destino cruzando llanadas de colores bastardos y sin brillo. Bajo un tímido sol, la localidad aparecía casi desierta y daba la sensación de ser la cáscara vacía de un fruto podrido que flotara en un océano turbio.

Giuseppe heredó de su madre la pasión por el palacio de Santa Margherita di Belice, hasta el punto de convertirlo en un escenario esencial para la trama de su novela, bautizándolo, como he señalado, Donnafugata. Mientras que la casa perte-

neció a Alessandro, el tío de Giuseppe, los veranos —y algún
que otro otoño e invierno— viajaba con su familia para pasar
unos meses en ella. No era un lugar muy fresco, pero tampoco Palermo. Sin embargo, contaba con un bonito y enorme
jardín y el niño disponía de muchas horas vacías que llenar
leyendo resúmenes de la Biblia, mitología griega y libros de
aventuras de Emilio Salgari. El padre, don Giulio, iba y venía
desde Palermo durante ese tiempo, pues la vida social de la
capital le satisfacía más que la de aquella suntuosa residencia
solitaria en una población del lejano sur.

La mansión comunicaba con la vecina catedral barroca
por un pasaje. Y mientras duraba su estancia en Santa Margherita, los Lampedusa apenas salían de su lujosa guarida.
Allí dentro tenían magníficos salones e, incluso, un teatro,
abierto al público, en el que actuaban casi todas las noches
compañías de cómicos de la legua.

La mudanza de los estíos hasta Santa Margherita, que normalmente se hacía a finales de junio, no era nada cómoda;
Giuseppe escribiría bastante sobre ello, tanto en su novela
como en sus breves recuerdos de la infancia. Dominaba ese
«sol violento y desvergonzado —se lee en *El Gatopardo*—,
el sol narcotizante incluso, que anulaba todas las voluntades
y mantenía cada cosa en una inmovilidad servil...».

Es curioso que, en ambos textos, los itinerarios difieran
bastante entre sí. En las memorias de su niñez, Lampedusa
traza un recorrido en el que el uso de los coches de caballos
alterna con el del ferrocarril. La familia y un cierto número de
sirvientes —la mayoría partían el día anterior para preparar la
casa—, además de alguna dama de compañía y de las institutrices, se levantaban a las tres y media de la madrugada y se

trasladaban en landós hasta la antigua estación de Lolli, al sur de su palacio palermitano. Allí tomaban el tren hasta Trapani, junto al mar, al oeste de Palermo. Eran vagones sin pasillos y sin retretes, «de modo que, cuando yo era muy pequeño —escribe Lampedusa— llevaban un orinalito para mí, de horrible cerámica castaña, comprado para la ocasión y que se tiraba por la ventanilla antes de llegar al punto de destino».

El desplazamiento a bordo de aquella suerte de «caja de hierro» que «cocía» a los pasajeros, en expresión de Lampedusa, duraba horas, atravesando el «bello y triste paisaje de la Sicilia Occidental». Y sigue: «Luego, el tren cortaba hacia el interior, entre montañas pedregosas y campos de trigo ya segado, amarillos como las melenas de los leones».

Hacia las once de la mañana llegaban a Castelvetrano. «Era una aldea triste —dice Lampedusa—, con las cloacas al aire y los cerdos pavoneándose por la calle principal, y millones de moscas.»

Desde allí seguían en landós hasta Partanna, donde se les unía una patrulla militar de un sargento y dos soldados, que los protegería de posibles asaltos de bandoleros. Comían en la casa de algún aparcero las viandas que llevaban con ellos, y continuaban su camino.

Después atravesaban el río Belice, dejaban atrás el pueblo de Montevago, de «anchas calles desiertas: ni un alma viviente, algún cerdo, algún gato muerto», y a eso de las cinco de la tarde, once horas después de haber iniciado viaje, la familia alcanzaba Santa Margherita. En el puente, la banda municipal entonaba en su honor una polca. «Nosotros —concluye el escritor—, con las pestañas blancas de polvo y con la

garganta reseca, nos esforzábamos por sonreír y dar las gra- ·
cias».

El recorrido que relata *El Gatopardo* es diferente. Primero,
porque la tropa viajera es mucho más numerosa; segundo,
porque tardan tres días en llegar y hacen el recorrido solamente en coches de caballos, y tercero, porque el itinerario es
muy distinto.

Aquí, los componentes de esa suerte de expedición vaca-
cional de la novela son el matrimonio Salina, su sobrino Tancredi, varios de sus hijos, damas de compañía (entre ellas,
una francesa), suponemos que numerosos criados y el perro
Bendicò, que siempre acompaña al príncipe, desde el comienzo hasta el final del relato. Salen de Palermo en dirección
al sur y llegan a Marineo, donde descansan en casa de un
amigo notario. La siguiente noche transcurre en una posada
de Prizzi, durmiendo en camas de tres en tres y, en palabras
del autor del libro, «acosados por faunas repelentes». La jornada del día posterior pernoctan en Bisacquino, en cuya fon-
da no hay bichos, pero tanto desde la calle como desde la
habitación destinada al alivio corporal, vecina del dormitorio, «trascendía un intenso olor de heces, y esto había despertado en el príncipe penosos sueños».

En el viaje de la ficción, que evita la vecindad del mar,
Lampedusa tal vez trataba de oponer un recio contrapunto a
la vida gentil de Palermo y a la existencia relajada y exquisita
de la aristocracia siciliana, extendiéndose en la descripción de
la atrocidad, la suciedad y la miseria del paisaje del interior
de la isla. «Colinas llameantes de amarillo bajo el sol —lo
describe— [...]. Ni una sola vez un árbol, ni una gota de agua:
sol y polvo.» Lampedusa relata cómo mademoiselle Dom-

breuil, el ama francesa de la ficción, agotada y recordando los años pasados en Argelia, lloraba mientras decía: «*Mon Dieu, mon Dieu, c'est pire qu'en Afrique!*».

La llegada a Donnafugata de los Salina de la ficción es parecida a la de los Lampedusa de la realidad. Los recibe la banda de música, que entona «Somos gitanillas».* Y de inmediato las campanas de la iglesia parroquial y del convento del Espíritu Santo repican en su honor.

Llegamos a la puerta del palacio, que se hallaba en una gran explanada, en el centro histórico de la localidad, frente a algunas casas deshabitadas que mostraban aún las huellas del terremoto del 68. En realidad, el edificio era tan sólo la fachada, ya que detrás apenas quedaban en pie unas pocas estancias respetadas por el seísmo de medio siglo antes. No sucedía lo mismo con la catedral, situada en el flanco izquierdo del edificio, casi pegada a él: había sido reconstruida por completo y un trozo de la nave central, convertido en Museo de la Memoria, era cuanto restaba del templo anterior. El relato de las memorias de Lampedusa y el de la novela no difieren en este punto. En los dos textos se establece un retrato muy exacto del lugar, con su fachada formada por siete balcones que daban a la plaza y un centenar de estancias: salas de tertulia, aposentos para alojar a treinta huéspedes, habitaciones de los criados, tres patios, caballerizas y cocheras, teatro e iglesia privados, un enorme jardín y un huerto propio.

* Un aria de *La Traviatta*, de Verdi.

La reconstrucción de aquellas ruinas respeta hoy la belleza de antaño, en especial la del frontal del edificio, alzado en el siglo XVIII por la familia Cultó, ancestros de la madre de Lampedusa, sobre una residencia del XVII. El antiguo reloj sigue en lo alto del tejado y está en hora.

En las pocas salas que quedan en el interior se encuentra un pequeño museo de *El Gatopardo*, en realidad una gran estancia donde hay numerosas fotografías del literato, un ejemplar original mecanografiado de la novela, traducciones del libro en diversas lenguas, algunas cartas y objetos que pertenecieron al autor, entre ellos una máquina de escribir marca Olivetti. Y muchos recuerdos, en manuscritos y en fotografías, de la fastuosa película que Luchino Visconti rodó sobre la obra en 1962, con un elenco de actores inolvidable: Burt Lancaster, Alain Delon y Claudia Cardinale, en los papeles, respectivamente, del príncipe de Salina, su sobrino Tancredi y la esplendorosa Angélica.

Lorenzo negoció un precio especial para la visita, indicando que yo era escritor, y pagué ocho euros en lugar de diez. Sobre todo lo expuesto en la sala principal, me llamaron la atención dos cosas: la letra del príncipe en algunos textos de su autoría, una caligrafía precisa, bien trazada, menuda y sin duda fruto de un largo y minucioso aprendizaje; y el retrato de su bisabuelo, Giulio Fabrizio, el príncipe de Salina de la ficción: un hombre de gesto altivo, de mirada resuelta, ojos astutos y ávidos, patillas y mostachos de mariscal batallador, barba que dejaba al aire la barbilla primorosamente afeitada y un espeso pelo peinado con raya en medio. Resultaba un tipo entre hermoso y temible, como el protagonista de *El Gatopardo*.

No había mucho más que ver. Salimos a la explanada. Una estatua de tamaño natural, representando a Lampedusa con un ejemplar de su obra en la mano, parecía haber sido cincelada por un escultor enemigo suyo, ya que lucía un cabezón imponente. Le pedí a Lorenzo que me hiciera una foto junto al bronce.

—Dudo si leer o no el libro —me dijo al devolverme la cámara.

—Debería —respondí.

—He sido comunista muchos años, y he oído que Lampedusa nos odiaba.

—Eso no deja de ser un motivo más para conocer la novela.

—Me resulta extraño, de todas formas, que Visconti, que era comunista, rodase una película sobre el tema. Aseguran que es muy buena..., pero yo no entiendo por qué un marxista puede llegar a admirar a un aristócrata.

—Ésa es una buena razón para verla.

—¿Y no cree que debemos leer y ver sólo aquello que comprendemos y cuyas ideas compartimos?

—Más bien es al revés, creo yo.

—¿Y por qué?

—Porque, a veces, tu enemigo puede tener razón. La libertad a menudo consiste en cuestionar tus convicciones.

—Yo pienso que la libertad necesita de creencias firmes.

—Pero en ocasiones las creencias ciegan la libertad.

Lorenzo se rascó el mentón mientras me miraba sin convencimiento.

Las temporadas en Santa Margherita fueron quizá las más intensas vivencias de la infancia del autor, un niño solitario que leía con furor y que descubría aquella inmensa mansión de un centenar de estancias con la emoción de un explorador que se interna en una selva ignota. Pura aventura, pues; pero aventura intelectual en un espacio dominado por el arte y la delicadeza. «Un palacio del que se conocen todas las habitaciones —decía el Tancredi de la ficción— no es digno de ser habitado.»

«La vida en Santa Margherita era para mí ideal —escribía Lampedusa en su libro de memorias infantiles—. Vagaba por la amplitud decorada de la casa como en un bosque encantado. Bosque sin dragones ocultos, lleno de alegres maravillas, incluso en los nombres graciosos de las habitaciones.»

En el mismo texto, su autor describía con detalle algunas de las salas donde se celebraban las veladas musicales a las que acudían como invitados los notables de la localidad, los bailes, las partidas de malilla —un juego de naipes parecido al tute—; los paseos por el jardín entre acebos y araucarias —junto al manantial y la amplia fuente, con los sutiles perfumes del toronjil y el orégano—, las noches teatrales a las que acudían los habitantes del pueblo. Recuerda Lampedusa una noche que se representó *Hamlet* y anota: «El público, compuesto en parte por campesinos, estaba atento y aplaudía a rabiar».

En *El Gatopardo*, esas mismas remembranzas aparecen, sobre todo, en el capítulo IV. Pero asoman exaltadas, envueltas en la poesía y en cierto hálito de fantasía nada frecuente en la prosa de Lampedusa, que trata casi siempre de ser natural y exacta. ¿Casi siempre? Resulta preciso matizarlo: porque en ocasiones, sus adjetivos y metáforas nos llevan a un territorio onírico, espectral, a menudo simbólico y, sobre todo, sorprendente.

En la novela, el descubridor de los misterios del palacio no era el niño Giuseppe Tomasi di Lampedusa, sino dos de sus personajes de la ficción: el seductor Tancredi y la hermosa Angélica. Recorrían las estancias más ocultas, las bautizaban con nombres imaginarios, indagaban en sus rincones secretos, se excitaban con sus caricias y sus besos livianos.

En 1924, Alessandro Tasca, el Príncipe rojo, vendió por sorpresa el palacio de Santa Margherite para afrontar las muchas deudas que le habían creado sus donaciones al Partido Socialista y la desmesurada atracción que, según se decía, le despertaban las mujeres. Y los bailes, el teatro, los salones y el jardín se esfumaron de la vida de Lampedusa y quedaron escondidos en sus sueños, esperando un momento adecuado para estallar como una singular flor literaria.

Comimos en un restaurante no muy alejado del centro, el único de la población que parecía abierto aquel domingo. Y disfrutamos de una gustosa ensalada de pasta con pescado y de la mejor *ricotta* salada (especie de requesón) que probé durante toda mi estancia en Sicilia. Cuando llegó la cuenta, mis compañeros de viaje no movieron ni un dedo ni un músculo de la cara: por lo visto, habían decidido extender mi compromiso de pagar la gasolina a cualquier otro gasto del viaje. Pero yo liquidé la factura encantado de invitarlos.

Regresamos a Palermo, una ciudad que ya me transmitía un cierto aire de hogar. No tenía muchas ganas de hablar, pues me sentía invadido por el espíritu de la novela. Así que hicimos casi todo el viaje en silencio.

El poderoso sol siciliano seguía nuestra marcha, con el coche dando tumbos por carreteras infernales, «entre montañas pedregosas —recordé a Lampedusa— y campos de trigo ya segado, amarillos como las melenas de los leones».

Giuseppe fue destinado, en febrero de 1916, a un regimiento de artillería acuartelado en Mesina y pronto ascendió a cabo. En septiembre de 1917 le enviaron al frente alpino, unas fechas antes de que el ejército italiano sufriera su peor derrota de la guerra, en Caporetto, aunque la tropa donde servía Lampedusa no participó en la batalla. Pero, poco después, entró en fuego ante los austríacos.

En su relato «Lugares de mi primera infancia» señala que «tuve que matar un bosnio de un pistoletazo y quién sabe a cuántos otros cristianos a cañonazos». Cerca de Asiago, fue herido y hecho prisionero; lo confinaron en un campo de concentración próximo a Viena, donde disfrutó, al parecer, de un agradable encarcelamiento, pues le llegaban paquetes enviados desde Sicilia e, incluso, recibió varias raquetas y unas pelotas con las que poder jugar al tenis. Un año después de su confinamiento, cuando la guerra estaba a punto de terminar, logró fugarse y alcanzó Trieste. Desde allí, firmado el armisticio, volvió a Sicilia y fue desmovilizado en 1920.

Regresó a Roma al poco con la intención de concluir sus estudios de Derecho, pero los abandonó enseguida y desistió también de cursar la carrera de diplomático. Escribe su biógrafo David Gilmour: «Parece como si ya entonces hubiera decidido no ocuparse en ninguna profesión establecida ni hacer ningún intento de ganarse la vida».

Hastiado de la estrechez de miras de la sociedad siciliana, se dedicó los años siguientes a viajar por el norte de Italia. Leía sin cesar, y lo hacía en las lenguas originales de los autores. Siendo un niño, había llegado a dominar el alemán y el francés, y ahora aprendió también inglés y suficiente español para comprender a los clásicos. Sus temas favoritos eran, en primer lugar, la novela, y luego la historia y el arte. Admiraba profundamente a Joyce, Yeats, Conrad, Greene, Keats, Dickens, Shakespeare, Coleridge, Baudelaire, Stendhal, Proust, Petrarca, D'Annunzio y Leopardi. Le parecía espléndido el humor literario británico, al contrario de lo que sucedía en Italia, donde, según señala Gilmour, Lampedusa opinaba que «resultaba imposible encontrar un libro que estuviera bien escrito y, a la vez, fuese divertido».

Shakespeare era, quizá, el creador que más le enamoraba. Según cuenta Francesco Orlando, uno de sus alumnos favoritos, en su trabajo *Recuerdo de Lampedusa*, Falstaff le parecía el más logrado de sus personajes y en cierta ocasión afirmó que hubiera sacrificado diez años de su vida por pasar una hora con él. «El día que se lee a Hamlet en inglés es una fecha importante para toda persona», dijo también. De su admirado Graham Greene, señaló en cierta ocasión: «Es más bien poco probable, pero no del todo imposible, que Greene llegue a ser Papa. Todos nos haríamos católicos con él».

Por esa época, mediados los años veinte, publicó tres ensayos literarios para un periódico, *Le Opere e i Giorni*, y ya no volvió a producir nada más durante los siguientes veinticinco.

En 1926 regresó a París, donde había estado de niño aprendiendo francés, y visitó por vez primera Inglaterra. Allí permaneció varios meses viviendo en la residencia de su tío Pietro, marqués de Torretta y embajador de Italia en Gran Bretaña. En su casa conoció a la que sería su esposa, Alexandra Wolff, Licy, hijastra de Alice Barvi, una famosa cantante de ópera, muy amiga de Brahms, casada en segundas nupcias con Pietro. Lampedusa era feliz en Londres. Compraba libros de segunda mano en Charing Cross Road y paseaba sin cesar por las calles de una ciudad en lo que descubrió su gusto por «desaparecer, por perderse en un océano, por no ser nadie», según contaba en sus lecciones de literatura inglesa.

En aquel tiempo de entreguerras viajó también por numerosos países de Europa. Su espíritu se tiñó de un hondo cosmopolitismo y su desdén hacia el provincianismo de Sicilia se acentuó mucho más. En 1932 se casó con Licy en Riga, capital de Letonia: ella había cumplido los treinta y siete y él los treinta y cinco años. En 1934 murió su padre. Al mismo tiempo, las relaciones con su esposa se deterioraron por las intromisiones en la vida del matrimonio de la madre del escritor. Gilmour sugiere que Giuseppe podría ser impotente, algo no comprobado; pero, en cualquier caso, Licy vivía casi todo el tiempo en Letonia mientras él permanecía en Palermo.

En junio de 1940, Mussolini declaró la guerra a Gran Bretaña y a Francia y, en diciembre, fue de nuevo llamado a filas, como en la Gran Guerra. Por dos veces logró eludir el campo de batalla, y al final consiguió que lo desmovilizaran gracias a su edad. En principio se quedó en Palermo, en su palacio, a pesar de los bombardeos constantes a que era sometida la ciudad. Pero, cuando los raids aéreos aliados se hacían más frecuentes en el centro histórico, Lampedusa se iba de la capital: unas veces al palacete de sus primos los Piccolo, en Capo d'Orlando, en la costa nordeste de la isla, a unas horas de tren; otras, a la mansión de su amigo Stefano Lanza, en Bagheria, al oeste de Palermo.

Finalmente, el 5 de abril de 1943, un avión americano, durante una incursión, dejó caer un obús sobre la mansión donde Giuseppe había nacido, destrozándola en una buena parte. Dos días después, Lampedusa acudió al lugar, desolado, y rescató algunos objetos. De inmediato se presentó en una estación de policía y consiguió que algunos agentes protegieran los restos del edificio de posibles saqueadores. Y se marchó de Palermo, caminando, a la residencia de Stefano Lanza, en Bagheria, a trece kilómetros de distancia. Según le contó un testigo a su biógrafo Gilmour, «llegó cubierto de polvo, irreconocible, mientras repetía: "Han bombardeado mi casa, está completamente destruida". Luego, se acercó al fuego y se sentó sin decir nada más. Durante tres días permaneció en el lugar negándose a hablar».

Lampedusa y su mujer, que había escapado de Letonia después de que la ocuparan los rusos y de que su palacio fuera también destruido, se instalaron en la residencia de Via Butera, muy próxima al mar. Lograron recuperar algunas piezas del lujoso mobiliario de la mansión de Lampedusa, así como la mayor parte de la enorme y valiosa biblioteca atesorada por el escritor durante años, con sus vitrinas originales.

En 1944 ofrecieron a Giuseppe el puesto de presidente de la Cruz Roja de Palermo y, durante dos años, se empleó en el cargo con dedicación, estricta y escrupulosamente, hasta el punto de que pasó a ser el responsable de la institución en toda Sicilia. Pero, desanimado ante los casos de corrupción que no cesaban de producirse, dimitió en marzo de 1947. Unos días antes había fallecido su madre. Poco más tarde, ese mismo año, vendió la casa del número 45 de Via Butera y compró una mayor en el número 28 de la misma calle, la que sería su último hogar.

Las relaciones con Licy se serenaron tras la muerte de Beatrice y volvieron a ser una pareja unida. Ella se concentró en su trabajo de psicoanalista, logró ser una autoridad incontestable en Palermo e, incluso, ocupó durante un tiempo el cargo de vicepresidenta de la Sociedad Italiana de Psicoanálisis. En cuanto a él, tras dejar la Cruz Roja, se desinteresó de la vida social y del desempeño de cualquier empleo.

No hacía otra cosa que leer, adquirir libros, comprar pasteles y, ocasionalmente, dar clases de literatura, sin cobrar nada, a un grupo de jóvenes escogidos por él. La cultura del Monstruo era inmensa.

No escribía nada, salvo cartas y textos para sus lecciones. Pero en el verano de 1954 sucedió algo imprevisto que corrigió el rumbo lánguido, solitario, retraído, amargo y escéptico de su vida. La fiera literaria se despertó de pronto y asombró al mundo.

Uno de los mejores amigos de Lampedusa era su primo el barón Lucio Piccolo, un extravagante aristócrata, muy culto y apasionado del esoterismo, que vivía apartado de todo en Capo d'Orlando, pueblo que se tiende en la costa norte de Sicilia entre Palermo y Mesina. Lucio componía versos y también música y, lo mismo que muchos nobles sicilianos, no dedicaba su tiempo a ninguna ocupación que no fuera el cultivo de sus propias aficiones. En 1954, con cincuenta y tres años de edad, había terminado un pequeño poemario, el primero que había logrado completar, y le pidió a Giuseppe que escribiera una carta, supuestamente del propio Lucio, para enviarla junto con su texto al famoso Eugenio Montale, que en 1975 obtendría el Premio Nobel. La misiva explicaba que la intención del libro era «evocar un mundo singularmente siciliano, o más concretamente palermitano, que se encuentra ahora en el umbral de su propia desaparición» y que describía «un mundo de iglesias barrocas, de viejos conventos, de almas adaptadas a estos lugares, que pasaron aquí su vida sin dejar rastro». ¿No suena esta presentación a las intenciones de *El Gatopardo*?

A Montale, en la cumbre de su gloria, le llegó la carta en la que Piccolo nada decía de sí mismo. Le pareció que era una de tantas de las que recibía de jóvenes vates que querían abrirse camino con su padrinazgo. Además, el remitente había puesto un sello de treinta y cinco liras, muy por debajo del valor que costaba el envío. Montale podía haberla devuelto, pero, por alguna razón que no explicó nunca, desembolsó las ciento ochenta liras que eran necesarias para quedarse con ella. La abrió, comenzó a leer aquellos versos, titulados «Cantos Barrocos», y quedó prendado de ellos. Nadie hubiera imaginado entonces que el pago generoso de aquellas liras iba a conducir, por extraños meandros, al pistoletazo de salida de una de las novelas más importantes del siglo xx. La historia fue como sigue:

Poco después de aquello, se organizó en la localidad alpina de San Pellegrino Terme, famosa por su agua mineral, una suerte de congreso cuya temática consistía en que un escritor laureado y reconocido presentaba a un joven literato desconocido. Montale fue invitado al evento y escogió a Piccolo. Unas semanas antes de la celebración del simposio, el siciliano visitó en su casa de Milán al celebrado poeta y Montale quedó pasmado al ver a un hombre cercano a su misma edad en lugar de a un joven vate. Pero no retiró la oferta.

Piccolo, que era muy tímido, pidió a su primo Lampedusa que le acompañara y éste accedió. El 16 de julio, los asistentes al encuentro —entre los que figuraban nombres como Ungaretti, Bassani, Calvino y el propio Montale— quedaron aturdidos y mudos de asombro cuando vieron aparecer a aquellos dos hombres vestidos de negro, en el caso de Lampedusa con un sombrero de hongo, a bordo de un enorme coche con chófer que habían alquilado en Milán y acompañados en todo momento por un solícito sirviente. La reunión duró tres días, Piccolo recibió los aplausos de todos en la lectura de sus versos, siendo sin duda la estrella del evento, y su libro sería prologado por Montale. Lampedusa permaneció junto a él en todo momento, sin apenas hablar con nadie, pero llamó la atención de muchos. Una congresista señaló que parecía sacado de un cuadro del Greco y el propio Montale, que tuvo algunas conversaciones con él, le describió así: «Un hombre singular, un hombre siempre en fuga, un hombre al que la crisis de nuestro tiempo ha colocado fuera del tiempo. Sería posible encontrar lejanos parientes suyos en alguna pinacoteca».

A Giuseppe no le impresionaron los creadores; antes bien, de algunos dijo que tenían el aire de mariscales de Francia. Y le sorprendió el triunfo de su primo, a quien tenía gran cariño, pero al que consideraba menos inteligente que él. Durante años se había planteado abordar algún día la creación de una novela. Sin embargo, nunca antes se decidió a comenzarla. Y ahora, tras el viaje a Pellegrino y el encuentro con todos aquellos ilustres literatos, debió de decirse: ¿y por qué no yo, si soy más culto y más perspicaz que todos ellos?

Gilmour puntualiza:

> Escribir le proporcionó una escapatoria a sus años de desilusión y una oportunidad de redimir lo que él mismo reconoció que había sido una vida ampliamente malgastada.

Y de inmediato se lanzó a construir su obra. Dejó casi por completo las clases, se apartó de la mayoría de sus conocidos, no acudía a ningún acto social y ni siquiera compraba libros. Y al tiempo, probablemente, sentía que corría contra la muerte, que le quedaba poco, pues respiraba con dificultad: en 1955 le detectaron un enfisema pulmonar.

Trabajaba a diario, en el café Mazzara o en su biblioteca, siempre a mano, con su letra refinada y pequeña. Y el 8 de marzo de 1956 terminó el primer manuscrito de *El Gatopardo*. Francesco Orlando se ofreció a mecanografiarlo y Lampedusa decidió que así se haría, pero ocupándose él mismo de dictarlo. Todas las tardes de ese verano, en el despacho de abogado del padre de Orlando, transcribían el texto abrazados por el calor agobiador del estío siciliano. Lampedusa añadió nuevas escenas y corrigió muchas expresiones. Por fin, el 23 de agosto, la novela estaba concluida. La última decisión del escritor que hasta entonces se había referido a su trabajo, en francés, como la «*Histoire sans nom*», fue el título: *Il Gattopardo*. Sin duda acertó en la elección.

A partir de ahí comenzó la última y más íntima tragedia de Lampedusa: mientras percibía que el fin de su vida se aproximaba, las dificultades para la publicación del libro crecían como un cercado de espinos. Y él ya sólo vivía con la ilusión de verlo editado.

Me restaban pocos días en Sicilia y la mañana de aquel sábado de otoño en Palermo era fresca, lozana, con el cielo surcado por algunas nubes levemente cenicientas. Tras la noche de farra del viernes, había muy poca gente en la calle. A eso de las diez, salí de mi oscuro hospedaje, un lugar escondido en un callejón próximo a la estación, que parecía la guarida de un animal, y desayuné un *cappuccino* y un cruasán relleno de crema en un café de la Via Roma. Luego seguí sin prisas hasta alcanzar Vittorio Emanuele y continué en dirección a la Cala y la orilla del mar. Caminaba próximo al antiguo barrio árabe, entre tiendas pequeñas que comenzaban a abrirse al público, palacios viejos que no figuraban en el catálogo de monumentos palermitanos, crucé junto a la Piazza Marina y el jardín de Garibaldi, adonde antiguamente llegaban las aguas del Tirreno, y a alguna iglesia de trazas renacentistas, como la de Santa Maria della Catena.

Llegaba con tiempo sobrado a mi destino, la Via Butera, de modo que dejé atrás la Piazza Santo Spirito y crucé la Porta Felice, una de las cuatro que cerraban el casco antiguo de la ciudad. En el parque de la Salute, un grupo de chavales jugaban al balón, mientras un perro corría de un lado a otro tratando de arrebatárselo. Sobre el puerto, a mi izquierda, se alzaba el Monte Pellegrino, «el más bello promontorio del mundo», según Goethe.

Volví sobre mis pasos unos minutos después, y tomé la Via Butera. En los dos primeros palacetes, casi contiguos el uno del otro, sendas placas recordaban que allí se alojaron Goethe, cuando en 1787 visitó la isla durante su largo viaje de casi dos años a Italia, y Garibaldi, en las jornadas que siguieron a la rendición de Palermo ante sus «camisas rojas», en 1860.

Días antes había llamado por teléfono para reservar plaza en una visita a la última casa de Lampedusa, y me habían incorporado a un grupo que estaba citado a las once de la mañana. Los herederos del príncipe, Gioacchino Lanza Tomasi y su segunda esposa, Nicoletta (de soltera, Polo), mantienen la propiedad ayudándose con encuentros con turistas por las que cobran, por persona, treinta euros, y con el alquiler de veintiocho apartamentos en la misma residencia. Sin duda debe de ser un verdadero disfrute literario dormir bajo el mismo techo que lo hizo un gran escritor al que admiras.

Éramos unos treinta, todos los demás italianos, en su mayoría profesores universitarios de entre cincuenta y sesenta años. La propia Nicoletta iba a hacernos de guía y, de cuando en cuando, se dirigía a mí en un perfecto español. No obstante, para facilitarme las cosas y para que me tradujera sus explicaciones del italiano al inglés, me asignó como acompañante a una muchacha escocesa llamada Bradley que trabajaba en la mansión como ayudante suya, sostenida por una beca Erasmus. Era una chica muy rubia, de piel nacarada, y llevaba un ligero vestido de verano que, cuando se agachaba, dejaba al aire sus pechos, libres de sujetador, muy pequeños y muy blancos, coronados por dos cerezas sonrosadas. La visión no resultaba en absoluto erótica, pues parecían piezas de delicada y fría porcelana de Meissen. Lo cierto es que Bradley, como intérprete, se hacía un lío, y acabé aplicando la oreja a la cercanía de Nicoletta, tratando de entender algo de su limpio y bonito italiano.

Resultaba una mujer encantadora y simpática en grado sumo. De unos sesenta y tantos años, delgada, menuda, ágil, pelo negro y rizado, cara redonda y cejas rotundas, era vivaracha y vestía, relajadamente, con unos pantalones vaqueros y un fino jersey rojo. Calzaba sandalias y, como único adorno, rodeaba su cuello con un collar de piedras azules. No transmitía, ni mucho menos, el aspecto de una remilgada aristócrata, sino que más bien parecía una muchacha escapada de las revoluciones de 1968.

Ascendimos todos, siguiéndola, una espléndida escalera de baldosas de mármol blanco y pasamanos de madera rojiza. Y, mientras tanto, nos iba contando la vida del príncipe de Lampedusa.

Recorríamos las salas y algunos dormitorios. Entre ellos, me asomé al de Lampedusa, ascético, en penumbra, con una gran cama que tenía aire de catafalco. Parecía el aposento de un fraile castellano y se lo hice notar a Nicoletta. Me respondió sin asomo de duda:

—La influencia de su país está presente en toda Sicilia: las procesiones de Semana Santa, el día de los Muertos... La relación entre la vida y la muerte es muy siciliana y muy española. Y el misticismo lo impregna todo...

—¿Dónde aprendió mi lengua?

—De oído. Lo cierto es que no la estudié; quizá la llevaba dentro de mí.

La biblioteca de historia era la estancia más impresionante de la casa. Centenares de libros, bellamente encuadernados, ordenados por temáticas y autores, poblaban las paredes de la sala, en cuyo techo lagrimeaba una lámpara de cristal. Lampedusa sabía tanto de historia como de literatura, la temática de la mayor parte de los tomos que allí se encontraban, y sin duda hubiera sido un gran cronista del pasado de haberse dedicado a ello.

Gioacchino Lanza, el hijo adoptivo del novelista, apareció entonces. Era un hombre alto, de sonrisa permanente en los labios, mirada inteligente y trazas de haber sido un joven atractivo, como el Tancredi de *El Gatopardo*, del que fue modelo. Las fotos de juventud lo presentaban como un muchacho delgado, pero ahora lucía una notable barriga, y el peso de la edad, ochenta y cuatro años, se hacía notar en sus facciones. Se movía sonriente y amable entre los visitantes, atendiendo a sus preguntas, dejándose fotografiar una y otra vez.

Me acerqué a él cuando pasamos a otra sala y le tendí la mano:

—¿Tancredi Falconeri? —pregunté.

Se rio mientras me la estrechaba. Le dije que venía de España y, de inmediato, pasó a hablarme en mi lengua.

—Mi madre era española —señaló—, venga.

Y me acercó hasta el retrato de su progenitora. También me mostró dos dibujos enmarcados que le regaló Picasso. Me explicó que ella había sido miembro de una noble familia hispana.

—La marquesa de Villaurrutia..., los Villaurrutia, ¿ha oído hablar de ellos?

—Lo siento, pero no. Conozco pocos aristócratas.

—Aquí en Sicilia tenemos de sobra.

La verdad es que su dominio del castellano no era excesivo y ni mucho menos tan bueno como el de su esposa.

En todas las salas había anaqueles con libros. Gioacchino me mostró, en una estantería, obras de Calderón, Tirso y una antología de novelas picarescas, todas en castellano.

Se escabulló entre la gente cuando llegamos al salón de baile. Era una espléndida estancia con suelos de madera, picoteados por centenares de zapatos de aguja, con tres balcones que daban a la terraza y al mar.

Gioacchino y Nicoletta se multiplicaban por atender a los visitantes. Al rato, él volvió a mi lado. Le pregunté por los hábitos de su padre adoptivo y me dijo que bebía casi siempre agua, que fumaba sin descanso, que comía mucho queso y que era goloso.

—Leía a todas horas... —agregó.

Quise saber si conservaban el mobiliario y la biblioteca del antiguo palacio destruido por el bombardeo americano.

—Pudimos rescatar algunas cosas y todas están aquí..., incluso un escudo de piedra.

—Supongo que no tendrá un gran recuerdo del general Patton —dije.

Movió la cabeza.

—Fue terrible, terrible...

Salí a la terraza. La brisa marina llegaba cargada de salitre y con olor a algas. Era una vista magnífica: el Mediterráneo, sereno y perezoso en esa hora matinal; el monte Pellegrino, a occidente, cargado de antenas; los barcos al pairo en la bahía; la costa que sesteaba bajo una sábana verdosa hacia el este...

La visita concluía. Gioacchino se despidió y me firmó un libro suyo, una suerte de biografía fotografiada de Lampedusa, por el que pagué treinta euros. Nicoletta me preguntó a qué me dedicaba y, cuando le dije que era escritor, me dejó su tarjeta.

—Si va a contar algo sobre esto y necesita algún dato, no dude en pedírmelo —dijo.

Esa noche di una vuelta por el barrio de Santo Domenico. Pronto habría en la zona fiestas locales y en las calles colgaban adornos de cristal listos para ser iluminados. Multitud de gente joven tomaba cerveza y vino en los numerosos locales del área, despachando mensajes en sus teléfonos móviles. Y me uní al copeteo durante un rato. Me hubiera gustado hacer una encuesta entre ellos para saber cuántos habían leído a Lampedusa.

En mayo de 1956, su primo Lucio Piccolo envió a Mondadori los dos primeros y los dos últimos capítulos de *El Gatopardo*, y lo definía, en una nota adjunta, como «un ciclo de relatos cortos». Es probable que la carta no la hubiera redactado él, sino el propio autor. Unos meses después, envió nuevas partes de la obra. En diciembre, «con gran pesar», la editorial la rechazó.

En esa misma época, Lampedusa decidió adoptar como hijo a Giaocchino Lanza, pariente lejano suyo y alumno en sus clases literarias, a quien adoraba, para que sus títulos no se perdiesen. El acto se celebró en un bufete de abogados y tan sólo asistieron los Lampedusa y Gioacchino, con su novia y futura primera esposa, Mirella, por quien el escritor sentía un enorme cariño.

Siguió trabajando: en cuentos, sobre todo, y en dos capítulos más que añadió a El Gatopardo. Ese período de su vida, de gran creatividad, coincidía sin embargo con un deterioro físico acelerado, con un envejecimiento notable y con un desánimo que le llevaba a frecuentes depresiones.

En marzo de 1957, una copia del texto fue enviada al director de la editorial Einaudi, Elio Vittorini, un novelista siciliano filocomunista adscrito al neorrealismo.

A finales de mayo detectaron a Lampedusa cáncer de pulmón, lo que le desesperó profundamente. De inmediato partió para Roma. En una clínica junto al Tíber recibió un tratamiento de cobaltoterapia y se sintió mejor y más animado, a pesar de sufrir una rápida y espectacular pérdida de peso, que le dejó en ochenta kilos cuando normalmente pasaba de los cien.

El final de la historia tiene mucho de trágico, como si el destino hubiera querido jugar una baza literaria en el argumento de la vida y obra de Lampedusa. El cáncer comenzó a extenderse cuando concluía junio. Y más o menos dos semanas después, el 19 de julio, llegó a manos de Lampedusa el rechazo de su trabajo por parte de Vittorini. Aunque el novelista alababa el relato, al tiempo le había parecido «anticuado» y también «desequilibrado». No es difícil imaginar por qué un escritor de izquierdas la encontraba reaccionaria y clasista.

Cuatro días más tarde, el 23 de julio de 1957, Lampedusa dejaba de existir mientras dormía. Su cadáver fue trasladado a Palermo y enterrado en la tumba familiar del cementerio de los Capuchinos, al sur de la ciudad.

En su testamento, firmado en Palermo unos meses antes, en concreto el 24 de mayo, pedía que en el entierro sólo estuviesen su esposa, su hijo Gío (así llamaba a Gioacchino) y su novia Mirella, los únicos seres vivos a quienes decía amar, junto con su perro Pop. El texto expresaba su deseo de que se hiciera cuanto fuese posible por publicar su obra, pero advertía: «Por supuesto, ello no significa que se haga a expensas de mis herederos; lo consideraría como una gran humillación».

Y el destino siguió jugando a hacer literatura entrado marzo de 1958. Un año antes, Lucio Piccolo, con permiso de Lampedusa, había enviado una copia de la novela a una agente literaria, Elena Croce, que la había olvidado en un cajón de su casa. Y a finales de febrero, cuando la encontró casualmente, la hojeó, le agradó y decidió pasársela al célebre escritor Giorgio Bassani, que iba a dirigir una nueva colección de narrativa en la editorial Feltrinelli. Bassani la leyó en apenas unos días, se entusiasmó con ella, viajó a Palermo y se entrevistó con Licy. Quería publicar el libro cuanto antes. Ella aceptó sin dudarlo, pero añadió: «Si hubiera sucedido un año antes...».

Al fin, El Gatopardo se editó en noviembre de 1958, con prólogo del propio Bassani. Dos semanas después, el prestigioso periódico La Stampa insertaba en sus páginas culturales una crítica entusiasta. En marzo de 1960 había alcanzado cincuenta y dos ediciones, vendido cerca de un millón de ejemplares y se había traducido a las principales lenguas extranjeras. En 1963, Luchino Visconti adaptó el relato al cine y ganó la Palma de Oro del Festival de Cannes de ese mismo año.

Señala Peter Robb: «*El Gatopardo* parece una novela. Siempre se ha tomado por una novela, pero en realidad es una gran meditación barroca sobre la muerte». Giorgio Bassani diría: «Desde la primera página me he dado cuenta de que me encontraba ante la obra de un verdadero escritor. Al ir avanzando, me he convencido de que el verdadero escritor era también un verdadero poeta».

En el otro lado estaban quienes no entendieron *El Gatopardo* y ya he contado que Vittorini lo encontró anticuado y desequilibrado. A poco de publicarse, el también narrador siciliano Leonardo Sciascia, que llegó a ser diputado por Palermo en la lista del Partido Comunista, señaló: «El príncipe de Lampedusa es un gran literato y este libro es suficiente para demostrarlo. Pero, en cuanto a dar tierras a los campesinos (no hablemos de las suyas, ya que no sabemos mucho de su vida y mucho menos de su patrimonio), desde luego no ha sentido profunda inclinación: y no por razones "particulares", sino por congénita y sublime indiferencia». Sciascia también acusó a Lampedusa de no tener la menor idea sobre la historia de su isla.

Pareció que los críticos de la izquierda olvidaban el retrato feroz que el autor de *El Gatopardo* traza de su propia clase: los ridículos aristócratas que asoman sus bigotes en el relato, la doble moral, la pereza, el derroche y el egoísmo. Dejan de lado la pincelada que nos muestra una Iglesia encanallada. Se asustan ante la pintura agria que traza del *Risorgimento* y de la corrupción que va a consumir los sueños de liberación alentados por los garibaldinos.

A la izquierda política de la época pareció preocuparle sobre todo el papel pasivo que Lampedusa asigna a los sicilianos y el carácter «irredimible» que, para él, tenía la isla. Era un escepticismo moral que no podía encajar con el anhelo de quienes aspiraban a cambiar el mundo y dar entrada en la realidad al mito del «hombre nuevo». Dice el príncipe de Salina en la novela: «Los sicilianos nunca querrán mejorar por la sencilla razón de que se creen perfectos. Su vanidad es más fuerte que su miseria». Y muestra la soledad descreída en que se encuentra cuando hace decir al aristócrata: «Pertenezco a una generación desgraciada, a caballo entre los viejos tiempos y los nuevos, y que se encuentra a disgusto en los dos».

Años después, valientemente, Sciascia reconoció su error. «Por desgracia, Lampedusa ha tenido razón y nosotros nos equivocamos», escribió. Quizá el poeta e intelectual marxista francés Louis Aragon le había abierto los ojos cuando dijo de *El Gatopardo*: «Es una de las grandes novelas de este siglo, una de las grandes novelas de todos los tiempos, y tal vez... la única novela italiana».

Vuelvo al juicio de Robb: «Una meditación barroca sobre la muerte». Y es bien cierto, en mi opinión. Pero también valdría decir que, en su forma de expresión, se trata de un retablo de connotaciones medievales cubierto con un barniz barroco, con una sucesión de escenas que tratan de la futilidad de la existencia.

En *El Gatopardo* no hay un propósito de lo que un crítico de hoy llamaría «novelesco», no hay intriga, no hay transformaciones en el carácter de los habitantes de la historia... Antes bien, todo parece detenido, menos el caminar lento de los actores de la obra hacia su propio fin. «El tiempo no fluye y la historia no se mueve; y, como ocurre siempre en la pintura, pero pocas veces en la narrativa, ha sido congelado el tiempo», escribe Vargas Llosa, que añade: el libro es de «una belleza escultórica», semejante, para él, a las narraciones de Lezama Lima y Alejo Carpentier.

De nuevo Peter Robb, en su *Medianoche en Sicilia*, afirma:

> No ocurren muchas cosas en *El Gatopardo*. Los grandes acontecimientos se anticipan, se recuerdan o se oye hablar de ellos desde lejos [...]. La novela se transformó en un examen de la vida y de la muerte en Sicilia.

Para mí, el relato es como si la nota aguda de un piano sonara en el aire, sostenida, interminable, desfalleciendo en su último lamento, desmayada casi en sus postreros párrafos, mientras van asomando ante nuestros ojos los rostros inconfundibles e inmutables de los personajes. Parecen seres que hubieran salido de sus tumbas por unos instantes para contarnos cómo fueron sus existencias, antes de volver a sus sepulcros y recuperar su suprema inmovilidad.

«*Nunc et in hora mortis nostrae. Amen*», comienza la narración con un latinajo de don Fabrizio, el príncipe de Salina: «Ahora y en la hora de nuestra muerte, amén». Y de improviso, entra en el salón un perro alano, Bendicò, moviendo el rabo. Será el mismo can, ya cadáver, disecado, quien despida el libro convertido «en un montecillo de polvo lívido», la eternidad que espera a la carne.

Y ya la muerte no nos abandona en todo el relato. Primero, en el paisaje de Palermo:

Las moles de los conventos... Había docenas..., descarnadas cúpulas de curvas inciertas, semejantes a senos vaciados de leche, los que conferían a la ciudad su oscuridad y su carácter, su decoro y, al mismo tiempo, su sentido de la muerte que ni la frenética luz siciliana conseguía hacer desaparecer...

Después, en la filosofía irónica del príncipe. «Mientras hay muerte hay esperanza», se dice al oír las campanas de la iglesia de Donnafugata en un toque que anuncia un fallecimiento.

Y la agonía del animal tiroteado, el conejo que cazan don Fabrizio y don Ciccio en los montes de Donnafugata:

> ...moría torturado por una ansiosa esperanza de salvación, imaginando todavía poder librarse cuando ya había sido apresado, como tantos hombres.

La muerte asoma en el largo parlamento del príncipe con Chevalley, cuando aquél rechaza el cargo de senador que le ofrecen en Roma:

> Nuestra sensualidad [de los sicilianos] es deseo de olvido; los tiros y las cuchilladas, deseo de muerte; nuestra pereza, deseo de inmovilidad voluptuosa, es decir, también la muerte... Las novedades sólo nos atraen cuando están muertas..., el pasado nos atrae solamente porque está muerto.

Y en un espléndido pasaje se dibuja la pesimista visión del futuro en el baile de un palacio en Palermo, al ver a las parejas de jóvenes danzando, entre ellos Tancredi y Angélica:

Don Fabrizio sintió que el corazón se le enternecía: su disgusto cedía el puesto a la compasión por todos estos efímeros seres que buscaban gozar del exiguo rayo de luz concedido a ellos entre dos tinieblas, antes de la cuna y después de los últimos estertores. ¿Cómo era posible enconarse contra quien se tiene la seguridad de que va a morir? [...]. No era lícito odiar a otra cosa que a la eternidad.

De nuevo, como en Mann, como en Rilke, la Belleza y la Muerte cogidas de la mano, en este caso bailando juntas encarnadas en los hermosos Tancredi y Angélica.

Y sigue la reflexión que le provoca el cuadro que retrata a un moribundo:

De pronto se preguntó si su propia muerte sería semejante a aquélla. Probablemente, sí [...]. Como siempre, la consideración de la propia muerte le serenaba tanto como le turbaba la de los demás. Tal vez porque, a fin de cuentas, su muerte era el fin del mundo.

Y al fin su propio final, cuando ante él aparece una joven belleza que no es otra que la Parca:

A su alrededor había un grupo de personas extrañas que le miraban fijamente con una expresión de terror [...]. De pronto, en el grupo se abrió paso una joven esbelta [...]. Era ella, la criatura deseada siempre, que acudía a llevársele. Era extraño que, siendo tan joven, se fijase en él. Casi juntó su cara a la de él. Y púdica, pero dispuesta a ser poseída, le pareció más hermosa de como jamás la había entrevisto en los espacios estelares. El fragor del mar se acalló del todo.

No sé si Lampedusa tenía en la cabeza la idea de una suerte de pintura. En la carta que su primo Lucio envió a Mondadori, el trabajo se denominaba «un ciclo de relatos cortos» y no una novela. Y esa definición de El Gatopardo no deja, curiosamente, de parecerse mucho a lo que se considera en pintura «una representación narrativa serializada», esto es, un retablo; en este caso, además, convertido en lo que se llama un «políptico»: un escenario múltiple, más dilatado y profuso que el díptico o el tríptico. De modo que Lampedusa, si hacemos caso de ello, habría creado un retablo políptico de ocho escenas. Toda esta reflexión, naturalmente, la dejo para aquellos a quienes les interese divagar sobre este tipo de cuestiones. Que me perdone el lector de a pie por tamaña desvergüenza.

En todo caso, estoy seguro de que, en la gran mayoría de las mejores obras literarias, conocemos el final desde el principio. ¿Ignorábamos acaso que Aquiles mataría a Héctor y éste, a su vez, perecería por un flechazo de Paris? Y en cuanto a Odiseo, ¿quién desconoce que pisaría el suelo de Ítaca y recuperaría su trono después de innumerables penalidades? Antes de ver representada la obra, Shakespeare ya nos sugiere que Macbeth morirá asesinado. Y sabemos que lo más triste del final de don Quijote será la recuperación de la cordura. En el arte, la intriga no es un valor de primera línea, sino un aditivo que, a veces, contiene una intención comercial. O, en el mejor de los casos, constituye sencillamente un juego del escritor.

Yo veo un primer capítulo de El Gatopardo como una suerte de presentación pictórica de personajes a la que el autor suma los acontecimientos políticos del momento. Están Fabrizio y Tancredi, el rey Borbón, el padre Pirrone, los familiares del príncipe y las noticias del desembarco de Garibaldi. Transcurre el mes de mayo de 1860 y, en el fondo del retablo, ondean las banderas tricolores de Italia.

En el segundo, fechado en agosto del mismo año, aparece el paisaje del atroz campo siciliano, devorado por el sol y la sequedad, y la miseria de los pueblos del camino que recorren los Salina hacia el sur. Y nos muestra el lujo de la residencia de verano del aristócrata, Donnafugata, la abundante cena con los invitados provincianos, la tosquedad del nuevo rico, don Calogero Sedàra y la hermosura de su hija Angélica. La pintura es un estallido de luz que amenaza con disolverlo todo.

El tercero, en octubre, es una pequeña partida de caza del príncipe con un servicial acompañante, don Ciccio, en los montes que rodean Donnafugata. En medio de la jornada se da cuenta de una carta de Tancredi al príncipe donde le relata los acontecimientos políticos y bélicos que se producen en la isla y en la que, al tiempo, le pide que haga de intermediario con don Calogero para solicitar la mano de Angélica. Viene luego el plebiscito a favor del rey Víctor Manuel y la unidad de Italia en el que, de los 515 votantes de Donnafugata, 515 habían votado «sí». Y, finalmente, el acuerdo entre don Calogero y el príncipe para la boda entre los jóvenes Angélica y Tancredi. Todo ello aparece, como si fuera la pintura de corte medieval de una batalla, ante la figura de un conejo que agoniza.

El cuarto, de noviembre, nos relata la intensidad de la vida social en Donnafugata, con las entradas y salidas de nuevos visitantes. La sensualidad se desborda con los escarceos

amorosos, en los laberintos del inmenso palacio, de Angélica
y Tancredi. Pero hay una conversación capital en la obra entre
un enviado de Roma del nuevo orden político, el caballero
Chevalley de Monterzuolo, y don Fabrizio, donde el primero
ofrece al príncipe un puesto de senador en la capital. Éste
expresa sus opiniones sobre Sicilia y su carácter de isla «irredimible». El cuadro corresponde, pues, a dos caballeros que
conversan sobre el fondo de una gran mansión, con un horizonte azul a sus espaldas.

El quinto, de febrero de 1861, cuenta unas curiosas vacaciones del padre Pirrone a su pueblo de San Cono. Y de nuevo
se nos presentan la dureza, la pobreza, la cerrazón y la vehemencia del campo siciliano. La aparición de un «hombre de
honor» en el relato es un apunte sobre la Mafia y sus miembros, «uno de esos hombres violentos capaces de cualquier
estrago». Un cura con un crucifijo y un tipo turbio con una
escopeta ocupan el tablero sobre un paisaje de campos mise-
rables.

El sexto, de noviembre de 1862, narra una velada en un
palacio de Palermo a la que acuden como invitados los Salina
y en la que el príncipe don Fabrizio baila un vals con Angélica y quedan solos en la pista cuando las otras parejas se apartan
para contemplarlos. El capítulo rebosa la sensualidad que des-
prende la muchacha y la nostalgia de la juventud perdida del
hombre que camina hacia la vejez. La pareja gira y gira bajo
una lámpara de lágrimas de cristal y ante un friso lleno de ojos
asombrados. Merece la pena rescatar lo que dice Lampedusa:

> Por el escote de la muchacha surgía un perfume de Bou-
> quet à la Maréchale, sobre todo un aroma de piel joven y

tersa. Don Fabrizio recordó una frase de Tumeo: «Sus sábanas deben de tener la fragancia del paraíso» [...]. Tan absorto estaba [...] que no dio cuenta de que en un momento dado Angélica y él bailaban solos.

¡Ah, la sensualidad! ¡El viejo león, el viejo atleta, llevando en sus brazos a una hembra plena de sexo simulado! Los deseos que ronronean desde la lejanía y el vigor renovado del hombre, el deber de acallarlos, el pudor indeciso e incisivo de la muchacha. Y todo en un vals... Nunca resultó tan atractiva la bella Cardinale ni jamás un saltimbanqui o *cowboy* como Lancaster se transformó de súbito en un príncipe del *mezzogiorno*. ¡Qué grandes los dos!

El cuadro es barroco, lleno de luces y de sombras, de seres de ojos vivaces sobre un telón de oscuridad.

La séptima tabla del retablo, de julio de 1883, retrata con detalle los momentos postreros de la vida del príncipe, que contempla el mar de Palermo y la isla Pellegrino desde el balcón de un hotel que lleva el nombre antiguo de Sicilia: Trinacria. El hombre, solo ante su muerte que llega disfrazada de muchacha, mira al Tirreno azul añil y ve volar las edades de su vida: al niño, al joven, al hombre, al viejo...

Y en fin, el último episodio, cargado de humor negro y decrepitud, fechado en mayo de 1910, medio siglo después del comienzo de la novela. Las tres viejas princesas supervivientes de la familia reciben la visita de una autoridad eclesial de Palermo. ¿Objeto?: comprobar la autenticidad de un montón de reliquias que posee la familia desde muchos años antes. Es una gran burla de la Iglesia. Y concluye el libro con la imagen de un perro disecado, lleno de polillas, que es arrojado a la basura: el can favorito de don Fabrizio, el alano Bendicò.

¿Cuál sería el retrato final de este políptico retablo? Tal vez, el cadáver de un animal riéndose de los hombres.

Un argumento, si lo hay, liviano como una pluma y denso como un siglo de historia. Aristocracia, miseria, geografía implacable, lujo, decadencia, pasión, soledad, sensualidad, luchas políticas, amor, religión y muerte. Y Sicilia como un barco a la deriva...

Quien no ha leído *El Gatopardo* es probable que desconozca en buena parte los recovecos del alma humana.

¡Ah, aquellos días de entreguerras en que hombres como Mann, Rilke, Joyce y Lampedusa buscaban certezas y trataban de explicar la vida humana y dar sentido a la propia!..., ¿se han ido para siempre? ¡Ah, los Gustav von Aschenbach, Leopold Bloom y Fabrizio Salina!..., ¿son ya los ángeles fantasmales de Rilke? Una idea de la vieja Europa murió con ellos, pero todavía llamean sus brasas resplandecientes.

El día anterior a mi partida de Palermo amaneció con lluvia liviana. Dejé mi hotel, compré un paraguas a un vendedor callejero y caminé hasta llegar a la Via Vittorio Emanuele, un recorrido que ya conocía sobradamente. Y seguí el rumbo de la historia, una vez más, calle arriba, dejando en la lejanía, a mi espalda, el mar. Crucé los Quattro Canti y me asomé unos instantes a la Facultad de Economía, en cuyo patio hay una placa que honra a las figuras de Falcone y Borsellino, los dos jueces ejecutados por la Cosa Nostra de Corleone. Seguí mi paseo entre palacios descuidados, un Palermo viejo, deteriorado y, al mismo tiempo, rezumante de pasado y de belleza ajada. En la explanada de la catedral se concentraban los invitados a una boda, en espera de los contrayentes.

Continué hacia el interior de la ciudad, dirección norte. ¡Qué bello en su decrepitud me parecía Palermo! Reparé en que muchas mujeres llevaban extraños peinados, alborotados, con grandes bucles y rizos, como si fueran medusas o gorgonas. ¿Asomaba la Trinacria griega desde el pasado?

En los jardines del Parlamento, muy cerca del Palacio Real de los normandos, otra placa recordaba al general Dalla Chiesa, asesinado también por la Mafia corleonesa. Y traspasé las pilastras de la Porta Nuova dejando atrás el casco viejo de la capital siciliana.

La urbe cambiaba al asomarme a la Piazza Indipendenza, fuera de los antiguos muros. Era un lugar populoso, discordante, con un tráfico desordenado que llenaba el espacio con el berreo de las bocinas. El Palermo pobre y caótico hacía olvidar al monumental que, en el otro lado de la antigua puerta, invadían manadas de turistas. Los coches eran viejos cacharros que parecían sacados de películas antiguas, y numerosos velomotores llevaban acopladas en la trasera cajas que se utilizaban para pequeñas mudanzas o el transporte de mercancías ligeras.

A veces, el aire traía un aroma de arrabales africanos. Los edificios de pisos de la Via Cappuccini eran pabellones sin gracia, con balconcillos de pretiles de cemento y fachadas descascarilladas. Vi a una anciana que, desde un tercer piso, jalaba una cuerda con un cesto en el que un tendero había dejado algunas viandas —con toda seguridad, la casa carecía de ascensor— y la escena me recordó a una parecida que presencié en El Cairo veinte años atrás.

Caminé cerca de un kilómetro antes de detenerme a tomar un café y un respiro. El *espresso* costaba menos de la mitad que en el centro de Palermo. Hombres jóvenes y ociosos, o quién sabe si en el paro, jugaban a las cartas en una mesa cercana y aquello me pareció una escena de alguna película del neorrealismo italiano de la posguerra. Pasaban pequeñas motocicletas desprovistas de tubo de escape, dejando un rastro de olor a gasoil quemado, de humo y petardeo.

Y al fin llegué al convento de los Capuchinos y al cementerio vecino. Me acerqué al empleado municipal, que charlaba en la puerta con un policía y vestía una suerte de uniforme azulado.

—¿Lampedusa? —me dijo antes de que yo preguntase nada.

Asentí, y me indicó con un gesto que le siguiera. La tumba no estaba muy lejos. Me la señaló con el dedo cuando llegamos a su altura. Le di una propina y se inclinó agradecido.

La flanqueaban una hilera de cipreses y algunos solemnes panteones. Cercado por una verja de hierro, era un sepulcro sencillo, humilde si lo comparábamos con los de los capos mafiosos de Corleone o del bandido Giuliano en Montelepre. En la lápida figuraban los nombres del escritor y de su esposa con las fechas de su muerte. Y sobre ellos había dos rosas amarillas, con los pétalos separados de los tallos, empapados por la lluvia de la mañana y desperdigados sobre la piedra.

Oía el llanto de un cuervo. En una sepultura próxima, dos jarrones de mármol colocados sobre la lápida rebosaban de flores recién cortadas. Era la tumba de Pio La Torre, el bravo y honesto dirigente comunista asesinado por el pistolero mafioso Pino Greco en 1982. Me acerqué, tomé una rosa blanca de uno de ellos y la deposité sobre el nombre de Lampedusa. Los dos hicieron algo noble por Sicilia.

Por la noche, de nuevo, me extravié vagando sin rumbo entre los bares del barrio de Santo Domenico. Los jóvenes disfrutaban del aire fresco del otoño con mirada anhelante, buscando, como en todos los sitios y en todas las épocas y en todas las civilizaciones, rastros de amor.

8

La morada de un loco

Sicilia es una tierra enigmática. Cuantos la han visitado, e incluso los sicilianos que han reflexionado sobre ella, la consideran un lugar diferente a todos. Y en muchos, como en el caso de Lampedusa, despierta un raro sentimiento de amor y de desdén mezclados. Para el gran novelista, según dice en su *Gatopardo*, «es el país más destructivo que existe»; no obstante, también en el mismo libro, afirma que «está hecho de delicias carnales y de doradas cosechas». Según el lombardo Savatteri, «es el lugar de lo absoluto». Y tal vez tenga razón el inglés Lawrence Durrell cuando considera que, en vez de una isla, «Sicilia es un subcontinente».

Hay dos peculiaridades que determinan el carácter de este lugar. La primera, su terrible climatología, que hace decir al escritor local Vincenzo Consolo: «Un mundo que parece aguardar de un momento a otro su fin; el hombre, a entregarse intelectualmente a su última certeza».

La otra característica es la historia de un territorio que siempre ha pertenecido políticamente a otros, que durante siglos ha permanecido bajo dominaciones extranjeras, que ha sido expoliado por invasores y gobernado por reyes de otros lares. «Somos viejos, Chevalley, muy viejos —afirma el príncipe de Salina de *El Gatopardo* en su jugosa conversación con el caballero piamontés—. Hace por lo menos veinticinco siglos que llevamos sobre nosotros el peso de magníficas civilizaciones heterogéneas, todas venidas de fuera, ninguna germinada entre nosotros, ninguna con la que nosotros hayamos entonado...; desde hace dos mil quinientos años, somos colonia.»

Ese hecho, sin embargo, le parecía a Maupassant casi un milagro: «Sicilia tuvo la suerte de pertenecer sucesivamente a pueblos fecundos —escribía en *La vida errante*—, que cubrieron el territorio de obras muy diversas en donde se mezclan, de modo inesperado y cautivador, las influencias más encontradas. De ahí nació un arte especial que no vemos en ninguna otra parte, donde domina la influencia árabe, aunque en medio de vestigios griegos e incluso egipcios, donde el admirable conocimiento de la ornamentación y de la decoración bizantina atemperan la severidad del estilo gótico traído por los normandos».

¿Y cuál es el espíritu de los sicilianos? «Casi todos tienen un miedo instintivo a la vida», afirma el agrigentino Pirandello. «Su carácter distintivo es la falta de alma», escupe Durrell. El novelista Federico De Roberto, nacido en Nápoles, criado en Sicilia y autor de la monumental y mítica obra *Los virreyes*, publicada en 1894, apunta que el mal de los isleños es no creer en las ideas ni en que el mundo pueda cambiarse. «No, nuestra raza no ha degenerado —señala uno de sus personajes al cerrar el libro—: es siempre la misma.» Y el pintor comunista Renato Guttuso, el artista más celebrado de Sicilia, remata: «Aquí se pueden encontrar muchas cosas —la gastronomía, el arte, el mito—, pero no la verdad».

Cicerón, cuando en el siglo I a.C. visitó Siracusa como una suerte de inspector de Hacienda, para revisar las cuentas del corrupto gobernador romano Cayo Verres, definió así a sus pobladores: «Gente aguda y querellante, nacida para la controversia. Sumamente tímida, sumamente temeraria». Y Lampedusa amplió el retrato crítico de sus paisanos dos mil años después: «En Sicilia, la rapidez mental usurpa el nombre de inteligencia».

Un enigma lleno de contradicciones. ¿Qué podemos añadir sobre un pueblo en el que los asesinos se llaman a sí mismos «hombres de honor»?

Antes de viajar a la isla, varios amigos me habían aconsejado que no dejara de visitar la Villa Palagonia, en Bagheria, una localidad costera situada trece kilómetros al oeste de Palermo, que fue un lugar escogido por la aristocracia tradicional palermitana para construir sus mansiones de verano y de la que, en los años noventa del siglo XX, se decía que era un criadero de mafiosos. De modo que la mañana de un sábado, durante los días de mi estancia en Palermo y unas jornadas antes de regresar a Madrid, tomé un tren hacia la población.

Ferdinando Francesco Gravina Cruillas e Bonanni, IV príncipe de Palagonia y Grande de España, decidió levantar la mansión en el año 1715 y encargó las obras al arquitecto y fraile dominico Tommaso Maria Napoli. La verdad es que éste no se esmeró mucho, porque si bien los jardines pueden parecer hermosos, el edificio resulta poco elegante, con un aire en donde predomina el gusto conventual por encima del palaciego. El vástago de Ferdinando, Ignazio Sebastiano Gravina, V príncipe de Palagonia, completó los trabajos y añadió la capilla y el salón de los espejos.

Su hijo, el VI príncipe, Ferdinando Francesco «júnior» (1722-1788), que se supone andaba falto de algún tornillo, remató la faena en 1770, llenando los muros y muchos lugares del parque y del castillo con multitud de grotescas y pavorosas estatuas, que originalmente llegaron a ser doscientas y de las que en la actualidad sólo quedan unas setenta. Fueron cinceladas en piedra calcárea y revestidas de una capa de yeso, para hacerlas parecer talladas sobre mármol, una pátina que con los años ha desaparecido, lo que les añade una chabacanería que apuñala la mirada. En poco tiempo, los habitantes de Bagheria comenzaron a llamar al lugar «villa de los monstruos» y con ese mismo nombre se sigue conociendo casi tres siglos después. A pesar de no creer en los fantasmas ni en los muertos vivientes, yo no dormiría tranquilo bajo el techo de la residencia de los Gravina, en la proximidad de tanto ser horripilante.

Al chiflado Ferdinando le sucedió su hermano Salvatore Gravina, VII príncipe de Palagonia, que modificó algunas estancias, destruyó unos cuantos «monstruos» y dejó a todos los demás en su sitio, quizá temeroso de ellos. El último príncipe fue el VIII, Francesco Paolo Gravina, que también liquidó parte de la tropa de figuras diabólicas. Murió en 1854 sin descendencia y la propiedad, por voluntad suya, pasó a ser administrada por la jerarquía eclesial. Naturalmente, fue beatificado. Lo curioso es que la Iglesia, que tanto empeño puso durante siglos en reconvertir los símbolos del paganismo y a sus dioses, haya respetado la presencia de tanto ser abominable. ¿Es a causa de su gusto secular por el Infierno?

A Goethe, que visitó el palacio en abril de 1787, unos días después de su llegada a Palermo, le repugnó el lugar y lo tildó de locura. El autor de *Werther* lo describió de esta manera:

El carácter repulsivo de estas monstruosidades, talladas de cualquier modo por los más vulgares picapedreros, se acrecienta aún más por el hecho de haber sido esculpidas con la toba conchífera más porosa [tipo de piedra calcárea]; con todo, un material mejor no haría sino resaltar la falta de valor de la forma [...]. Para dar a conocer de una manera cabal los elementos de la locura del príncipe de Palagonia, damos la lista siguiente. Figuras humanas: mendigos, mendigas, españoles, españolas, turcos, moros, jorobados, toda suerte de individuos contrahechos, enanos, músicos, soldados con trajes antiguos, dioses, diosas, gente vestida a la antigua moda francesa, soldados con cartucheras y polainas, mitología con toques burlescos como Aquiles y Quirón con Polichinela. Animales: sólo partes de éstos, un caballo con manos humanas, una cabeza de caballo sobre un cuerpo humano, monos desfigurados, muchos dragones y serpientes, toda suerte de patas con figuras de los géneros más diversos, cabezas dobles y cambiadas: toda clase de monstruos y ornamentos torneados que terminan abajo en vientres y zócalos [...]. Pero si uno, intentando salvarse de todo esto, busca refugio en el castillo, con un aspecto exterior relativamente razonable, se topa, no lejos de la puerta, con la cabeza coronada de laureles de un emperador romano sobre el cuerpo de un enano sentado sobre un delfín [...]. En el mismo castillo, la fiebre del príncipe comienza de nuevo a desbordarse; las patas de las sillas están serradas de una manera desigual, de modo que nadie puede sentarse en ellas, y el guardián nos avisa de que aquellas que parecen utilizables ocultan espinas bajo los forros de

terciopelo. No hay rincón en el que no surja alguna extravagancia [...]. Necesitaría un cuaderno entero para describir la
capilla. Allí se encierra la clave de toda esta locura, que sólo
puede desarrollarse con tal exuberancia en un espíritu beato
[...]. En el techo se ha fijado horizontalmente un crucifijo de
madera bastante grande, pintado en colores naturales y lacado con un barniz dorado. Al ombligo de Cristo se le ha atornillado un gancho del que pende una cadena fijada a la cabeza de un hombre que reza arrodillado y flota en el aire.

Algunos otros escritores famosos han pasado por Bagheria
después de Goethe. Como el poeta Algernon Charles Swinburne, un «maldito» de su tiempo, o sicilianos como Leonardo Sciascia, y Jorge Luis Borges, a quien quizá la mansión le
recordó a su propio *Libro de los seres imaginarios*, creado a
cuatro manos con su amigo Bioy Casares. La visita del maestro argentino la rememora Alejandro Luque en su estupendo
trabajo *Viaje a Sicilia con un guía ciego*, en donde, a propósito
del primer Señor de Palagonia, trae a colación un proverbio
isleño que dice: «Si el rico no estuviera loco, el pobre no podría vivir».

Goethe cuenta en su relato viajero que, unos días después
de recorrer las estancias del palacio de Bagheria, se encontró
a un extraño personaje, con aire de aristócrata, que vagaba
por las calles de Palermo solicitando limosnas a los transeúntes. El asombrado creador de *Fausto* lo describe así:

> Rizado y empolvado, el sombrero debajo del brazo, traje
> de seda, espada al costado, bonitos zapatos adornados con
> hebillas de pedrería, el septuagenario marchaba con solem
> nidad, concitando todas las miradas.

Goethe preguntó a un comerciante quién era aquel hombre y éste le respondió que se trataba del dueño de la villa de Palagonia, que pedía dádivas para pagar los rescates de los cautivos de los bereberes. «Hace muchos años —añadió— que el príncipe es presidente de esta obra y ha hecho mucho bien». Y el escritor replicó: «Si en lugar de gastarse sumas tan grandes en las extravagancias de su palacio, las hubiera destinado a esta causa, ningún príncipe del mundo hubiera hecho más que él». A lo que el tendero respondió: «¡Aquí todos somos así! Costeamos gustosos nuestras locuras; pero, para nuestras virtudes, tienen que ser los demás quienes pongan el dinero».

Gaetano Savatteri, autor de *Los sicilianos*, tiene una teoría sobre el creador de Palagonia diferente a los que le consideran un demente:

> La presunta locura de Ferdinando Francesco fue una herejía disimulada [...]. Eran los años de Diderot y Voltaire, los años de la *Enciclopedia*, la época en la que el hombre intentaba imprimir la luz de la razón sobre el caos del mundo. Lejos de la Francia ilustrada, en la Sicilia aún española e inquisitorial, el príncipe de Palagonia contraponía a las luces su mundo de tinieblas fantásticas.

Sciascia se pregunta: «¿Cómo es que, mientras el mundo se volcaba a la gracia, el príncipe de Palagonia se volcaba al horror? ¿Era una premonición, una penitencia, una aversión?».

Y sigue Savatteri:

El príncipe de Palagonia sustituye a Dios: se convierte en
el creador de un universo desordenado e informe. El reino
del príncipe es el caos. ¿No se trata de una herejía? [...]. Sus
monstruos eran hijos del barroco ya sepultado bajo las líneas
neoclásicas del siglo xviii, pero anticipaban los espectros ro-
mánticos del siglo xix [...]. En la segunda mitad del siglo xviii,
el príncipe de Palagonia realizó un parque encantado sustraí-
do a la lección homologadora de la religión, la ciencia, del
pensamiento mismo. No podía haberlo hecho de otra manera. No podía hacer más [...]. Goethe no se dio cuenta de que
en la villa de Bagheria anidaban las sugerencias de su romanticismo [...]. En la villa de los monstruos se recogían ansias e
inquietudes pertenecientes al siglo venidero, con sus tor-
mentos, con sus personajes góticos.

Desde la estación central de Palermo salen frecuentes trenes
hacia Bagheria, unos de cercanías y otros de larga distancia
con parada en el pueblo. Tomé uno de los primeros a eso de
las diez de la mañana y apenas tardé un cuarto de hora en
alcanzar la localidad, a bordo de un destartalado vagón de
asientos de plástico azul, con un buen puñado de pasajeros
que lo hacían de pie por la escasez de acomodo. A la derecha
se desperezaba el mar, radiante; a la izquierda, galopaban
madrugadoras montañas, como centauros de cabezas capri-
chosas.

El apeadero de Bagheria era un pequeño edificio alargado
en el que no parecía haber ningún empleado y ni siquiera
taquillas de despacho de billetes, tan sólo máquinas expende-
doras. Bajamos unos cuantos viajeros y los otros desapare-
cieron en menos de un minuto, como hormigas asustadas,

mientras yo me quedé fuera del galpón, tratando de encontrar a alguien que me orientase. Pero el barrio, poblado de casas bajas, parecía desierto en aquella hora, quizá porque sus habitantes habían acudido a alguna celebración comunal: ¿la misa, un partido de fútbol?

Al fin, un pequeño automóvil se paró cerca de donde me encontraba. Era un Fiat Panda de color terroso, algo decrépito, que conducía una gruesa mujer de mediana edad, fornida, de cabello crespo y negro, ataviada con un vestido color rojo chillón. A su lado se sentaba una muchacha próxima aún a la adolescencia. Charlaban a gritos casi al mismo tiempo, agitando las manos y los brazos, con vehementes movimientos de cabeza, y apenas me echaron una ojeada cuando me acerqué.

Esperé un poco y, al fin, la joven se bajó del coche y caminó resuelta hacia la estación. Sin duda iba a tomar un tren. La otra me miró de arriba abajo sin moverse de su asiento. Me aproximé a la ventanilla abierta.

—Palagonia, Palagonia...

—*Comme?*

—Palagonia...

—*Ah* —señaló hacia la derecha—. *Diritto, sempre diritto...*

Al instante se arrancó a hablarme en siciliano, haciendo gestos con los que trataba de indicarme el camino. No parecía que éste fuera tan derecho como me había dicho al principio, pues gesticulaba lo suyo, dibujando curvas en el aire. En todo caso, yo no entendía nada. Era expresiva y locuaz.

Correspondí con signos que trataban de imitar los suyos, mientras insistía:

—*Villa dei monstri, villa dei monstri...*

—*Sì, sì..., lontano, lontano...*

Y regresaba al bombardeo de palabras en su dialecto. Comprendí que había que dar varias vueltas para encontrar el palacio.

Debió de cansarse de mí, porque unos instantes después y, tras decir «*arrivederci*», pisó el acelerador y se largó por una calle lateral. Yo intenté seguir las indicaciones que había más o menos memorizado y, después de enredarme entre callejones vacíos, como un río que buscara el mar dibujando meandros, fui a desembocar en una amplia vía que ascendía un par de kilómetros por una empinada cuesta.

Y, en ese instante, un coche se me arrimó. Era el Panda de la mujer de rojo. Manoteando briosamente, me indicó que me sentara a su lado y yo obedecí. El coche brincó pendiente arriba, como una cabra a la que le hubieran metido una guindilla por el orificio trasero.

Mientras subíamos, me hablaba sin parar en siciliano: a voces, marcando las sílabas, como suele dirigirse a ti mucha gente cuando no conoces su lengua, suponiendo que, con gritos y pronunciación clara, puede llegar a entenderse cualquier idioma.

Se detuvo al poco en la esquina de otra calle ancha que se abría a la izquierda.

—*Diritto, diritto...* —dijo.

—*Villa dei monstri?*

—*Sì, sì..., benzina, stazione di servicio, benzina...* —repitió, ahora en italiano.

Y se inclinó hacia mí, cayéndome casi encima; abrió mi

puerta, me dio un empellón en el hombro, yo bajé a trompicones y ella gritó golpeándose el pecho con su manaza:

—¡Rosalía, Rosalía!

Y se largó zumbando.

Era una avenida peatonal, muy larga; pero, por fortuna, llana. Eché a andar. Y unos doscientos metros más adelante, me detuve en una pescadería ante un grupo de hombres. Eran tipos extraños, de aire desaliñado, algunos cabezones y otros paticortos. Pregunté por el palacio Palagonia, al tiempo que dudaba sobre la posibilidad de que estuviera ya en su interior, rodeado de seres extravagantes. Ya se sabe que, a menudo, la realidad imita al arte. Y eso, en Bagheria, cerca de Palagonia, puede resultar muy peligroso.

—*No, no palazzo... Villa, villa...* —me dijo uno de ellos, riendo.

—*Inglese?* —preguntó otro.

—*Spagnolo* —respondí.

—*Ah... Palazzo, en Spagna, è a l'Italia una villa. Palazzo è piu bello propio qui, a l'Italia, que a l'Espagna.*

Después de complicadas explicaciones, pude entender que la Villa Palagonia se encontraba al fondo de la calle, frente a una gasolinera.

Y allí estaba, finalmente: la entrada era un enrejado, entre los muros, con dos grandes estatuas de guardianes a los lados, dos seres feos y sonrientes que lo mismo podían parecerse a luchadores japoneses de «sumo» que a monjes calvorotas del Tíbet e, incluso, algo lejanamente, a los clientes de la pescadería de Bagheria que me habían indicado el camino. En una pequeña dependencia vecina a la puerta principal se vislumbraba el oscuro vestíbulo de una suerte de recepción para los visitantes.

Todo tan siniestro...

El tipo que atendía tras la mesa del despachillo era bajito, malencarado y no hablaba otra lengua que un parco italiano. Cuando entré, tenía en la mano un espray y se dedicaba a perseguir, a chorros de insecticida, unas cuantas moscas que volaban alrededor.

—*Do you speak English?* —pregunté.

—*Quattro euros* —me respondió, dejando por un instante a los bichos tranquilos y tendiéndome un tíquet.

Pagué, volví a la calle y crucé entre los dos tétricos guardianes de piedra el portón de Villa Palagonia. Un camino ancho se abría paso entre altos setos y árboles tupidos e iba a dar a la puerta del edificio principal, ancha y espaciosa, apta para dar entrada a coches de caballos. Crucé bajo el arco y fui a parar de nuevo al jardín, a su parte trasera, donde se apretaban los macizos de flores, parterres, arbustos y esbeltos ficus, palmas, naranjos y jacarandas.

Y allí, sobre los muros que cerraban el palacio y el recinto del parque, se encaramaban los primeros seres deformes y extraños que parecían salidos de un cuadro del Bosco. Cubrían el vallado como si fueran los defensores de una fortaleza, aunque su única arma fuera lo horripilante de sus figuras: simios, gnomos, serpientes, músicos de orquestas infernales, saurios, leones, enanos desfigurados, soldados sin fusiles, mujeres con los pechos al aire, seres escapados de una mitología peculiar, seres nacidos de cruces de humanos con animales...

Recorrí las tapias haciendo fotos y reparé en que allí no se encontraba nadie más que yo. Miento: había un gato grande, blanco con machas de color café. Me miró y yo sentí un cierto miedo. Siempre me lo han provocado esos felinos, desde que era muy pequeño y uno me arañó. Pensé que, tal vez, podía haber descendido del vallado, que era un aliado de aquel reino de monstruosidad y que se proponía atacarme. Así que me agaché, tomé una piedra pequeña y se la arrojé. No le acerté, pero escapó a esconderse en la maraña de aquella espesa selva.

Rodeé el edificio y, en el patio posterior, ascendí por uno de los brazos de la doble escalera que llevaba a las estancias principales. En una de ellas, varios frescos mostraban a Hércules en plena faena de sus famosos trabajos. Y me detuve en la vecina Sala de los Espejos, que llenan los techos y paredes de la habitación y te devuelven tu figura multiplicada. Un cartel explica su intención, que tomo traducida del libro de Alejandro Luque: «Refléjate en estos cristales y contempla en su magnífico esplendor la imagen de fragilidad mortal que vierten». ¿Era la filosofía íntima de aquel príncipe demente?, ¿o de nuevo el retrato siciliano de la magnificencia y de la muerte?

No le di más vueltas al asunto. Goethe tenía razón, era un sitio infame. Y si como sostiene Savatteri parecía antes la obra de un hereje que de un chiflado, es preciso decir que, fuera como fuese, el iconoclasta en todo caso estaba como una cabra.

Salí de aquel lugar horrendo y sin gracia como alma que lleva el diablo.

A un empleado de la gasolinera cerca de la villa le pregunté dónde podía encontrar un taxi para regresar al apeadero del tren, y su respuesta fue que no existía ni uno solo en Bagheria.

—¿El autobús?

—*Neanche*.

Eché a andar, pues, calle adelante y luego hacia abajo, en el recorrido inverso a mi llegada. Media hora más tarde estaba en la estación. En los paneles anunciaban un expreso que llegaba de Trapani diez minutos más tarde. Pero la máquina de los billetes no funcionaba y no había nadie en la taquilla.

No sabía qué hacer y era consciente de que me exponía a una sustanciosa multa si tomaba el tren sin tíquet.

El ferrocarril se acercaba a la estación, escuché el pitido de la locomotora. Y de súbito sentí un golpecillo en el hombro. Era Rosalía. Me hizo un gesto con el que trataba de decirme que estuviese tranquilo. El convoy se detuvo. Ella habló con el revisor durante medio minuto escaso, me dio un empujoncito, salté al interior del vagón, la máquina silbó y el tren se puso en marcha. Mientras me alejaba, la vi desde la ventanilla en el andén, rotunda y roja, agitando la mano para despedirme. ¿Una bondadosa hada madrina o una delegada de la mafia protectora de turistas fisgones? Con Sicilia, nunca se sabe.

Nadie me pidió que pagase el viaje.

Llegué a Madrid días más tarde. Tenía que asistir a una suerte de fiesta literaria y sentí cierta fatiga de ánimo al calzarme unos zapatos de ciudad, de esos que lucen cuero brillante y se aprietan con cordones, anudar alrededor de mi cuello una corbata de color granate y vestir una chaqueta oscura. Mientras ajustaba lazos y nudos, recordaba a los apasionados creadores cuyas huellas había seguido durante semanas, aquellos, entre otros pocos, que osaron sumergirse «hasta el fondo de

lo desconocido para encontrar lo nuevo», como pedía Baudelaire.

Esperé en una esquina la aparición de un taxi. Pensaba
que hay poca gente tan aburrida como los escritores razonables.

Madrid y Valsaín,
2018-2019

Bibliografía

De Venecia

Brodsky, Joseph, *Marca de agua*, Siruela, Madrid, 2005.
Byron, Lord, *Diarios*, Galaxia Gutenberg, Barcelona, 2018.
Crowley, Roger, *Venecia, ciudad de fortuna*, Ático de Libros, Barcelona, 2016.
James, Henry, *Horas venecianas*, Abada Editores, Madrid, 2008.
Kurzke, Hermann, *Thomas Mann*, Galaxia Gutenberg, Barcelona, 2004.
Mann, Thomas, *La muerte en Venecia*, Edhasa, Barcelona, 2010.
—, *Relato de mi vida*, Alianza, Madrid, 1969.
Matvejević, Predrag, *La otra Venecia*, Pre-textos, Valencia, 2004,
McCarthy, Mary, *Venecia observada*, Ariel, Barcelona, 2008.
Morand, Paul, *Venecias*, Península, Barcelona, 2010.
Morris, Jan, *Venecia*, RBA, Barcelona, 2008.
Norwich, John Julius, *Historia de Venecia*, Almed, Granada, 2003.
Pla, Josep, *Cartas de Italia*, Destino, Barcelona, 1996.
Ruskin, John, *Las piedras de Venecia*, Eversgreen, 2016.
Sollers, Philippe, *Diccionario del amante de Venecia*, Paidós, Barcelona, 2005.
Sopeña Ibáñez, Federico, *Estudios sobre Mahler*, Servicio de Publicaciones del Ministerio de Educación y Ciencia, Madrid, 1976.
Tafur, Pedro, *Andanzas y viajes*, Cátedra, Madrid, 2018.

Tanner, Tony, *Venecia deseada*, La Balsa de la Medusa, Madrid, 2015.

Von Platen, August, *Sonetos venecianos*, Pre-textos, Valencia, 1999.

VV. AA., *Venecia, Letras de viaje*, Acento, Madrid, 1999.

Zweig, Stefan, *El mundo de ayer*, Acantilado, Barcelona, 2009.

DE TRIESTE

Ellman, Richard, *James Joyce*, Oxford University Press, 1982.

Hertmans, Stefan, *Ciudades, Trieste*, Pre-textos, Valencia, 2003.

Joyce, James, *Ulises*, traducción de José María Valverde, Lumen, Barcelona, 1976.

Joyce, Stanislaus, *Mi hermano James Joyce*, Adriana Hidaldo Editora, Córdoba, 2000.

Magris, Claudio, y Ara, Angelo, *Trieste*, Pre-textos, Valencia, 2007.

McCourt, John, *Los años de esplendor: James Joyce en Trieste*, Turner, Madrid, 2000.

Morris, Jan, *Trieste o el sentido de ninguna parte*, Gallo Nero Ediciones, Madrid, 2017.

O'Brien, Edna, *Joyce*, Mondadori, Barcelona, 2001.

Pindar, Ian, *Joyce*, House Publishing, Londres, 2004.

Saba, Umberto, *Trieste y una mujer* (poemas), Editorial La Poesía, señor Hidalgo, Barcelona, 2003.

Slataper, Scipio, *Mi Carso*, Adicia, Madrid, 2013.

Stuparich, Giani, *Guerra del 15*, Minúscula, Barcelona, 2015.

Svevo, Italo, *Sobre James Joyce*, Editorial Argonauta, Buenos Aires, 2014.

DE DUINO

Holthusen, Hans Egon, *Rainer Maria Rilke*, Alizanza, Madrid, 1968.

Pau, Antonio, *Vida de Rainer Maria Rilke*, Editorial Trotta, Madrid, 2007.

Rilke, Rainer Maria, *Elegías de Duino*, traducción de José María Valverde, Lumen, Barcelona, 1980.

—, *En Ronda*, Pre-textos, Valencia, 2012.

—, *Nueva antología poética*, prólogo de Jaime Siles, Austral, Madrid, 2007.

—, *Los cuadernos de Malte Laurids Brigge*, Traducción de José María Valverde, Plaza & Janés, Barcelona, 1965.

Von Thurn und Taxis, Marie, *Recuerdos de Rainer Maria Rilke*, Paidós Testimonios, Barcelona, 1991.

Wiesenthal, Mauricio, *Rainer Maria Rilke. El vidente y lo oculto*, Acantilado, Barcelona, 2015.

De Sicilia

Atkinson, Rick, *El día de la batalla*, Crítica, Barcelona, 2008.

Camilleri, Andrea, *Vosotros ya sabéis*, Salamandra, Barcelona, 2007.

Consolo, Vincenzo, *Sicilia paseada*, Ediciones Traspiés, Sevilla, 2016.

—, *A este lado del faro*, Partenope, Valencia, 2007.

De Maupassant, Guy, *La vida errante*, Marbot, Barcelona, 2011.

De Roberto, Federico, *Los virreyes*, Acantilado, Barcelona, 2008.

Dickie, John, *Cosa Nostra*, Debate, Barcelona, 2006.

Diodoro de Sicilia, *Biblioteca histórica*, Gredos, Madrid, 2008.

Domínguez, Íñigo, *Paletos salvajes* (dos tomos), Libros el K.O., Madrid, 2019.

Durrell, Lawrence, *Carrusel siciliano*, Noguer, Barcelona, 1977.

Follain, John, *Mussolini's Island*, Hodder&Stoughton, Londres, 2005.

Gilmour, David, *El último Gatopardo (vida de Giuseppe di Lampedusa)*, Siruela, Madrid, 1994.

Goethe, Johann, *Viaje a Italia*, Ediciones B, Barcelona, 2001.

Kaplan, Robert D., *Invierno mediterráneo*, Ediciones B, Barcelona, 2004.

364

SUITE ITALIANA

Lampedusa, Giuseppe Tomasi di, *El Gatopardo*, prólogo de Giorgio Bassani, Cátedra, Madrid, 2001.

—, *El Gatopardo*..., prefacio de Gioachino Lanza Tomasi, Edhasa, Barcelona, 2009.

—, *El Gatopardo*; edición definitiva, prefacio de Gioachino Lanza, Anagrama, Barcelona, 2019.

—, «Los lugares de mi primera infancia», en *Relatos*, Bruguera, Barcelona, 1983.

Lanza Tomasi, Gioachino, *A Biography Through Images*, Alma Books, Surrey, 2013.

Lawrence, D. H., *Cerdeña y el mar*, Alhenamedia, Barcelona, 2008.

Lewis, Norman, *La Honorable Sociedad*, Alba, Barcelona, 1984.

—, *The Sicilian Specialist*, Collin's, Londres, 1975.

Luque, Alejandro, *Viaje a Sicilia con un guía ciego*, Almuzara, Sevilla, 2007.

Malaparte, Curzio, *La piel*, Ediciones El País: Clásicos del siglo xx, Madrid, 2003.

Minna, Rosario, *Historia de la Mafia*, Swan, Madrid, 1986.

Murphy, Audie, *To Hell and Back*, St Martin's Press, Nueva York, 2002.

Norwich, John Julius, *Sicily*, John Murray, Londres, 2015.

Plutarco, *Vidas paralelas*, E.D.A.F., Madrid, 1970.

Ridgway, David, *El alba de la lengua griega*, Crítica, Barcelona, 1984.

Savatteri, Gaetano, *Los sicilianos*, Melusina, Madrid, 2007.

Sciascia, Leonardo, *El día de la lechuza*, Alianza, Madrid, 1990.

—, *Un mar del color del vino*, Alianza, Madrid, 1990.

—, *Todo modo*, Unidad Editorial, Madrid, 1999.

Tucídides, *Historia de la guerra del Peloponeso*, Cátedra, Madrid, 2007.

Agradecimientos

Tan sólo uno y muy cálido a la Casa del Mediterráneo, con sede en Alicante, que dirige el diplomático Javier Hergueta. Su patrocinio de parte de este viaje ha hecho posible que realizara el libro, en días en que los entonces ministros del PP Fátima Báñez y Cristóbal Montoro, bajo el gobierno de Mariano Rajoy, desataron una verdadera persecución, con grandes penalizaciones económicas y ánimo genocida, contra los escritores y la cultura de nuestro país.

Índice onomástico